Harald Görlich

Was Lebenskünstler richtig machen – von Achtsamkeit bis Zufriedenheit

Wissen & Leben
Schattauer

herausgegeben von Wulf Bertram

Zum Herausgeber von „Wissen & Leben":

Wulf Bertram, Dipl.-Psych. Dr. med., geb. in Soest/Westfalen. Studium der Psychologie und Soziologie in Hamburg. War nach einer Vorlesung über Neurophysiologie von der Hirnforschung so fasziniert, dass er spontan zusätzlich ein Medizinstudium begann. Zunächst Klinischer Psychologe im Univ.-Krankenhaus Hamburg-Eppendorf, nach dem Staatsexamen und der Promotion in Medizin psychiatrischer Assistenzarzt in der Provinz Arezzo/Italien und in Kaufbeuren. 1985 Lektor für medizinische Lehrbücher in einem Münchener Fachverlag, ab 1988 wissenschaftlicher Leiter des Schattauer Verlags, seit 1992 dessen verlegerischer Geschäftsführer. Ist überzeugt, dass Lernen ein Minimum an Spaß machen muss, wenn es effektiv sein soll. Aus dieser Einsicht gründete er 2009 auch die Taschenbuchreihe „Wissen & Leben", in der wissenschaftlich renommierte Autoren anspruchsvolle Themen auf unterhaltsame Weise präsentieren. Bertram hat eine Ausbildung in Gesprächs- und Verhaltenstherapie sowie in Tiefenpsychologischer Psychotherapie und ist neben seiner Verlagstätigkeit als Psychotherapeut und Coach in eigener Praxis tätig.

Harald Görlich

Was Lebenskünstler richtig machen – von Achtsamkeit bis Zufriedenheit

Mit einem Geleitwort von Jörg Fengler

Schattauer

Professor Dr. Harald Görlich
E-Mail: Harald.Goerlich@web.de
www.harald-goerlich.com

Bibliografische Information der Deutschen Nationalbibliothek
Die Deutsche Nationalbibliothek verzeichnet diese Publikation in der Deutschen Nationalbibliografie; detaillierte bibliografische Daten sind im Internet über http://dnb.d-nb.de abrufbar.

E-Mail: info@schattauer.de
Internet: www.schattauer.de
Printed in Germany

Lektorat und Projektmanagement: Dr. Nadja Urbani
Umschlagabbildung: © 2008 johny schorle, photocase.de
Satz: am-productions GmbH, Wiesloch
Druck und Einband: Druckerei C.H.Beck, Nördlingen

Auch als eBook erhältlich:
978-3-7945-9042-1 (PDF) / 978-3-7945-9043-8 (ePub)

ISBN 978-3-7945-3213-1

Marie-Kristin und Stefan.
Für eine wirklich gute Reise durch das Leben!

Geleitwort

Der Autor dieses Buches, Prof. Dr. Harald Görlich, hat sich ein anspruchsvolles Ziel gesetzt.

Er will von A wie Achtsamkeit bis Z wie Zufriedenheit seine spürbar über Jahre hinweg gesammelten Erkenntnisse zum Thema Lebenskunst darstellen. Er lädt Leserinnen und Leser kontinuierlich dazu ein,

- die Angebote zur Lebenskunst-Gestaltung zu untersuchen,
- die eigene Praxis auf diesem Gebiet neugierig zu reflektieren,
- sich von manchen Gewohnheiten und Illusionen zu verabschieden und
- eine gesellschaftsverträgliche Form der Selbstfürsorge zu entwickeln.

Dabei spricht er auch Kontraindikationen aus: Bei seelischen und körperlichen Erkrankungen sind psychotherapeutische und medizinische Behandlungen erforderlich, die über die Pflege der Lebenskunst erheblich hinausgehen. Bei beiden geht es um Heilung, Prävention, Rehabilitation und Nachhaltigkeitssicherung.

Der Autor verbindet in seinen Kapiteln Erkenntnisse aus Pädagogik und Sozialer Arbeit, Medizin und Psychologie, Soziologie und Geschichte, Philosophie und Theologie. Diese Multiperspektivität wird dem Gegenstand in besonders erfrischender, zum Nachdenken anregender Weise gerecht und vermittelt eine Haltung heiterer Gelassenheit. Die Verantwortung liegt dabei nicht beim Autor, sondern bei der Leserschaft. Diese entscheidet in jedem Kapitel, welche dieser Angebote sie annehmen, ablehnen oder variieren will.

Jeder Abschnitt des Buches beginnt mit einem Fallbeispiel. Danach folgen Tatsachen und Reflexionen über Chancen und Grenzen, Empfehlungen, Risiken und Entwicklungsmöglichkeiten, Licht und Schatten sowie Handlungsoptionen. Die Darstellung endet jeweils mit einem pointierten Satz, also Aphorismus, Zitat, Gedichtzeile usw., die wir als Bestätigung des zuvor Gesagten, aber auch als dosierte Verstörung eines eigenen Denkmusters auf diesem Gebiet verstehen können.

In einigen Passagen setzt sich der Autor sehr dezidiert mit Fehlhaltungen und Fehlentwicklungen auseinander, z.B. bei Wünschen und Angeboten zur Leistungs-„Optimierung" und Schönheits-Steigerung, in der Werbung, der Kommunikation von TV- ModeratorInnen und dem Einsatz von MotivationstrainerInnen. Aber danach kehrt er stets zu Alternativen zurück, die authentische Lebenskunst ermöglichen.

Ich empfehle, an jedem Tag nur ein Kapitel dieses klugen, besonnenen Textes zu lesen – am besten am Morgen, um dann den Tageslauf als Beobachtungs- und Reflexionsstrecke zu nutzen. Dadurch wird das Buch zu einer wohltuenden Selbstkonfrontation, die sich über einen ganzen Monat hin erstreckt und somit eine nachhaltige Wirkung auf unsere gelebte Lebenskunst entwickeln wird.

Während der Lektüre stiegen in mir immer wieder Bilder und Erlebnisse des Wiedererkennens und des Dankes auf.

Der Autor bezieht sich leichtfüßig auf die griechische Mythologie wie auch den von Buddha und Aristoteles beschriebenen Mittleren Weg. Er zitiert aus der Bibel und spricht über Meditationspraxis in Europa. Er beruft sich auf Viktor Frankl, der als Gegen-Position zu Freud die Sinnpsychologie entwickelt hatte. Frankl betont die Unsicherheit der menschlichen Existenz, die aller Planung Grenzen setzt und zur Selbstversöhnung in der Gegenwart einlädt.

Harald Görlich tritt trivialen Erfolgsrezepten ebenso energisch entgegen wie er Sprachkritik an allzu optimistischen Sprüchen übt („Man kann alles erreichen, wenn man nur will"). Stattdessen lädt er dazu ein, nicht nur das Glück zu suchen, sondern sich auch mit den eigenen Unzulänglichkeiten zu versöhnen. Diesen Aspekt der Reifung hat C.G. Jung in seinen Werken ausführlich behandelt. Er nannte dies die Auseinandersetzung mit dem Archetypus des eigenen Schattens und betonte: „Es geht nicht darum, ein vollkommener, sondern ein vollständiger Mensch zu werden."

Im Blick auf das ganze Leben nimmt Harald Görlich also eine korrigierende Haltung der verbreiteten Chancenliteratur gegenüber ein und wirbt für eine Haltung vorsichtiger Zuversicht.

Dieses Buch ist ein wirkliches Geschenk. Ich wünsche allen Lesenden, dass sie ihre Praxis der Lebenskunst durch die Lektüre erweitern und diese auch anderen Menschen vermitteln können.

Prof. Dr. Jörg Fengler
em. Professor der Psychologie der Universität zu Köln
Arbeitsschwerpunkte: Klinische und pädagogische Psychologie

Dank

Die Zusammenarbeit mit meiner Lektorin, Frau Dr. Nadja Urbani, war ganz ausgezeichnet und ermutigend. Ihre große Sorgfalt beim Bearbeiten des Textes, ihr Fingerspitzengefühl und ihre wohlwollenden Anregungen sind für mich Zeichen bester Kompetenz und Unterstützung gewesen, für die ich mich nachdrücklich bedanke.

Nicht wenige Menschen haben mich – neben meiner Familie natürlich – in meinem Denken und damit in meiner Arbeit beeinflusst; ich habe von ihnen lernen können und oft genug andere Sichtweisen erfahren als die bisherigen, womit sich mir durchaus „neue Welten“ erschlossen. Sie alle unterstützten mich, und nach all den vielen Jahren und Jahrzehnten möchte ich mich bei diesen bedanken, die wahrscheinlich oft genug gar nicht einschätzen können, welch wichtigen Beitrag sie für mich geleistet haben. An erster Stelle und mit allergrößter Wertschätzung nenne ich meinen wichtigsten akademischen Lehrer an der Universität Mannheim, em. Professor Dr. Günther Groth, der mir die Philosophie erschloss und meine Pädagogik bis heute beeinflusst. Ebenso erwähne ich den leider allzu früh verstorbenen Neuhistoriker der Universität Mannheim, Professor Dr. Manfred Schlenke, der als Persönlichkeit und Wissenschaftler einfach beeindruckend wirkte.

Auf meinem beruflichen Weg hatte ich das Glück, in jungen Lehrerjahren auf den damaligen Schulleiter des Wirtschaftsgymnasiums West in Stuttgart, Oberstudiendirektor Dr. Gernot Kugler, zu treffen, dem ich viel verdanke. Mit beeindruckenden Persönlichkeiten durfte ich später im baden-württembergischen Kultusministerium zusammenarbeiten. So vor allem mit dem ehemaligen Leiter des Referats für überregionale und internationale Angelegenheiten, Leitender Ministerialrat Horst Jansen, und vor allem dem ehemaligen Leiter des Grundsatzreferats, Ministerialrat Klaus Happold, der mir eines meiner erfahrungsreichsten und schönsten Berufsjahre ermöglichte. Während meiner Zeit als Politikberater im Landtag von Baden-Württemberg traf ich auf den früheren Landtagsabgeordneten und Staatssekretär im baden-württembergischen Wissenschaftsministerium, Josef Dreier, der mir bis heute als Vorbild eines Volksvertreters gilt und dessen Arbeit ich einige Zeitlang begleiten durfte. Praktische Menschenführung auf der Basis eines ethischen Fundaments habe ich von diesen Personen lernen können.

In Fort- und Weiterbildungen haben dieses Lernen vor allem Dr. Diana Drexler vom Wieslocher Institut für systemische Lösungen und em. Professor Dr. Jörg Fengler von der Universität zu Köln unterstützt; meine psychologischen Studien haben durch sie eine hervorragende Fundamentierung erhalten. Erwähnen muss ich auch Wolfgang Stabentheimer, der Gründer von *Future* und Führungskräftetrainer, der mich vor etlichen Jahren mit seinen ungewöhnlichen, unorthodoxen, jedoch sehr fundierten Führungsseminaren nachhaltig in Erstaunen versetzt hat.

Auch der ehemalige Staatssekretär im baden-württembergischen Staatsministerium, Hubert Wicker, den ich gerne viel früher kennengelernt hätte, setzte beeindruckende Akzente; ebenso der von mir sehr geschätzte Süßener Allgemeinmediziner Dr. Matthias Albani.

Zum Schluss will ich sehr weit zurückgreifen. In meiner Kindheit war ein Hauptschullehrer in meinem Heimatort Donzdorf von größter Bedeutung für mich: Franz Escher. Für meine Jahre auf der Realschule Süßen muss ich Karl Schenk und Karl Schäfer neben dem Schulleiter Lothar Bidlingmaier hervorheben. Später – als Schüler am Wirtschaftsgymnasium Göppingen – war es der Mathematiklehrer Kurt Weber, der, wie die Vorgenannten, meinen

Wunsch, Lehrer zu werden, beförderte. Und am allerwichtigsten behalte ich den früheren katholischen Pfarrer von Süßen, den vor wenigen Jahren verstorbenen Kilian Hönle, in bedeutungsvoller Erinnerung. Er hat einen Umgang mit allen Menschen „gelebt“, der beispiellos vorbildhaft gewesen ist.

All die genannten Persönlichkeiten, so unterschiedlich und vielfältig ihre Charaktere und ihr Temperament auch gewesen sein mögen, waren und wirkten wertvoll für mich und mein Leben. Beim Schreiben des Buches hatte ich immer wieder erlebte Situationen mit ihnen vor Augen und über jedes der damit verbundenen Bilder konnte ich mich freuen. Auch im Nachhinein kann ich wertschätzend und respektvoll im übertragenen Sinne vor diesen „nur den Hut ziehen“.

Inhalt

Anstelle einer Einleitung: Einige in guter Absicht provozierende Vorbemerkungen

Wenn Sie ein Buch zur Lebenskunst in die Hand nehmen, kann mit einiger Wahrscheinlichkeit davon ausgegangen werden, dass Sie vielleicht etwas in Ihrem Leben anders machen wollen, wahrscheinlich verbessern möchten oder eben mehr oder weniger bestimmt das Gefühl haben, dass es Zeit für eine Änderung ist. Irgendwie ist etwas nicht so, wie Sie es sich vorstellen. Das Lebensgefühl könnte ganz allgemein einfach besser sein. Oder es gibt einen klar erkannten Aspekt in Ihrer Lebensführung, der nicht gut ist und (endlich) geändert werden sollte. Die Gründe für eine solche Unzufriedenheit, Defiziterfahrungen oder einfach Unpässlichkeiten können ausgesprochen vielfältig sein. Manchmal sind es die Beziehungen zu anderen Menschen, die uns zu schaffen machen. Mitunter sind es sachliche Umstände, die – so glaubt man häufig – wir nicht beeinflussen können. Vielleicht liegt „die Schuld" bei uns selbst. Es kann jedoch gut sein, dass andere uns das Leben schwer machen und die Ursache für unser Unwohlsein oder gar Unglücklich-Sein sind. Soweit Sie nun der Meinung sein sollten, Sie wollen oder müssen sich bzw. irgendein Verhalten ändern, darf ich die Frage stellen: „Sie wollen sich ändern?" Und Ihnen eine (nur vorläufig) freche Antwort geben: „Dass ich nicht lache!"

Bitte jetzt nicht gleich das Buch zur Seite legen. Geben Sie mir und vor allem sich eine Chance. Denn tatsächlich ist damit bereits zu Beginn etwas angesprochen, das für ein korrektes und verantwortungsbewusstes Vorgehen unabdingbar ist: nämlich Ehrlichkeit!

Sie müssen dieses Buch nicht lesen, es gibt genügend Ratgeberliteratur, die nicht „unverschämt" daherkommt.

Sie bietet Ihnen eine „Beratung light", wird doch in vielen Fällen das Blaue vom Himmel versprochen und so getan, als wäre alles für jeden, wenn er nur möchte, machbar. Zumeist ist eine derartige Lektüre nett zu lesen, Mühe muss man sich kaum geben. Derartiges dürfen Sie i. d. R. vergessen. Es wird Ihnen nicht helfen und Sie werden kaum einen Schritt vorankommen. Wenn zum Beispiel – was anscheinend besonders erfolgreich verkauft wird – Ihnen aufgegeben wird, Sie sollen möglichst andauernd positiv denken, dies Ihnen aber allein persönlichkeitsbedingt gar nicht gelingen kann, wird die Enttäuschung nicht lange auf sich warten lassen. Solche zwar gut gemeinten, aber häufig kurzgreifende Empfehlungen weisen ein grundsätzliches Manko auf: Sobald es konkret wird, ist eine solchermaßen daherkommende Literatur mit dem recht allgemein gehaltenen Latein ziemlich rasch am Ende. Deswegen sei Ihnen an dieser Stelle nichts vorgemacht: Ratschläge sind das eine (soweit sie überhaupt fundiert sind und sich nicht in einem Blabla und Allerweltsweisheiten erschöpfen), ihre Umsetzung das andere. Veränderungen oder besser: Entwicklungen stellen Herausforderungen für den Menschen bereit. Es ist grundsätzlich schwierig, Gewohnheiten zu verändern, selbst wenn offenkundig erkannt wird, dass die bisherigen wirklich schlecht sind für die Lebensführung und die Lebensqualität. Anders: Es ist häufig genug harte Arbeit angesagt, wenn man sein Leben wirklich ein wenig anders leben und es besser haben möchte. Einfach wird es also nicht, wenn ein gutes Leben angestrebt werden soll.

Wenn ich von „ein wenig anders leben" spreche, hat das seinen Grund. Man muss das Leben wahrlich nicht grundlegend verändern – auch so ein Trugschluss, den manche Ratgeberliteratur suggeriert. So eine Vorgabe führt nur dazu, dass man sich unter einen ziemlichen Veränderungsdruck setzt. Und mit Druck kann es eigentlich nur schiefgehen. Erstrebenswert sind folglich nicht unbedingt ganz neue Wege, gewissermaßen ein „Umstürzen" des Bisherigen. Es ist nicht das Schlechteste, sich von „der Macht der kleinen Schritte" leiten zu lassen. Schon diese werden Mühe bereiten, sie werden aber zielführender sein als ein überdimensioniertes Aussteigerprojekt oder sonstige radikale Lösungen.

Schauen Sie sich nur einmal an, was aus solchen radikalen Maßnahmen geworden ist. Es gibt genügend Beispiele, sicherlich auch in Ihrem Nahbereich. Bekannt sind die Aussteigermodelle der 1970er-Jahre oder in denselben Zeiten die Begründung einer neuen (Zusammen-)Lebensform: sogenannte Kommunen. Wen haben diese Experimente glücklich oder – gehen wir auf eine gemäßigtere Stufe – auch nur zufrieden gemacht? Die Anfangseuphorie verfliegt bei einer solchen Projektemacherei ziemlich schnell. Ernüchterung und letztlich Enttäuschung machen sich breit.

Dafür gibt es Gründe. Vieles liegt an und in uns selbst. Selbstreflexion ist deshalb unabdingbar. Wieder so ein Sachverhalt, mit dem man sich auseinanderzusetzen hat und der anstrengend ist. Sich mit sich selbst auseinandersetzen, sich (kritisch) befragen und nach eigenen Anteilen suchen, die das Leben belasten können – da gehört schon etwas dazu! Es geht nicht um einen Billigtarif, wenn die Frage, die jeden Menschen umtreibt, beantwortet werden soll: Wie werde ich glücklich oder doch zufrieden oder einfach ausgeglichener?

Wer möchte das denn nicht? Glücklich, zufrieden, ausgeglichen sein! Offensichtlich scheint das alles andere als einfach zu gelingen. Dazu sei einmal ein Phänomen ins Spiel gebracht, das unsere (Lebens-)Zeit unter einer ausgewählten Perspektive gut beschreibt:

Es ist nicht von der Hand zu weisen: Wir leben in einer ausgesprochenen Wohlstandsgesellschaft. Auch wenn unbedingt die Menschen gesehen werden müssen, die mit schwierigen wirtschaftlichen Verhältnissen konfrontiert sind, die am Rande der Armutsgrenze irgendwie zurechtkommen müssen oder gar auf der Straße leben: Im Ganzen betrachtet geht es uns jedoch überaus gut. Allein ein Vergleich mit den Zuständen vor 50 Jahren macht deutlich, welcher (materielle) Fortschritt erreicht worden ist, der sich auf viele Lebensbereiche günstig auswirkt. Ob das ein riesiges kulturelles Angebot ist, ein ungemein gut aufgestelltes Schul-, Hochschul- und Bildungsangebot, Reisemöglichkeiten bis in den letzten Winkel der Welt, eine – im Vergleich auch zu anderen Ländern – ziemlich hervorragende Gesundheitsversorgung usw. – wir stehen sehr gut da. Shopping als Hobby, zum Abendessen ins Restaurant gehen, sich den neuesten PKW anschaffen, nicht nur im Sommer, sondern auch selbstverständlich im Winter in den Urlaub aufbrechen – für viele von uns ist das alles selbstverständlich. Wir sind ein ungemein reiches Land und eigentlich müsste es uns recht gut gehen. Jedoch: Es scheint trotz des immer weiter fortgeschrittenen Wohlstands eine doch ungute Entwicklung zu gegeben.

Die von den Krankenkassen und den Gesundheitsbehörden veröffentlichten Zahlen weisen eine schmerzhafte Faktenlage nach. Es geht um den „erschöpften Menschen", um die Zunahme psychischer Erkrankungen, nicht nur um Müdigkeit, sondern um Depressionen, um – ein nicht ungefährliches Modewort – Burnout. Alles in allem anscheinend eine steigende Zahl von Menschen jeder Altersgruppe, deren Seelenleben eine Schieflage aufweist.

Schon im Jahr 2004 hat dieses Phänomen der französische Soziologe Alain Ehrenberg mit dem „erschöpften Selbst" zu beschreiben und zu erklären versucht. Seither ist es nicht besser geworden, die Zahlen sprechen eine deutliche Sprache. Es kann eine parallele (Auseinander-)Entwicklung festgehalten werden: Der Wohlstand schreitet fort, die

Zahl psychisch angeschlagener und erkrankter Menschen ebenso. Was stimmt da nicht? Für eine Beantwortung dieser Frage müssen die wirtschaftlichen und gesellschaftlichen Verhältnisse zwingend in den Blick genommen werden, sonst geht es möglicherweise in eine einseitige und damit unzulängliche Richtung. Dann wäre der Einzelne nämlich selbst schuld, nicht stark genug, nicht clever genug, nicht cool genug, vielleicht sogar nicht hart genug, um in einer zunehmend beschleunigenden, auf Effizienz und Effektivität ausgerichteten Gesellschaft bestehen und das Siegertreppchen besteigen zu können. Vielleicht läuft doch etwas aus dem Ruder, was mit einer durchgehenden Ökonomisierung der Gesellschaft umschrieben werden kann! Darauf wird im weiteren Verlauf zurückzukommen sein. Für den Moment gilt es festzuhalten, dass es verkehrt wäre oder zumindest verkürzend, bei den Fragen nach der Lebenskunst nur den Einzelnen in den Blick zu nehmen, der schließlich immer Teil der Gesellschaft ist und von dieser „Umgebung" beeinflusst wird. Damit wird es aber noch einmal schwieriger. Die Frage, inwieweit gesellschaftliche und wirtschaftliche Rahmenbedingungen und Entwicklungen, neben ihren Beiträgen zu Prosperität, eben auch ihre unguten Wirkungen für den Menschen entfalten, muss aufgenommen und eine Beantwortung versucht werden.

Eine weitere Ernüchterung, die allerdings Anlass zu Hoffnung und Optimismus geben kann: Nicht weniges von dem, was Sie lesen werden, ist Ihnen irgendwie bekannt. Manches mag sogar trivial erscheinen. Tatsächlich muss nicht immer tiefschürfend nach dem gesucht werden, was gut für den Menschen ist. In meinen Seminaren habe ich oft genug bemerken können: Wir wissen an und für sich gut Bescheid über das, was uns gut tut oder eben nicht. Da ist ein Gespür vorhanden oder auch ein Wissen, das nur verschüttet oder nicht mehr bewusst ist. Es macht dann kaum oder gar keine Mühe, sich auf diese Gedankengänge einzulassen. Man nickt unwillkürlich dazu, wusste man es doch insgeheim bereits seit Langem, nur ist das alles im Tagesgeschäft untergegangen oder zurückgedrängt worden. D.h. es geht nicht unbedingt um völlig neue Erkenntnisse, um unwahrscheinlich Überraschendes, um Richtungsweisungen, die in maßloses Erstaunen versetzen. Natürlich wird so etwas auch vorkommen, und ich hoffe sehr, manch neue Erkenntnisse motivieren Sie zu einem intensiven Nach- und Überdenken der ein oder anderen Lebensweise. Aber schrauben Sie die Erwartungen jeweils nicht allzu hoch. Sie werden in dem Buch auf Umstände aufmerksam gemacht, die Ihnen nicht unbedingt fremd sein werden. Es dürfte dabei vielleicht eher so sein, als würden Sie nach langer Zeit wieder einmal einen Raum betreten, den Sie an und für sich gut kennen. In dem Augenblick, in dem die Tür geöffnet wird, ist die Erinnerung rasch wieder präsent und ein Wissen um die Dinge und Umstände ergibt sich nahezu automatisch wieder von selbst.

Das zunehmende Ausmaß psychischer Erkrankungen führt noch zu einer dritten Ernüchterung (neben dem Argument, dass es Anstrengung bedarf, um Änderungen zu erreichen und dem bereits vorhandenen Wissen, das nur aufgefrischt und wieder ans Tageslicht geholt werden muss): Das in diesem Buch ausgebreitete Repertoire an Denkanstößen, Empfehlungen, Wegweisungen und Anregungen hilft denjenigen nicht oder nur in einem bestenfalls impulsgebenden Sinne, die an einer psychischen Erkrankung leiden. Z.B. gehe ich auf das Thema „Angst“ ein, da dieses Gefühl eine anthropologische Grundkonstante ausmacht. Dadurch wird hoffentlich manches aufgeklärt und verstehbar gemacht werden. Wer jedoch unter einer Phobie leidet oder von Panikattacken, die als vernichtend erlebt werden können, malträtiert wird, oder wer sich selbst die Haut ritzt, um so etwas wie Erleichterung zu erfahren oder den inneren Druck aushalten zu können, oder wer der Spielsucht verfallen ist, der sei ausdrücklich an professionelle Hilfe verwiesen. Mit diesem Buch kann keine therapeutische Hilfestellung geleistet werden, das wäre ein vermessener Anspruch und käme der Quacksalberei gleich, von der später noch die Rede sein wird. Ärzte und Psychotherapeuten sind dafür die weitaus besseren, weil richtigen Ansprechpartner.

Und noch zwei weitere Aspekte, die zunächst einmal ernüchternd wirken können: Zunächst gehe ich von einer vielfach gemachten Erfahrung aus. Es wird einiges geben, da reagieren Sie etwa mit dem Satz „Der hat gut reden" oder „Das funktioniert doch in der Praxis nicht" oder „In der Theorie ganz nett, aber im konkreten Alltag?" oder gar „Von solchen Sprüchen kann ich mir nichts kaufen." Nun, in der Tat, kaufen müssen Sie sich bestimmt nichts. Das allermeiste, das in diesem Buch angesprochen, vorgeschlagen, zur Empfehlung gegeben wird, hat keinen (üblichen) Preis, d.h. es kostet nichts oder nur sehr wenig. Es *kann* überhaupt nicht darum gehen, große finanzielle Investitionen vorzunehmen, und in dem ein oder anderen Ausnahmefall verweise ich bestenfalls auf die Teilnahme an einem Volkshochschulkurs oder an das Kursangebot einer Krankenkasse, was wenig oder vielleicht einmal 50 bis 60 € kosten mag. Die Investition oder der Preis ist tatsächlich ein anderer: Es geht um Geduld, Ausdauer, Selbstdisziplin und ein Arbeiten an eigenen Entwicklungsmöglichkeiten, das zumindest etwas Zeit und einen Energieaufwand erforderlich macht. Sie sollten nicht reflexartig die Vorschläge zurückweisen, sondern sie einer sorgfältigen Prüfung unterziehen. Beim Buchstaben D wie Denkgewohnheiten werde ich den notwendigen Hintergrund ausführlich darstellen. An dieser Stelle sollen nur eingefahrene Bahnen, Bequemlichkeit und wenig Lust auf Neues, gar Unbekanntes erwähnt sein, um auf erhebliche Stolpersteine für eine Verhaltensänderung hinzuweisen. Wiederum sind wir bei dem Thema Kraft, Anstrengung und oft genug auch Geduld. Diese sind die Investitionen, die unabdingbar vorgenommen werden müssen, wenn ein Ertrag oder eine Rendite in Form einer Verbesserung der Lebensqualität erreicht werden soll. Des Weiteren mahne ich eher zu Bescheidenheit. Unterstellt, Sie finden manches, wozu Sie in dem Buch angeregt werden, gut, können es sogar akzeptieren und denken an eine baldige Inangriffnahme und Umsetzung. Gemach, kann ich nur empfehlen. Oder anders: Nehmen Sie sich nicht allzu viel vor. Um es mit einem übertriebenen Beispiel auszudrücken: Gleichzeitig mit dem Rauchen aufhören, sich entschieden gesünder ernähren, dabei auf Süßes und Fleisch verzichten und selbstverständlich keinen Alkohol mehr anrühren und dann sogar noch dreimal in der Woche im Sportstudio trainieren – das kann mit größter Wahrscheinlichkeit nur aus dem Ruder laufen. Anders: Eines der schwierigsten Dinge für uns Menschen ist eine Verhaltensänderung. Nimmt man sich zu viel vor, ist die Gefahr eines Scheiterns besonders groß. Es käme einer ungemeinen Überforderung gleich, an möglichst vielen Stellschrauben zu drehen und gar radikal alles Mögliche anders machen zu wollen. So etwas wird selten funktionieren. Besser ist es, Schritt für Schritt vorzugehen (ich erinnere: „Die Macht der kleinen Schritte“). Sich zunächst einmal ein oder zwei Sachen vornehmen und dann an den damit verbundenen Notwendigkeiten arbeiten – mehr sollten Sie sich nicht zumuten. „Weniger wäre mehr gewesen“ ist ein schlauer und berechtigter Grundsatz der Pädagogik. Überfordern wir uns also bitte nicht, ein diesbezüglicher Ehrgeiz dürfte in den meisten Fällen kontraproduktiv sein, und freuen wir uns lieber an den kleinen, aber stetigen Fortschritten, die im Zeitablauf doch zu einer ansehnlichen Veränderung hin zu einem guten oder besseren Leben führen werden.

Eine letzte Ernüchterung möchte ich Ihnen zumuten. Sie hängt mit dem Begriff „Lebenskunst“ zusammen. Dieser hört sich gut an, man verbindet damit etwas Schönes, Leichtes. Wenn man aber nur Positives erwartet, werden diese Erwartungen sicher enttäuscht. In dem Zusammenhang ist auf einen nicht zu ignorierenden Umstand hinzuweisen: Ein Prinzip des Lebens ist dessen Polarität. Es sind die Gegensätze, die unser Leben kennzeichnen. Gewissermaßen zwei Pole, zwischen denen Spannung herrscht. Es gibt Freude und Leid, Mann und Frau, Tag und Nacht, ein Ja und ein Nein oder – um es sehr trivial anzuführen mit dem Titel einer Fernsehsendung – gute und schlechte Zeiten (in der Bibel lesen Sie von sieben mageren und sieben fetten Jahren). Worauf will ich hinaus? Lebenskunst heißt nicht, dass – so ich diese überhaupt beherrsche – alles immer gut ist, alles einfach bestens läuft, meine Stimmung immerzu fröhlich und fidel daherkommt. Das wäre ein Missverständnis und würde die Polarität des Lebens verkennen. Lebenskunst bedeutet auch die Anerkennung des Negativen, ein guter Umgang mit Ereignissen, die alles andere als zur Freude beitragen. Es geht um die Fähigkeit, unabänderliche Dinge zu akzeptieren, nicht daran zu verzweifeln, nicht in eine Depression zu verfallen und nicht zu schimpfen und jammern, weil etwas nicht so gelingt oder so eintritt, wie ich mir das erhoffe. An dieser Stelle etwas verkürzt gesagt: Es geht in jeder Situation darum, das Beste daraus zu machen. Das ist etwas anderes, als immer nur das Beste zu wollen oder – wie es in einem ordinären Werbespruch eines bedeutenden Wirtschaftsunternehmens zum Ausdruck gebracht wird – „Das Beste oder nichts“. Dann kann der Mensch eigentlich nur hadern, dann ist bereits das Zweitbeste uninteressant und wertlos. Die Vermessenheit, die mit einer solchen Einstellung einhergeht, kann für die meisten von uns nur in einer Unzufriedenheit münden, vielleicht letztlich sogar krankmachen. Mit dem, was gegeben ist, muss ich leben lernen. Ein gut gelebtes Leben erkennt die Spannungen an, das Auf und Ab, die Freude und das Leid, den Erfolg und den Misserfolg. Das Leben in seiner Ganzheit annehmen hat viel mit Lebenskunst zu tun, und schon an dieser Stelle wird es nicht wenige geben, deren erste Aufgeschlossenheit oder gar Begeisterung für ein Buch zum Thema Lebenskunst ziemlich nachlässt. Es muss aber ausgesprochen sein, denn ich will Ihnen nichts vormachen. Das wäre unanständig und würde nur zu Enttäuschungen führen. Wer jedoch Lust auf vielfältige Anregungen hat, wer nicht ein sogleich wirkendes Zaubermittel erwartet, wer sich nicht scheut, sich Selbstreflexionsprozesse zuzumuten und kritisch Bilanz zu ziehen und wer ernsthaft mögliche Entwicklungen angehen möchte, den lade ich herzlich gerne zum Weiterlesen ein. Die Motivation zur Verbesserung der Lebenskunst sollte bei diesen Bedingungen zur Genüge gegeben sein. Bei der hoffentlich langen Reise durch das Leben werden Sie dann davon mit großer Wahrscheinlichkeit profitieren.

Bei allen Kapiteln, die nun aufgeschlagen werden, fließt viel Wissenschaftswissen, aber auch viel an Erfahrung ein. Damit kommt ein subjektives Element ins Spiel, das sich vor allem dann zeigt, wenn ich Position beziehe. Eine solche Position kann selbstverständlich zur Disposition stehen. Kein Mensch hat irgendeine Weisheit für sich gepachtet und jeder Mensch kann irren. Deshalb: Ich gehöre nicht zur Gattung der Besserwisser und womöglich täusche ich mich bei der einen oder anderen Stellungnahme oder Bewertung. Sie dürfen aber davon ausgehen, dass jeder Gedankengang nachdrücklich auf dessen ideologische Implikationen geprüft ist und dann nach bestem Wissen und Gewissen formuliert wurde. Es geht keineswegs um Einseitigkeiten, schon gar nicht um rigorose Positionen oder um Dogmen. Wer so daherkommt, blendet seine Umwelt, er handelt als

Scharlatan, weckt Hoffnungen, die zwangsläufig enttäuscht werden, und manipuliert den Mitmenschen. Eine solche „müde Mark“ möchte ich nicht machen. Ich kann allerdings zusichern, dass in allen beruflichen Bereichen, in denen ich bislang unterwegs war, trotz der ganz und gar unterschiedlichen Aufgaben und der ganz und gar verschiedenen Menschen, sehr oft und sehr viel Gemeinsamkeit auszumachen ist. Ob im Rahmen der Politikberatung seit Ende der 1980er-Jahre, der äußerst intensiven Beratungsarbeit mit Lehrerinnen und Lehrern oder der Beratung von Industrie- und Handelskammern, Kranken- und Unfallkassen oder Industrieunternehmen – es zeigen sich Problemlagen, die offensichtlich nicht viel mit dem Status, der Vorbildung, der Macht und der Berufsarbeit zu tun haben. Diesen Gemeinsamkeiten bin ich mit besonderem Interesse und einer besonderen Neugier nachgegangen. Es zeigen sich bei aller Verschiedenheit der Menschen Schnittmengen, die alle von uns betreffen können und die uns – ganz gleich, ob ich nun sehr reich, sehr mächtig, sehr einflussreich oder nichts von alledem bin – belasten und niederdrücken können.

Mit anderem Vorzeichen: Es gibt auf alle Fälle Umstände, Gegebenheiten und Entwicklungen, von denen jeder Mensch profitiert, mit denen alle ein besseres Leben führen und ein wenig oder auch ein wenig mehr glücklich und zufrieden sein können. Deshalb noch einmal zum Schluss: Wer will das nicht, glücklich, zufrieden und ausgeglichen sein? Falls Sie sich angesprochen fühlen unter Beachtung der in diesem einführenden Kapitel gemachten einschränkenden Bedingungen, scheuen Sie bitte nicht die Mühe der Lektüre der nachfolgenden Seiten, die vielleicht zu einer anregenden und hilfreichen und unterstützenden Reise durch Ihr (bisheriges) Leben wird mit voraussichtlich vielen guten Impulsen und Wirkungen für die Lebenszeit, die vor Ihnen liegt. Sollten Sie allerdings spätestens jetzt das

Buch endgültig zur Seite legen, gilt auf jeden Fall: Ich wünsche Ihnen in der Tat eine solche gute Reise durch das Leben und drücke fest beide Daumen, damit möglichst viel von dem gelingt, was Sie sich beruflich und privat vornehmen.

Achtsamkeit oder: Wie wenig es doch braucht, um sich zu freuen, zu staunen und sich gut zu fühlen!

Die Geschichte

An einem Freitag Anfang März 2014 ging es mir richtig gut. Am Spätnachmittag trainierte ich im Sportstudio, später nahm ich ein leckeres Abendessen zu mir, und noch etwas später saß ich vor dem Fernseher und freute mich an der Heute-Show. Gegen Mitternacht ging ich zu Bett, nichts deutete auf irgendeine Misslichkeit hin. Alles gut!

Gegen vier Uhr am Morgen wachte ich auf. Mir war leicht übel, Bauchschmerzen plagten mich. Jedoch: noch kein allzu großer Grund zur Sorge. Wird schon wieder werden. Gegen halb sechs Uhr musste ich mich erstmals übergeben, mir wurde im wahrsten Sinne des Wortes kotzübel. Weitere zwei Stunden später konnte ich nicht mehr stehen. Massive Schmerzen im Bauchbereich ließen mich förmlich zu Boden gehen. Alles wurde noch schlimmer. Um kurz nach acht Uhr kam der Notarzt, drei Stunden später waren die Schmerzen erträglich, die Übelkeit fast vorbei. Medikamente und ärztliches Können hatten mich stabilisiert. Als ich allerdings gegen Abend aus dem Aufwachraum wieder in mein Krankenzimmer gefahren wurde, lag eine zweieinhalbstündige Operation hinter mir und drei verschiedene Schläuche führten in meinen Körper hinein oder heraus. Erst Ende März konnte ich das Krankenhaus wieder verlassen. Und zwar auf zwei Beinen, was einer nachdrücklichen Erwähnung wert ist. Zwar abgemagert, ein wenig schwach, aber geduscht und hergerichtet und vor allem selbstständig. Der Schritt aus dem Krankenhaus an die frische Luft (es nieselte und war kalt) schien mir paradiesisch (das Krankenhaus ist so gebaut, dass kein Fenster geöffnet werden kann, alles wird über eine Klimaanlage gesteuert). Ich habe den Kopf nach oben genommen, die Augen geschlossen, spürte den Nieselregen, atmete tief ein und aus, lächelte dazu, und wahrscheinlich haben diejenigen, die mich beobachtet haben, gedacht, da ist jetzt einer übergeschnappt. Was für ein herrliches Gefühl! Welches Glück! Ich konnte gehen, ich konnte Luft und Regen spüren und genießen. Die ansonsten so selbstverständliche frische Luft einatmen wie ein Geschenk. Unvergessliche Minuten. Unwahrscheinlich schön.

Tatsachen, Reflexionen, Anregungen

Natürlich muss berücksichtigt werden, dass all dies nach fast vier Wochen Krankenhausaufenthalt geschah, mit den damit verbundenen Sorgen, Ängsten und Nöten. Dann wird eine solche Situation, der ansonsten keine Bedeutung zugemessen werden würde, intensiv wahrgenommen und geschätzt. Das allerdings führt uns zum springenden Punkt. Vieles nehmen wir tagtäglich als normal hin, schenken dem allem keine Beachtung, halten es für selbstverständlich und bemerken nicht die ungemein gewichtigen und grundsätzlichen Fundamente eines guten Lebens. Diese Fundamente werden nicht wiedergegeben durch Reichtum, durch einen schnittigen Sportwagen, durch die Villa in Halbhöhenlage oder durch Macht und Einfluss. Das alles will ich nicht gering reden. Aber wir sollten uns auf das besinnen, was wichtig und ausschlaggebend ist. Auf diese Frage gebe ich eine fast furchtbar einfache Antwort, die jedoch – weshalb wohl? – ganz selten eine Rolle spielt: Das Wichtigste und Ausschlaggebende ist das Hier und Jetzt! Nur jetzt und nur hier kann ich sorglos arbeiten, zum Essen gehen, Gespräche führen, eine Akte bearbeiten, einen Vortrag halten, mit meiner Familie spazieren gehen usw. Jetzt geht es mir gut.

Gerade eben – in diesen Minuten – fehlt mir nichts. Keine Krankheit, nichts Böses, kein Krawall trübt den Moment. Nein, ich kann vielmehr leben, leben, leben. Damit ist nichts Besonderes verbunden. Im Augenblick schreibe ich diese Zeilen, auf meinem Tisch liegen verschiedene Fachzeitschriften, vollgeschriebene Notizblätter, mein Jahreskalender, zwei Stifte, eine halbvolle Kaffeetasse. Alles normal, wie üblich eben, nichts Besonderes. Wer denkt darüber nach, welch hervorragende Situation das doch ist? Wer weiß das zu schätzen, dass jetzt gearbeitet werden kann, eventuell sogar mit etwas Mühe? Zu erkennen, diese gerade gegebene Situation darf gewürdigt werden, weil sie so viel Gutes umfasst, ist wahrscheinlich für viele Menschen zu viel verlangt. Leben tue ich jetzt, in dieser Minute. Jetzt und hier fehlt mir nichts. Ob das in zwei Stunden auch noch so der Fall sein wird, ob das am Abend ebenso sein wird? Wer weiß das schon? Das Leben ändert sich womöglich in einem Augenblick! Das im Moment Normale kann im Chaos versinken, kann schlagartig aufgerieben und unwiederbringlich vorbei sein. Deshalb: Versuchen Sie dem Hier und Jetzt etwas abzugewinnen. Ein wenig Zufriedenheit oder gar ein wenig Freude, weil einem nichts fehlt, weil ein gutes Mittagessen bevorsteht, weil ein nettes Gespräch mit dem Büronachbar möglich ist, weil eine Aufgabe zu Ende gebracht werden kann! Alles ganz normale Dinge und Umstände. An und für sich nicht der Erwähnung wert. Achtlos gehen wir weiter und wenden uns dem nächsten zu. Achtsamkeit heißt eben auch, sich nicht durch die Stunden, durch den Tag treiben lassen. Kaum mehr bemerken, was vor sich geht. Oder am Ende eines Arbeitstages gar fragen, was habe ich heute eigentlich getan? Achtsamkeit bedeutet, ein Gespür für sich und seine Umwelt bewahren, sehen und bemerken, was vor sich geht, dabei dann wertschätzen, wenn nichts Ungutes geschieht und sich an Kleinigkeiten freuen, die geschehen, aber sonst gar nicht mehr wahrgenommen oder als etwas Gutes erkannt werden: Der freundliche Guten-Morgen-Gruß der Kollegin, die fünfzehnminütige Frühstückspause, die Besprechungsrunde mit zwei Kollegen und dem Vorgesetzten über ein in Angriff zu nehmendes Projekt, das Lesen eines Artikels in einer mich interessierenden Fachzeitschrift und vieles, vieles andere mehr.

Achtsamkeit wird verhindert oder zumindest behindert durch alltägliche Beschleunigungsfallen. Neben dem Telefon „fliegen“ E-Mails auf uns herein, es klopft an der Tür und die nächste Besprechung steht an. Möglichst alles gleichzeitig und alles noch schneller. Unsere gut gefüllte Tretmühle gibt keine Chance für einen Rückzug, für Stille und Abschalten. – Wirklich nicht? Lassen Sie uns an dieser Stelle doch einmal innehalten. Was kann man tun, um der zunehmenden Beschleunigung und Arbeitsverdichtung etwas entgegenzusetzen?

Lassen wir zunächst den eigentlichen Arbeitstag einmal aus dem Auge. Schauen wir auf den Weg zur und den Weg von der Arbeit. Wie wäre es, wenn Sie eine oder zwei Haltestellen vor dem eigentlichen Ziel aussteigen und die letzten fünfhundert Meter zu Fuß gehen? Falls Sie mit dem eigenen PKW zur Arbeit kommen: Man muss nicht zwingend in der Tiefgarage unter dem Bürokomplex das Fahrzeug abstellen. Auch in einem solchen Fall können fünfhundert Meter genutzt werden für einen Spaziergang, für ein Augen-und-Ohren-Aufmachen. Wie wäre es, an einem Kiosk ein Brötchen oder eine Brezel zu kaufen und dann fünf Minuten einfach dazustehen und einen Bissen nach dem anderen zu genießen? Wie wäre es, den Feierabend einzuläuten, indem man nicht zur S-Bahn oder zur Buslinie hetzt und stattdessen erst einmal spazieren geht? Entschleunigung ist dafür das Stichwort. Wenn das Verhalten davon geleitet wird, entspannt sich mancher Druck, die Hektik fällt in sich zusammen, und es entsteht ein anderes Gefühl, das Raum lässt für Aufmerksamkeit und damit auf ein Sehen und Hören, das untergegangen erscheint. Noch ein Wort zur Mittagspause: Natürlich ist der Weg zur Kantine oft sinnvoll. Aber die Hetze zur nächsten Wurstbude? Das schnelle Hinunterschlingen der Mahlzeit, die nicht umsonst „Fast Food" genannt wird? Noch schnell das Glas Mineralwasser hinuntergestürzt und rasch wieder zurück ins Kampfgetümmel. Das muss beileibe nicht sein, schon gar nicht als Wiederholungsspiel an jedem Werktag. Es geht ohne große Mühe auch anders. Wie wäre es zum Beispiel, wenn Sie eine Kirche aufsuchen? Sie müssen nicht Christ oder religiös veranlagt sein. Sie müssen sich nur in einen Schutzraum zurückziehen wollen, der die trubelige und hektische Welt draußen lässt, für eine fast unnatürliche Ruhe sorgt und noch Gelegenheit zu einer Meditation bietet. Die Ruhe überträgt sich auf unser Inneres, sie kann in unserem Innern wachsen. Damit haben wir einen Energiespender, der noch nicht einmal etwas kostet. Wir achten auf unseren Körper, halten mögliche schädigende Einflüsse fern und tun wahrscheinlich sogar unserem Seelenleben etwas Gutes. Einen Kirchenraum als Ruhe- und Meditationsraum nutzen – die lärmende Welt wenigstens für zehn oder fünfzehn Minuten hinter sich zu lassen! Es ist so einfach. Jedenfalls in der Theorie. Und in Ihrer Praxis?

Im stressigen Tagesverlauf ist es vermutlich nicht so einfach. Aber es gibt Nischen oder Lücken, die sich auftun oder die jeder auftun kann. Wie wäre es mit Ritualen, die sehr wenig Zeit beanspruchen, aber eine hilfreiche Strukturierung bedeuten? Rituale können als Achtsamkeitsübung verstanden werden. Gönnen Sie sich z. B. nach Möglichkeit immer um dieselbe Zeit eine Tasse Kaffee oder Tee. Oder stellen Sie eine mitgebrachte Blume immer eine Stunde nach Arbeitsbeginn in eine Vase: frisches Wasser holen, den Blumenstiel neu anschneiden, die Blume ein wenig drapieren in der Vase. Oder gönnen Sie sich am Nachmittag eine

Banane oder einen Joghurt oder einfach zwei Stückchen Schokolade. Nicht einfach in den Mund nehmen und schnell, schnell wegschlucken. Sondern eine Mini-Auszeit, vielleicht drei oder fünf Minuten, während der Sie nicht auf einfliegende E-Mails oder Telefongeklingel reagieren, sondern bewusst die Tasse Kaffee riechen und schmecken, die Blume bestaunen oder den Joghurt genießen. Eine Mini-Auszeit als Achtsamkeitsübung! Ein Arbeitgeber, der sich daran stört, sollte sich am besten selbst entlassen. Er hat sicherlich wenig verstanden von Mitarbeiterführung und Mitarbeitermotivation.

Das Ausüben von Achtsamkeit außerhalb des Berufs muss hier nicht weiter ausgebreitet werden. Nur für diejenigen, die selbst in ihrer Freizeit nicht zur Ruhe kommen können/wollen, sei kurz das Thema Freizeitstress angeschnitten. Manche von uns hat die Unruhe und die Hast in einer Weise erfasst, die auch dann nicht zur Ruhe kommen will, wenn außerhalb des Berufslebens eigentlich Chancen für Ruhe, Ausgeglichenheit und Langsamkeit gegeben wären. Es geht dabei nicht darum, den lieben langen Tag im Bett zu verbringen oder sich abzukapseln und gar nichts zu tun. Bei dem Tun sollte aber nicht nur ein Gang zurückgeschaltet werden. Bei den vorzunehmenden Tätigkeiten – vom Frühstücken über das Zeitunglesen bis zum Einkaufen, der kleinen Reparaturarbeiten in der Wohnung, dem Schauen einer Sportsendung bis zum Kneipenbesuch am Abend oder wie auch immer Ihr Tag abläuft – sollte wach, präsent und sehr bewusst jeder Augenblick ausgekostet werden. Und bei diesem Auskosten sollten die Gedanken nicht bereits wieder abschweifen und sich möglichst nicht auf die nächste Stunde oder den kommenden Tag mit all den damit verbundenen Aufgaben und Pflichten ausrichten. Das Genießen der Gegenwärtigkeit kann geübt werden, indem man sich mit den Worten von Jon Kabat-Zinn, dem Begründer der MBSR (Stressreduktion durch Achtsamkeit), verdeutlicht: „Die Vergangenheit ist schon vorbei, die Zukunft noch nicht eingetreten. Die Gegenwart ist das Einzige, was wir wirklich zur Verfügung haben, um uns lebendig zu fühlen." Es sollte das Nichtselbstverständliche wenigstens ab und an gesehen werden, damit vor allem die kleinen Dinge eine Wertschätzung erfahren, denen man ansonsten eher achtlos begegnet. Sie erinnern sich? Was war das für ein Gefühl, nach Wochen in einem Krankenzimmer einfach wieder an die frische Luft zu gehen und sogar den Regen als Glück zu empfinden und diesen zu genießen, was unter anderen Umständen vielleicht sogar als lästig abgetan worden wäre.

Achtsamkeit kann außerordentlich anspruchsvoll eingeübt werden. Im Buddhismus spielt sie eine bedeutende Rolle, und wer sich diesen Ansätzen aufgeschlossen zeigt, wird an den Beispielen, die Mönche geben, kaum vorbeikommen. Hier rate ich zur Vorsicht. Es mag auf den ersten Blick faszinierend erscheinen, wie diese Menschen ihr Leben leben und welche Praktiken sie lernen und studieren. Gerade aus der Position eines in der hektischen westlichen Welt sich abkämpfenden Individuums heraus mag das Beispiel eines in sich ruhenden buddhistischen Mönchs, der eine ganz andere Daseinsform verkörpern kann, sehr reizvoll sein. Doch bedenken Sie: Erstens leben wir in einem anderen Umfeld, zweitens ist ein religiöses Motiv, das aller Ehren wert ist, anzuerkennen, aber ebenso muss man anerkennen, dass dieses für uns eventuell ganz und gar nicht passt und wir schon deshalb von völlig anderen Voraussetzungen ausgehen müssen. Und drittens gehört das Meditieren und die Übungen zur Achtsamkeit zu deren ureigenen Aufgaben, die für uns in dieser Breite und Ganzheit voraussichtlich überhaupt nicht lohnenswert sind. Ein unreflektiertes Nacheifern oder eine im Falle einer Krise vorzunehmende harsche und enthusiastische Umorientierung dürfte in der Mehrzahl der Fälle zu Enttäuschungen führen. Vorsicht bedeutet, sich die Frage zu stellen, was von all dem ein Teil ist, der sich genauer zu prüfen lohnt. Achtsamkeit in einem nicht überfordernden und verträglich-hilfreichen Sinne richtet sich auf zwei Fragen aus:

Zum einen: Möchte ich das, was mir aufgetischt wird, auch essen? Im übertragenen Sinne ist damit gemeint: Wie sehr ich Getriebener sein werde, ist abhängig von den Befehlen und Wünschen anderer, aber auch abhängig von meinen eigenen Antreibern und Energieräubern, die da befehlen „Sei perfekt“, „Sei stark“, „Mach’s allen recht“ usw. Ein anzustrebendes Ziel muss sein, so oft wie möglich zu entscheiden, welches Essen (welche Einladung, welchen Termin, welche Aufgabe) ich annehme. Damit ist eine Chance gegeben, die mich vor der kräftezehrenden Hyperaktivität schützt oder einfacher formuliert: Ich rase nicht mehr auf Kosten meiner Ressourcen durch die Gegend.

Zum zweiten: Ich muss immer wieder einmal eine Mindestdistanz zu meiner Umgebung und zu meinen Gefühlen erreichen. Ein schwieriges Unterfangen, weil damit gleichzeitig der Anspruch verbunden ist, etwas zu sehen und zu beschreiben, jedoch nicht zu bewerten. Achtsamkeit hat mit Nicht-Bewertung zu tun. Es geht darum, erst einmal gelten zu lassen, was ist. Konkret heißt das z. B. in einem Meeting, ich rege mich nicht über die Beiträge der anderen auf, sehe zwar die damit verbundenen Probleme und werde mich trotzdem nicht sofort zur Gegenargumentation hinreißen lassen. Nein, nur schauen und hören, was ist. Mehr nicht. Also sehen, da ist jemand sehr eifrig oder es verschafft sich jemand Luft oder es geht gerade um eine Terminfrage. Keine Erwiderungen konstruieren, nicht Ärger über einen vermeintlichen Blödsinn aufkommen lassen, nicht schon das eigene Bekenntnis formulieren, nicht angespannt darauf warten, dass man selbst zum Zuge kommt. Ich befinde mich in einer Art Zuschauerfunktion und fühle mich nicht, schon gar nicht emotional, verwickelt.

Wenn ich mich zu einer Mindestdistanz zu meinen Gefühlen bringe, bin ich nicht mit diesen „verklebt". Dieses hinderliche „Verkleben" kann ein Stück weit überwunden werden, wenn ich lerne zu schauen, was ist, ohne gleich wieder Bewertungen vorzunehmen. Vielleicht hilft noch ein Bild zur Unterstützung einer für viele wahrscheinlich schwierigen Einübung: Ein Mensch steht auf einer Brücke, unter der ein Güterzug mit vielen Waggons durchfährt. Jeder Waggon – und das kann gesehen und gehört werden – lädt zu einer Arbeit und Verpflichtung ein. Da ist der Chefwaggon, der zuruft, arbeite noch energischer, dann klappt es mit der Beförderung in ein, zwei Jahren. Dann kommt der Mitarbeiterwaggon, in dem ein Projektleiter heftig mit seinem Team diskutiert, das heftig gestikulierend nach oben winkt und den Brückenmenschen zur Mitfahrt (sprich zur Mitarbeit) auffordert. Als dritter Waggon rauscht der Vereinswagon durch. Wieder rufen drei, vier Mitglieder, der Brückenmensch soll für den Vorsitz kandidieren, nur er wäre in der Lage, den Verein in die Zukunft zu führen. Und schon schließt sich der vierte Waggon an: Der bietet einen Zusatzverdienst an, was ja nicht schlecht wäre zur Finanzierung des nächsten Urlaubs, der, weil es schon ein Fünf-Sterne-Hotel sein sollte, recht teuer ausfallen wird. D.h. dann eben Abend- und Wochenendarbeit, aber was soll's? Es wartet schließlich eine Entschädigung in Form von zwei Luxuswochen, da lohnt sich doch das Malochen vier Monate lang! Oder etwa nicht? Noch während des Nachdenkens über Vor- und Nachteile rattert bereits der nächste Waggon heran und dort sitzt der Nachbar, der schon lange an dem Brückenmenschen herummacht, er möge doch der Partei beitreten und bei der nächsten Gemeinderatswahl kandidieren.

Es wird nicht wenige Menschen geben, die springen in jeden Waggon. Das Spektrum der Motive kann von der Angst, abgelehnt oder nicht befördert zu werden über ein Leistungsmotiv bis zu einem Hilfemotiv reichen. Ein auf sich achtender Mensch bleibt auf der Brücke als Zuschauer. Der Achtsame springt nicht, er beobachtet, beschreibt, was da ist und (!) bewertet nicht. Achtsamkeit lässt gelten, was gerade ist. Schwierig umzusetzen? Versuchen Sie es an einem Beispiel. Probieren Sie einen ersten kleinen Schritt bei nächster Gelegenheit.

Zum Schluss ein Witzchen, ein Aphorismus oder sonst ein kluger Spruch

„Jeden Tag zu leben, als wäre es der letzte und **zugleich** der erste in einem langen Leben."

Sören Kierkegaard, 1813–1855, Hervorhebung durch H. G.

Burnout oder: Ein beschönigendes Modewort, das der zugrunde liegenden Erkrankung kaum gerecht wird

Die Geschichte

Ein Mann ging im Wald spazieren. Er traf dort auf einen Waldarbeiter, der Baumstämme zersägte. Er schaute ihm eine Weile zu, sah, wie er sich ungemein mühte und nur langsam vorankam. Dann ging er weiter. Als er nach zwei Stunden seinen Rückweg antrat, begegnete er wieder dem Waldarbeiter, der noch immer die Baumstämme zersägte, der aber trotz großer Anstrengung kaum vorwärts kam. Wieder beobachtete der Wanderer eine Zeit lang die anstrengende Arbeit, dann sagte er zu dem Arbeiter: „Es wäre doch besser, sie würden erst einmal aufhören und das Sägeblatt schärfen. Danach würde Ihnen die Arbeit doch viel leichter von der Hand gehen." Der Waldarbeiter unterbrach daraufhin die Sägerei. Erstaunt und unwillig schaute er den Ratgebenden an und meinte: „Sie haben keine Ahnung. Dafür habe ich doch gar keine Zeit."

Tatsachen, Reflexionen, Anregungen

Es ist Ihnen sicherlich klar, was der Waldarbeiter versäumt. Das ist so offenkundig, dass mancher voraussichtlich nur den Kopf schütteln kann. Es bedürfte gar nicht viel, und schon würde sich der Mann leichter tun. So aber bleibt er gefangen in seinem Denken und Verhaltensmuster und macht sich das Leben unnötig schwer. Er kann nur noch an das Sägen denken, Ratschläge sind unakzeptabel, ein Nachdenken über eine noch so kleine Änderung kommt ihm nicht in den Sinn. Geradezu stur macht er weiter. Noch mehr Anstrengung, noch mehr Kampf, kein Nachgeben, keine Pause, immer weiter, Alternativen sind unvorstellbar, gefangen in einem engen Denken, einem Tunnelblick, macht man sich das Leben zur Last, Aufhören geht schon gar nicht. Es geht einem zwar schlecht, man spürt, wie die Kraft nachlässt, die Energie immer weniger wird, es artet förmlich zu einem Kampf aus, der letztlich nicht zu gewinnen ist, weil die „Batterien" unerbittlich leerlaufen und man nicht mehr in der Lage ist, sie aufzuladen. Am Ende dieser Entwicklung kommt es zum Nerven- und Kreislaufzusammenbruch. Plötzlich wird Realität, was man sich bisher nicht vorstellen konnte: Man hat auf einmal Zeit! Viel Zeit zum „Über-sich-Nachdenken", sich ein anderes Leben vorzustellen, zu sehen, wo und welche Fehler gemacht wurden. Nur, die Zeit hat man, weil es einem furchtbar schlecht geht. Der Zusammenbruch führt häufig zu einem Klinikaufenthalt, der unabdingbar ist, um wieder im wahrsten Sinne des Wortes auf die Beine zu kommen. Auf diese Zeiterfahrung könnte man gerne verzichten, zumal es in der Regel viel Zeit bedarf. Wer in dieser Weise hingeworfen wird, benötigt nicht nur ein oder zwei Wochen Auszeit. Wochen und Monate, durchaus auch einmal Jahre sind häufig notwendig, bis Körper und Seele wieder soweit stabilisiert und im Gleichgewicht sind und Vitalität und Freude zurückkehren.

Wer einen derart unguten Weg geht – und es müssen ungemein viele sein nach den zur Verfügung stehenden Daten – ist zunächst ein Kämpfertyp. Eine Fassade wird aufrechterhalten, niemand soll gefälligst merken, dass es einem schlecht geht oder man kaum mehr in der Lage ist, seine Aufgaben wie gewohnt gut zu erledigen. Kommt dann ergänzend noch ein Perfektionsanspruch ins Spiel und ein hoher Maßstab für die Qualität der eigenen Arbeit, dann beginnt irgendwann eine Leidenszeit. Das Verrückte ist, man bemerkt dieses Leiden sehr wohl. Morgens kommt man nur mit Mühe aus dem Bett, die Fähigkeit zur Erholung ist einem abhanden gekommen, zumeist meldet sich nicht nur ein Unwohlsein, sondern es plagen einen Magen-, Kopf-, Rücken- oder gar Herzschmerzen. Vielleicht gesellen sich Verdauungsstörungen hinzu, man wird unkonzentriert, regt sich rasch auf und spürt beständig einen Druck im Nacken, Brust- oder Bauchbereich, dem man kaum Herr zu werden scheint. Schlafstörungen muss ich nicht extra erwähnen. Sie sind nicht nur eine lästige Begleiterscheinung, sondern zermürben einen mit der Zeit mehr und mehr und zerstören den letzten Rest an Kraft und Energie.

Diese Menschen wissen, es geht ihnen nicht gut. Die Zeichen sind unübersehbar oder besser: auf jeden Fall spürbar, und weil diese anhaltend das Leben schwer machen, gehen die meisten auch zum Arzt, bei dem dann über Herz-, Kopf-, Rücken- oder Magenschmerzen geklagt wird. Der Arzt stellt alle möglichen Untersuchungen an, kommt in den meisten Fällen jedoch zu dem (nur für den Moment beruhigenden) Urteil, organisch sei alles in Ordnung. Der Patient geht dahin, um zwei, drei Wochen später den nächsten Arzt aufzusuchen, da sich die Schmerzen längst wieder eingestellt haben und ihn ziemlich beunruhigen. Daraus kann eine Ärzteodyssee werden. Im Ergebnis ist es aber oft dasselbe. Keine organische Schädigung. Keine entzündete Magenschleimhaut, keine verengten Herzkranzgefäße, alles schön durchblutet und noch nicht einmal die Darmspiegelung hat einen Grund für den andauernden und lästigen Durchfall zutage gefördert. Nach außen spielt man weiterhin den starken Mann oder die starke Frau. Nur ja niemanden bemerken lassen, was da in Wirklichkeit mit mir geschieht. Die „eiserne Maske“ bleibt aufgesetzt, bloß keine Schwäche zeigen. Alles in bester Ordnung.

Wer bei einem guten Arzt landet, bemerkt dessen ganzheitlichen Blick, er stellt Fragen zur Lebensführung, zum privaten und beruflichen Umfeld und möglicherweise ist die Rede von einer Psychosomatik. Psycho?! Das geht ja gar nicht! Bei mir doch nicht. Auf gar keinen Fall. Die Abwehrreaktion lässt nicht lange auf sich warten. Ärzten ist aber das Phänomen einer Konversionsneurose wohl vertraut. Dahinter steckt ein seelisches Leiden, das sich nicht anders Ausdruck zu verleihen vermag, als den Schmerz über ein Körperorgan zu signalisieren, das an und für sich gesund ist. Was es doch alles gibt in unserem menschlichen Dasein?! Ein empfohlenes Überdenken der Lebenssituation, ein gewisses Maß an Verhaltensänderung? Fehlanzeige. Das geht anscheinend nicht. Völlig unmöglich. Dafür habe ich keine Zeit! Das zumindest glaube ich, bis ich im Krankenhaus liege und zu meiner eigenen Überraschung anerkennen muss, dass es sehr wohl anders und vor allem auch ohne mich ganz gut geht im Büro, auf der Baustelle oder im Klassenzimmer.

Bevor es zum Zusammenbruch kommt, greifen viele Betroffene vielleicht zu Drogen und Alkohol, der als legale Droge gesellschaftlich sogar akzeptiert ist. Die Gefährlichkeit eines solchen Weges muss nicht extra beschrieben werden. Etliche schlucken auch alle möglichen Medikamente. Gefahr droht dann, wenn es sich dabei um Psychopharmaka handelt. Die Wirkung mancher dieser Medikamente ist (erst einmal) verblüffend und zwar verblüffend gut, weil plötzlich der Druck weg, die Angst nicht mehr da ist, man nachts wieder schlafen und tagsüber konzentrierter arbeiten kann. Wie wunderbar! Die Chemie kann helfen, alles nicht einmal halb so schlimm. Viel Spaß, kann ich da nur wünschen. Was kurzfristig und unter ärztlicher Anleitung und Kontrolle ein Segen sein kann, wird sich mittel- und langfristig verheerend auf die Gesundheit auswirken, wenn man dem Irrtum anheimfällt, diese Psychopharmaka seien die Mittel der Wahl. Das heißt: bitte große Vorsicht damit, unbedingt mit dem Arzt klären und dann sehr verantwortungsvoll mit diesen angeblichen Wundermittelchen umgehen. Wenn sich erst einmal eine Abhängigkeit anbahnt – ein Zeichen dafür ist eine immer wieder vorzunehmende Erhöhung der Dosis –, dann sollten alle Alarmsirenen losgehen. Wenn nicht gegengesteuert wird, wird sich eine Abhängigkeit ergeben, die Sie auf Jahre hinaus in Beschlag nehmen kann. Davon wieder wegzukommen, ist ein langwieriger und schmerzhafter Prozess.

Was beschrieben wurde, sind typische Umstände für einen Weg in den Burnout. Die Umstände sind allerdings vielfältig, die individuellen Faktoren sehr verschieden, so dass es nicht nur ein Muster gibt, sondern von Mensch zu Mensch durchaus ganz unterschiedliche Bedingungen, die zu diesem Ausbrennen führen können. Man spricht im Übrigen vom „Burnout-Syndrom", was bereits einen Hinweis auf die Uneindeutigkeit gibt. Burnout ist so etwas wie ein Label geworden, ein Chiffre, ein Bild, das nahebringt, man wird nicht mehr mit der seelischen Belastung fertig. Für den betroffenen Menschen steckt ungeheuer viel Leid dahinter. Der Begriff verschleiert allerdings dieses Leid eher. Über Burnout kann geredet werden, über seelische Probleme eher nicht. Wer gibt schon zu, er leide an einer Erschöpfungsdepression? Da hört sich Burnout schon weitaus besser an. Suggeriert der Begriff doch auf jeden Fall, dass man viel gearbeitet, viel geschultert, sich verausgabt hat. Das wird dann noch honoriert. Man steht gut da. Aber so simpel ist es nicht. Erstens ist Burnout nicht nur das Problem des einzelnen Menschen, sondern in den Industrieländern eines der Gesellschaft. Es darf durchaus gefragt werden, inwieweit die Rahmenbedingungen, „Gesetze" und Normen, die die kapitalistische Welt bereithält, der Seelenlage des Menschen Abbruch tut. An dieser Stelle wird (noch) nicht auf mögliche Auswüchse, Zumutungen und inhumane

Leitvorstellungen eingegangen, die unser System eben auch „auszeichnen“ (Arbeitsverdichtung, Konkurrenz, Globalisierung und Ausbeutung). Dazu später mehr. Klar ist immerhin, Burnout ist keine Krankheit im Sinne einer medizinischen Klassifikation. In der Internationalen statistischen Klassifikation der Krankheiten und verwandten Gesundheitsprobleme (ICD-10: International Statistical Classification of Diseases and Related Health Problems = weltweit anerkanntes Diagnoseklassifikationssystem der Medizin) sucht man erst einmal vergeblich danach. Lediglich bei der ICD-10-Zusatzdiagnose findet man als Z 73: Probleme mit Bezug auf Schwierigkeiten bei der Lebensbewältigung. Das hört sich auch noch gar nicht so entschieden an, wenn bedacht wird, es geht um emotionale Erschöpfung, um Depression, um Depersonalisation, Misserfolgserleben, Zusammenbruch. Burnout muss als Entwicklungsprozess gesehen werden, es ist nicht nur eine Zustandsbeschreibung, sondern ein Weg des Scheiterns. Die (ungute) Entwicklung kann dabei als Phasenmodell nach Freudenberger und North beschrieben werden:

1. Phase: Überaktivität

Powern, eigene Bedürfnisse werden in den Hintergrund gestellt, höchste Ansprüche an sich selbst, ungemeiner Ressourceneinsatz, absolutistische Selbsterwartungen, hochgesteckte Ziele, Karrierevorstellungen und -hoffnungen, völliges Übersehen der Nebenfolgen, Unterschätzung von Aufwand und Zeitbedarf.

2. Phase: Reduziertes Engagement

Erste Abwertung der Ziele im Sinne „sie sind es nicht wert“, Abwertung der Umgebung einschließlich Kollegen, Kunden, Angehörige, Aufwertung sog. „Hygienefaktoren“ wie Geld, Urlaub, Essen, Schuldzuweisungen, Rückzugstendenzen.

3. Phase: Abbau der Leistungsfähigkeit und Verarmung der Anreizlandschaft
Essen und Alkohol als Kompensationsversuche, Dienst nach Vorschrift, Rückzug und Vereinsamung, psychosomatische Reaktionen, d. h. der Körper meldet sich, Ziele gehen verloren oder an ungeeigneten Zielen wird im Sinne einer Tabuisierung festgehalten, was keine Verhaltensflexibilität mehr erlaubt.
4. Phase: Verzweiflung und Depression
Psychische Erkrankung manifestiert sich, Suchtentwicklungsgefahr, Dekompensation und Depersonalisation, Zusammenbruch.

Eine Zeit lang kann man sich noch ausbalancieren oder sich durch Verausgabung etwas vormachen. Spätestens in der 2. Phase muss dem Menschen ein Unterbrechen der Stressroutinen gelingen. D. h. in der 1. und 2. Phase besteht die Chance, sich wieder selbst oder mit vertrauten Personen (Partner/Partnerin, Freunde) zu regulieren. Danach benötigt der Mensch professionelle Hilfe. In der 4. Phase muss sogar aus dem bisherigen Umfeld herausgegangen werden (Weg aus der bisherigen Wertewelt), so dass eine Klinik, ein Kloster oder ein Langzeiturlaub mit entsprechend professioneller Betreuung die nahezu einzige Chance bietet, damit sich der Mensch wieder selbst findet. Der Ausgebrannte muss nun Techniken lernen (z. B. Autogenes Training, progressive Muskelentspannung, Musikmeditation), die wichtig, aber nicht entscheidend sind. Die Seele ist erkrankt, und mit dieser muss sich der Mensch wieder verankern. Dazu bedarf es Hoffnung und Mut. Mut, ein anderes Leben zu führen und sich damit möglicherweise auch von bisher übermächtigen Zielen und Großmannsvorstellungen zu verabschieden. Das geht zumeist langsam, mitunter dauert es Jahre.

Lassen Sie es nicht so weit kommen. Das sagt sich wiederum so einfach und ist doch so schwierig in der Einlösung. Die Anregungen und Impulse, die ich Ihnen bisher gegeben habe, sollen Sie bei einer gesunden Lebenspraxis unterstützen. In den nachfolgenden Kapiteln werden Sie noch weit mehr finden, das Ihnen eine Hilfe sein kann.

Zum Schluss ein Witzchen, ein Aphorismus oder sonst ein kluger Spruch

Drei Programmierer müssen wegen Überanstrengung in die Nervenklinik. Nach einigen Wochen scheinen sie wieder gesund zu sein. Bevor der Chefarzt sie in ihren Job entlassen möchte, will er sie aber noch einmal testen. Er bittet den ersten in sein Büro und fragt:
„Wie viel ist 5 mal 5?"
Der Programmierer überlegt und antwortet dann: „110."
Der Chefarzt schüttelt den Kopf, der Mann muss weiter in der Klinik bleiben. Er bittet den zweiten Patienten herein und stellt diesem dieselbe Frage. Auch dieser überlegt kurz und sagt dann: „Donnerstag."
Erschüttert legt der Chefarzt die Stirn in Falten und behält den Programmierer ebenfalls in der Klinik. Dann lässt er den dritten kommen und stellt wieder die einfache Rechenaufgabe. Sofort antwortet der Patient: „25."
Der Chefarzt ist begeistert, er freut sich und unterschreibt die Entlassungspapiere. Bevor er ihn verabschiedet, fragt er: „Sagen Sie, wie sind Sie denn so schnell auf die Lösung gekommen?"
„Och, Herr Professor", gibt dieser zur Antwort:
„Das ist doch ganz einfach: Hundertzehn durch Donnerstag."

Courage oder: Was die vier Kardinaltugenden mit einer Türangel zu tun haben. Und warum sie, obwohl uralt, aktueller denn je sind

Die Geschichte

Lydia Dambrowski hat sich mit viel Einsatz eine Führungsposition im Personalwesen einer international tätigen Speditionsfirma erkämpft. Auf ihrem Fachgebiet kann ihr kaum jemand etwas vormachen. Allerdings weiß sie um ihre Harmoniebedürftigkeit, die sie bislang ganz gut verbergen konnte. Dann ergeben sich auf einmal gleich drei Situationen, die ihr schlaflose Nächte bereiten. Sie muss zehn Mitarbeiter über deren bevorstehende Entlassung informieren und dazu einer Mitarbeiterin, mit der sie früher eng und fast schon freundschaftlich zusammenarbeitete, klarmachen, dass ihre Leistung bedenklich nachgelassen hat. Dazu kommt ein schlechtes Gewissen wegen ihres Schweigens am Vortag in einem Meeting, bei dem ein Kollege völlig zu Unrecht vom Geschäftsführer scharf kritisiert wurde. Alle hatten betreten zu Boden geblickt; die meisten wussten ganz genau, es geschieht gerade eine Ungerechtigkeit, doch niemand, auch nicht Frau Dambrowski, wagte Widerworte oder auch nur ein gutes Wort über den Kritisierten. Ziemlich viel auf einmal. Für ihr Verhalten während des Meetings hadert Frau Dambrowski besonders mit sich, sie schämt sich fast und überlegt, ob sie nicht nachträglich für den Kollegen einstehen sollte. Den Tag über fühlt sie sich belastet, weil ihr ständig die Gedanken an diese Situationen im Kopf herumgehen, sie Ideen prüft, Vorgehensweisen durchspielt, diese wieder verwirft, über Nach- und Vorteile nachdenkt, hin- und hergerissen ist, ihr schlechtes Gewissen beruhigen muss. Gegen Feierabend ist sie ziemlich konfus, sie fühlt sich schlecht, vor allem, weil immer noch keine Lösungen parat liegen, die sie entlasten würden.

Tatsachen, Reflexionen, Anregungen

Frau Dambrowski hat eine Führungsfunktion inne. Diese hatte sie angestrebt und dafür viel Zeit und Energie investiert. Allzu rasch muss sie erkennen, dass es mit fachlichen Fähigkeiten und Begabungen allein nicht getan ist. Wer Menschen führt, muss über ein Verhaltensrepertoire verfügen, das sich nicht in bloßen Managementtechniken erschöpft. Damit würde man den Menschen nicht gerecht werden. Es gehört viel mehr dazu. Fähigkeiten und Können, die nicht geschwind antrainiert, die nicht mit Checklisten und Kennzahlen abgehakt und ohne Selbsterkenntnis und ohne Reflexionen über die Art des Umgangs mit Menschen realisiert werden können. Es kann jetzt hier nicht um ein Führungsseminar gehen, das Thema Führung bietet sich aber an, um zunächst eine Kardinaltugend ins Spiel zu bringen. Eine von vier, die seit Platon bekannt sind, die die Bibel bestätigt und die in der modernen, hochindustrialisierten Arbeitswelt und einer weitgehend säkularisierten Gesellschaft ohne Abstriche ihre Bedeutung behalten haben und aktueller denn je sein dürften: Die Rede ist von der Courage oder Tapferkeit (Fortitudo), neben der die Gerechtigkeit (Iustitia), die Klugheit oder Weisheit (Sapientia) und die Mäßigung (Temperamentia) als primäre Tugenden stehen.

Ein Verhalten und ein Leben, das sich an diesen Kardinaltugenden zu orientieren versucht, gerät kaum in die Gefahr eines Scheiterns. Die Basis eines solchermaßen geleiteten Lebens ist überaus tragfähig, auch wenn bestimmt nicht alles gelingen wird, was man sich erhofft, Rückschläge ausgehalten und Niederlagen verarbeitet werden müssen. Die Orientierung an den Kardinaltugenden unterstützt die Fähigkeit zu einem verantwortungsvollen, menschlich reifen Leben, es wird im Ganzen ein gutes Leben gelebt, auch wenn manch Ungutes erfahren wird. Übrigens: Das Wort „Kardinal" leitet sich vom Lateinischen „cardo" ab, was so viel wie Türangel oder Dreh- und Angelpunkt bedeutet. Allein dieses Verständnis verweist auf etwas Wichtiges, etwas, um das sich vieles andere dreht. Im „Buch der Weisheit", einer Spätschrift des Alten Testaments, wird das zum Ausdruck gebracht, wenn es sinngemäß heißt, diese vier Tugenden sind im Leben der Menschen nützlicher als alles andere.

Nun fallen diese Kardinaltugenden nicht einfach vom Himmel. Der Mensch muss zunächst von ihnen wissen, dann entscheiden, inwieweit er sich darum bemühen und daran sein Leben ausrichten möchte. Die Rede ist nicht umsonst vom „Bemühen", denn der Weg vom Wissen zum Handeln im Sinne dieser Tugenden stellt Herausforderungen bereit und bedarf einiger Anstrengung. Schauen wir uns zunächst die Situation von Frau Dambrowski vor dem Hintergrund dieser Haupttugenden genauer an:

Courage (Tapferkeit) ist immer mit der Übernahme von Verantwortung gekoppelt (insoweit geht es natürlich nicht nur um eine Führungsposition in einem Unternehmen). Einmal negativ formuliert: Es ist bequem oder gar feige oder beides gleichzeitig, keine Verantwortung wahrzunehmen: nicht für das eigene Leben, nicht für das Leben anderer und schon gar nicht für die Welt, in der wir leben. Wo kämen wir damit auch hin? Nein, nein, da machen wir lieber mal die Augen zu, gehen den Problemen aus dem Weg und laufen vor den Schwierigkeiten davon. Aber nun doch wieder ohne Ironie oder Zynismus: Wer Konflikte scheut und Probleme unter den Tisch kehrt, tut sich und anderen keinen Gefallen. Es kann sich ein schlechtes Gewissen melden, das Energie nimmt oder gar den Schlaf raubt. Wer ein dickeres Fell hat, muss sich um das schlechte Gewissen nicht sorgen, dafür kann er sicher sein, es „brodelt weiter im Kessel“, der Druck wird steigen, das (Betriebs-)Klima wird vergiftet und die Atmosphäre in der Werkstatt, im Büro oder dem eigenen Wohnzimmer leidet.

Courage bedeutet auch Konfliktfähigkeit. Viele Menschen fürchten sich vor Konflikten, weil sie mit eigener oder fremder Aggressivität nicht umgehen können. Konflikte müssen geklärt und einer Lösung zugeführt werden. Ansonsten sind Sie übermächtige Energieräuber. Courage zeigt sich dann an Entscheidungsfähigkeit. Werden Entscheidungen aufgeschoben oder ständig vor sich hergeschoben, entsteht ein hohes Maß an Unzufriedenheit bei den Menschen, die nicht mehr wissen, woran sie sind. Sie wollen Gewissheit, Sicherheit und Klarheit. Wer nicht den Mut zu Entscheidungen aufbringt, zehrt an den Kräften, befördert eher Aggressionen und öffnet unguten Spekulationen über das, was da wohl kommen wird, Tür und Tor.

Diese Erfahrung haben Sie sicherlich auch schon für sich selbst gemacht. Ein geradezu simples Beispiel werden die meisten kennen: Wo soll es im nächsten Urlaub hingehen? An die Ost- oder doch lieber an die Nordsee? Oder ja, schon ans Meer, aber wäre nicht ein Bergurlaub einmal das Bessere? Nein, ich habe mir doch eine Kreuzfahrt vorgenommen, jedoch, sollte ich nicht in diesem Jahr endlich die schon seit Jahren ins Auge gefasste Route 66 in den USA abfahren? Sie kennen das. Ein solches Entscheidungsproblem kann durchaus herausfordern, Mühe machen und vielleicht sogar verzweifeln lassen. Und das nur, weil man nicht zu einer Entscheidung fähig ist. Weil es Alternativen gibt, und mit jeder Entscheidung *für* etwas, trifft man schließlich immer auch gleichzeitig eine Entscheidung *gegen* etwas.

In einer Führungsaufgabe, wie sie im Falle von Frau Dambrowski vorliegt, muss ich mutig sein, sonst kann ich nicht gestalten und werde allzu rasch zum Spielball anderer. Sie muss sich über ihre Verantwortung im Klaren sein. Und klar muss ebenso sein: Wer Verantwortung übernimmt, macht sich verletzlich. Was sagen die anderen über mich, was meinen sie von mir? Courage bedeutet Hinstehen! Dabei kann nicht immer auf die unterstützende Meinung anderer oder deren Zustimmung geschielt werden. Wer führen will, muss gegebenenfalls auch „kämpfen". Bei diesem „Kämpfen" kann man verletzt werden. Oder man macht sich schlicht unbeliebt oder muss gar Nachteile in Kauf nehmen. Die Tugend Tapferkeit bedeutet, sich für das, was man als richtig, als gut und wahr erkannt hat, einzusetzen, und zwar auch dann, wenn es persönliche Opfer oder Nachteile bringt. Wer ist dazu bereit? Oder inwieweit bleibe ich couragiert, auch wenn es mir zum Nachteil gereicht? Schwierig, nicht wahr? Wie gesagt, es bedarf der Anstrengung. Und diese kommt umso mehr ins Spiel, als auch die anderen drei Kardinaltugenden gelebt werden sollen.

Welche Bedeutung der Gerechtigkeit zukommt, erkennen Sie an dem jahrtausendealten Spruch „Wer Gerechtigkeit sät, wird Frieden ernten". Wenn man so will, ist die Krönung der Gerechtigkeit die Nächstenliebe, ein Anspruch, der im Neuen Testament als ethischer Maßstab zum Ausdruck gebracht wird: Du sollst den Nächsten lieben wie dich selbst. Es sei einmal dahingestellt, ob es sich dabei um eine Übererwartung, um eine letztliche Überforderung für den Menschen geht. Es ist immerhin ein Ideal, das, wenn schon nicht erreichbar, angestrebt werden kann, womit die Welt mit Sicherheit bereits ein gutes Stück besser werden würde. Gerechtigkeit bedeutet ein Respektieren der Menschen mit all ihren Verschiedenheiten, ihnen das zukommen zu lassen und zuzugestehen, was für ein menschenwürdiges Leben notwendig ist. D. h., es geht bei den Fragen um Gerechtigkeit immer auch um die würdevolle

Behandlung des Menschen. Wenn ich dem Anspruch genügen will, dem Menschen neben mir gerecht zu werden, dann geht es um eine gerechte Ressourcenzuteilung, um gerechte Chancen, um gerechte Beurteilungen oder sehr allgemein ausgedrückt, ich muss mit ihm richtig umgehen. Dabei muss ich mir meinen eigenen Egoismus vor Augen führen, vielleicht mein eigenes Überlegenheits- und Machtgefühl, und genau davon darf ich mich dann nicht leiten lassen oder diese Attitüden gar noch zur Schau stellen und demonstrieren. Es bedarf auch bei der Verwirklichung dieser Kardinaltugend der Anstrengung, und sie ist möglicherweise mit der Relativierung oder gar Rücknahme eigener Ansprüche und mit Teilen verbunden.

Sie merken, wenn es hier konkret wird, dürfte es für nicht wenige Zeitgenossen schon schwierig werden. Im ganz großen Stil macht uns dabei die Gier zu schaffen, die sich vor wenigen Jahren (und seien wir ehrlich: doch nach wie vor) in den Finanzmarktkrisen gezeigt hat. Ungebremstes Raffen, Ausbeutung und die Inkaufnahme der Zerstörung ganzer Lebenswelten, nur um sich mehr und mehr zu bereichern – wie ungerecht darf es denn noch sein, wenn gleichzeitig die Kosten dieses ungeheuerlichen Treibens Arbeitslosigkeit, Absturz in ein soziales Elend, Verlust von allem Ersparten und Existenzvernichtung von Tausenden bedeutet? Wer sich für sein gieriges Verhalten nicht schämen kann, dem müssen Sie erst gar nicht mit Gerechtigkeit kommen. Dass diese Ungerechtigkeiten zu Konflikten bis hin zu Kriegen und damit zur Auslöschung von Leben führt, muss nicht weiter ausgebreitet werden. Mit Frieden ernten hat das alles nichts zu tun.

Lassen Sie uns aber noch einen anderen Aspekt beleuchten. Natürlich denkt man in erster Linie, man soll dem anderen gerecht werden. Jedoch: Stellen wir uns doch auch die Frage, werde ich mir selbst gerecht? Anders: Finde ich in dem, wie ich mich verhalte, was ich mir abverlange, von mir fordere und mir gebe, auch die Tugend der Gerechtigkeit wieder, so dass mir ein ebenso wichtiger, nämlich innerer Friede zuteil wird? Werde ich mir selbst, meinem Leben gerecht? Dieser Überlegung soll einmal am Beispiel eines Riesen aus der griechischen Mythologie nachgegangen werden: Prokrustes. Wahrscheinlich kennen Sie den Ausdruck „Prokrustesbett“. Worum geht es dabei? Der Wegelagerer und Unhold Prokrustes bot Reisenden ein Bett an, auf das er sie legte. Waren sie zu groß für das Bett, hackte er ihnen überschüssige Gliedmaßen ab. Waren sie zu klein, reckte und streckte er die Glieder brutal auf einem Amboss auseinander und machte sie passend. Redensartlich bezeichnet man daher als Prokrustesbett eine Form, in die man hineingezwungen wird. Die Form oder das Schema passen überhaupt nicht, aber lieber nimmt man bis hin zu Schmerzen alles Mögliche in Kauf, nur damit es irgendwie passt.

Sich selbst die Gerechtigkeitsfrage zu stellen, bedeutet folglich, darüber nachzudenken, ob das Leben, das ich führe, wirklich zu mir passt. Oder renne ich vielleicht falschen Zielen hinterher, von außen aufgezwungenen Zielen, die mir als Mensch gar nicht gerecht werden; weil ich aber die Erwartungen anderer nicht enttäuschen möchte, passe ich mich an. Durchaus auf Kosten meines Wohlbefindens oder auf Kosten meiner Gesundheit. Oder ist es mir nicht möglich zu akzeptieren, über welche Fähigkeiten und Begabungen ich verfüge, und ich setze auf Biegen und Brechen auf Entwicklungen, die mir ungemein Mühe bereiten, nur damit ich ein Bild von mir aufrecht erhalte, das mein Selbstkonzept einigermaßen stabilisiert? Welch Energieverschwendung! Welch ungeheuerlicher Kraftaufwand! Es mag flapsig erscheinen, aber aus einem Mops kann man keinen Windhund machen oder anders und ernsthafter: Der Mensch tut gut daran, sich auf das zu besinnen, was ihm von Natur, vom Schicksal oder – wer das so mag – vom lieben Gott mitgegeben wird, er soll selbstverständlich seine Möglichkeiten ausspielen, lernen, sich anstrengen und Ziele und Träume vor Augen haben. Aber letztlich müssen Ziele erreichbar sein, sonst verzweifelt man allzu rasch daran. Sich selbst gerecht werden erfordert Ehrlichkeit und dann womöglich Mäßigung. Um des eigenen Friedens willen, der unabdingbar für eine ausgeglichene, vitale Lebensführung ist.

Damit habe ich geradezu automatisch die dritte Kardinaltugend ins Spiel gebracht, was auch darauf hindeutet, wie die Dinge doch miteinander zusammenhängen oder sie zumindest aufeinander bezogen sind. Etwas allein und für sich zu betrachten, ist häufig eindimensional und verengt die Perspektive ungemein. Wer einen ganzheitlichen Blick versucht, hat eine weitaus größere Chance, der Wahrheit näherzukommen und den Umständen in ihrer Gesamtheit gerecht zu werden. So vermeidet man Verkürzungen und damit Ungerechtigkeiten. Aber es soll ja nun um die Kardinaltugend Mäßigung gehen. Das rechte Maß hat sehr deutlich mit der ebenfalls gerade angesprochenen Gier zu tun. Begehren und Begierde sind menschliche Eigenschaften und Wesenszüge. Dabei geht es durchaus um eine Sicherstellung der Selbsterhaltung. Man begehrt Nahrung oder ist begierig auf erotische Lust oder begierig nach Geld und Reichtum. Wir bemerken: Es sind Notwendigkeiten im menschlichen Leben. Das ist anzuerkennen, zu respektieren. Doch bemerken wir gleichzeitig die Gefahr eines Übertreibens, eines Absolut-Setzens, das rücksichtslos gegenüber anderen und sich selbst seinen Weg suchen kann. Dann isst man nicht mehr, sondern frisst, man trinkt nicht mehr, sondern säuft und man kann sexuelle Lust gar nicht mehr genießen, weil die Sexsucht nur noch antreibt und man es dann tatsächlich „treibt". Dann gilt der Mensch als Maschine, von der Befriedigung erwartet und gefordert wird, wodurch das Lustvolle und Befriedigende zu einer inhumanen Nutzung des Partners oder der Partnerin verkommt.

Dass dieses Maßlose kaum gut gehen kann, versteht sich fast von selbst. Es geht einerseits um ein Zügeln der Triebe, keinesfalls um deren Ausschaltung, das wäre dann für die meisten Kasteiung und ebenso maßlos, nur mit anderem Vorzeichen. Auch darf man ab und zu über die Stränge schlagen (soweit man die Würde anderer Menschen nicht verletzt und schon gar keine kriminelle Tat begeht). Das gehört zum Menschsein, alles andere wäre ein Dauerspiel eines Moralapostels oder der ständig mahnende Zeigefinger. Auch diese Extreme tun dem Menschen auf Dauer nicht gut. Das rechte Maß sollte aber bei viel mehr als beim Essen, Trinken, Geldverdienen und Sex eine Rolle spielen. Ich vermute, Menschen werden krank, weil sie maßlose Ansprüche sich selbst gegenüber haben. Dem sei die Vermutung angeschlossen (ist nur als Hypothese zu sehen, keinesfalls als gesichertes Wissen), dass ein Grund für die massiv um sich greifenden Angst- und Panikattacken diese maßlosen Ansprüche sind. Ehrgeiz, der nur noch antreibt, der eine berufliche Karriere als unabdingbar ständig befeuert, der die Kleidung nach der neuesten Mode fordert und unbarmherzig das Schönheitsideal des schlanken und möglichst durchtrainierten Menschen zwanghaft vor Augen führt. Ein Ehrgeiz, dem Eltern geradezu erliegen, wenn sie aus dem Häuschen geraten, weil die neunjährige Tochter oder der dreizehnjährige Sohn nicht die Traumnoten von der Schule nach Hause bringen. Diese sind angeblich doch unabdingbar für ein in Jahren in Angriff zu nehmendes Studium. Ohne dieses Studium kann man schließlich einpacken! Dieses Fantasieren orientiert sich am grandiosen Wettbewerbs- und Konkurrenzsystem einer globalisierten Welt. Und welch Erschrecken: Der Junge oder das Mädchen wird bestimmt auf der Strecke bleiben. Am besten, der Vierjährige lernt bereits im Kindergarten Englisch, dann könnte er ja als fünfte Fremdsprache im Gymnasium, wenn er bis dahin nicht verrückt geworden ist, Chinesisch lernen, was unabdingbar ist, da sich dort ein Riesenmarkt auftut, der Profit en masse in der Zukunft garantiert. Merken Sie etwas? Ich darf vorsichtig fragen, ob manche von uns im wahrsten Sinne des Wortes „verrückt“ sind. Die Menschheit scheint zu vergessen, was Kindheit bedeutet. Wir setzen uns mit diesen Ansprüchen unter Druck. Ein Druck, der oft genug zu Aggressionen und bei nicht wenigen zu Erschöpfung führt.

Um es nicht so weit kommen zu lassen, ist Mäßigung wichtig. Wer maßlos arbeitet, ist irgendwann am Ende. Wer anderen maßlos begegnet, ist ein Energievernichter und leistet Beiträge zu deren Erkrankung. Wer stolz ist auf sein angeblich souveränes Multitasking, darf sicher sein, er hat seine Fenster und Türen immer offen. D. h. er befindet sich ständig im Durchzug. Das kann auf Dauer nicht gut gehen. Es gibt nicht umsonst die Idee von einem Zeitmaß. Wie gehe ich mit meiner Zeit um? Empfinde ich Zeit noch als ein Geschenk oder habe ich – so hören Sie das dann – „gerade keine Zeit“. „Gerade keine Zeit“-Haben hören Sie von diesen Menschen häufig. Sie haben nie Zeit, sind immer im Dampf, unter Druck und versäumen die richtige Rhythmisierung. Beim rechten Zeitmaß geht es um Rhythmisierung. Diese bedeutet einen Wechsel von Arbeit und Entspannung, von Wachen und Schlafen, von ernsthaftem Tun und vergnüglichem Spiel. Darin drückt sich auch die Polarität des Lebens aus. Das Leben ist auf Rhythmisierung angelegt. So wie es Tag und Nacht, Sommer und Winter, Mann und Frau gibt – es sind die Gegensätze, die dem Leben Rhythmus geben, damit es funktioniert, damit es stabil bleibt und in die Zukunft weist. Rhythmisierung kann Energie erzeugen, Energie die unabdingbar ist für ein Aufrechterhalten der Vitalität und Fitness und der seelischen Ausgeglichenheit. Dazu gehören auch Rituale, die einen Beginn bzw. einen Abschluss markieren und immer auch Freude bereiten, aber auch für Ruhe und Sicherheit sorgen können. Freude, Ruhe und Sicherheit bieten sich wiederum als Energiespender an, so dass Mäßigung im Sinne einer Rhythmisierung dem Menschen ein Fundament für dessen Gesundheit liefert.

Es bleibt uns noch die Klugheit. Eine Kardinaltugend, die sich nicht nur aus Verstand, sondern aus Vernunft speist. Klugheit oder Weisheit ist auf die Erkenntnis des Guten ausgerichtet und erkennt, was dem Leben (der Seele) zuträglich ist. Bevor es allzu philosophisch wird, soll einfach die Fähigkeit benannt sein, distanziert und vorausschauend in seinen Überlegungen abzuwägen, was mir, meinen Mitmenschen und der Umwelt gut tut. Wieder einmal einfach gesagt und doch schwierig umzusetzen. Gehören doch einige Voraussetzungen dazu. Selbstverständlich Wissen, möglichst in einem großen Horizont, Selbstreflexion und Abwägung der unterschiedlichsten Sichtweisen, die Herstellung von Bezügen, das Erkennen von Zusammenhängen und die Antizipation von Wirkungen. Dabei sollte Max Webers Vernunftethik eine grundlegende Rolle spielen, die bei allem Tun und Handeln stets auch deren Folgen mitbedenkt. Das verlangt weitaus mehr als das Handeln eines bloßen Gesinnungsethikers, der eine vermeintliche Wahrheit erkannt hat und ziemlich rücksichtslos seine Interessen durchsetzt. (So kann man mit Fug und Recht gegen Kernkraftwerke protestieren, wenn dann aber Steine auf Polizisten geworfen werden, hat das nichts mehr mit Weisheit und nichts mehr mit Vernunft zu tun, da billigend Verletzungen anderer Menschen in Kauf genommen werden.)

Klug kann der Mensch durch Lernen und Erfahrung werden. Erziehung und Sozialisation leisten ihre wertvollen Beiträge. Man kann Wissen anhäufen, aber deswegen noch lange nicht klug sein. Immanuel Kant gab schon vor mehr als zweihundert Jahren zwei (kluge) Ideen vor: „Habe den Mut, dich deines eigenen Verstandes zu bedienen" und als sogenannter Kategorischer Imperativ, der wohl als eines der wichtigsten Prinzipien der Moralphilosophie und Ethik anzusehen ist: „Handle nur nach derjenigen Maxime, durch die du zugleich wollen kannst, dass sie ein allgemeines Gesetz werde." Darüber ist nachzudenken. Als Handlungsmaxime gebietet der Kategorische Imperativ den Menschen als vernunftbegabte Wesen, ihre Handlungen daraufhin zu prüfen, ob sie einer für alle, jederzeit und ohne Ausnahme geltenden Maxime folgen und ob dabei das Recht aller betroffenen Menschen berücksichtigt wird.

Dies ist kein Philosophieseminar, ich muss es bei diesen Anregungen belassen und hoffen, dass Sie zum Nachdenken motiviert werden. Für unser Zusammenleben und unser eigenes Wohlbefinden kann die Kardinaltugend Klugheit praktischerweise zudem noch anders gegeben und ausgerichtet sein. Klugheit hat auch etwas mit der Kunst zu tun, das für den Augenblick und die jeweilige Situation, den jeweiligen Menschen Angemessene zu erspüren, dann zu sprechen und zu entscheiden. Dazu gehört ein abwägendes Einsetzen von Sprache und Stimme, da damit viel kaputt gemacht werden kann. Sich einfach aufs Geradewohl zu äußern, einen Kommentar ohne sorgfältige Überlegung von sich zu geben und unbedacht etwas daherzureden, kann aggressiv und kränkend daherkommen.

Klug ist es auch, ein Grundwohlwollen gegenüber anderen Menschen zu besitzen. Man kann nicht alle Menschen lieben, aber wenigstens mögen. Wenn ich einen Menschen mag oder zumindest aushalte, dann ist er mir nicht so schnell zu viel. Das gilt in vielen sozialen Situationen, ob das nun im Beruf oder im privaten Umfeld gedacht wird. Wenn dieses Grundwohlwollen zum Ausdruck kommt, dann biete ich eine Kraftquelle, die auch mir gut tun wird. Dass das keine Selbstverständlichkeit ist, soll an der Lehrer-Schüler-Beziehung gezeigt werden. Alle Schüler und Schülerinnen mögen? Welch Aufgabe, welch Überforderung! Es gibt sie doch, die Rabauken im Klassenzimmer, die sich nicht benehmen können, oder die keine Lust zum Lernen haben. Diese soll ich mögen? – Ja, versuchen Sie es. Es ist eine Riesenchance, sie ins Boot zu holen. Sie müssen mit Enttäuschungen rechnen und das, was sie „investieren“, muss nicht jedes Mal von Erfolg gekrönt sein. Aber was ist die Alternative? Demotivation auf allen Seiten, die Devise „Da muss man Druck machen“ und ein Betreten des Klassenzimmers schon in Kampfstimmung. Kann das gut gehen? Wohl eher nicht. Es ist trotzdem so herausfordernd und schwierig, sich anders zu verhalten. Man muss „über seinen Schatten springen“, darf nicht beleidigt sein, wenn die Bemühungen zunächst nicht fruchten. Und man benötigt Geduld und einen langen Atem, damit sich die Chance auf Erfolg einstellen kann. Insbesondere Geduld ist dabei eine seltene Tugend („Patentia est rara virtus“). Die Anforderungen und Herausforderungen, auch Zumutungen im Zusammenhang der Maxime eines klugen Handelns, geben Hemmfaktoren, Begrenzungen und manchmal eventuell Überforderungen vor. Doch soll wegen der damit verbundenen Anstrengungen unkluges Handeln die Oberhand gewinnen? Ist es nicht einer gehörigen Anstrengung wert, die Welt mit Verstand und Vernunft wahrzunehmen, abzuwägen, die verschiedenen Facetten, die eine Rolle spielen, zu bedenken, nicht in ein Extrem zu verfallen und verantwortlich zu handeln? Eine Verantwortlichkeit, die sich gerade durch eine sorgfältige Prüfung und Beachtung der Folgen dieses Handelns auszeichnet?

Zum Schluss ein Witzchen, ein Aphorismus oder sonst ein kluger Spruch

„Die großen Tugenden machen einen Menschen bewundernswert, die kleinen Fehler machen ihn liebenswert.“

Pearl S. Buck, US-amerikanische Schriftstellerin, 1892–1973

Denkgewohnheiten oder: Im Guten wie im Schlechten – von der Macht der Gewohnheit

Die Geschichte

Hermann Lummen ist beruflich erfolgreich, er arbeitet gerne und ist die Karriereleiter ordentlich hochgeklettert. Nachdem er die Vierzig nun auch schon überschritten hat, nimmt er an Gewicht ziemlich zu. Er isst eben gerne, vor allem am Abend, und nicht selten sind zwei, drei Gläser Wein mit von der Partie. Dazu kommt kurz vor dem Zu-Bett-Gehen ein Heißhunger auf Schokolade oder Kekse, den er dann zumeist unbeherrscht stillt. Bei seinem letzten Arztbesuch musste er sich wenig schöne Nachrichten über ungute Blutfett- und Leberwerte anhören. Sogar vor einer möglichen Diabeteserkrankung hatte sein Hausarzt gewarnt und neben einer Ernährungsumstellung vor allem den Rat gegeben, regelmäßig Sport zu betreiben. Dazu fällt Herrn Lummen ein angeblich geistreiches Sprichwort ein, das dem früheren britischen Premierminister Churchill zugeordnet wird: „Sport ist Mord." Diese Überzeugung gilt ihm schon seit Jahr und Tag als Leitsatz, zudem ist er fest davon überzeugt, dass Essen und Trinken Leib und Seele zusammenhalten.

Die Warnungen seines Arztes haben ihn zwar aufgeschreckt, ein paar Tage hatte er hin und her überlegt. Als einen ersten Schritt auf dem Weg einer Verbesserung plante er das Weglassen des Weins beim Abendessen. Es gelang zwei Abende lang. Wasser statt Wein. War er noch ziemlich stolz auf diese Leistung, verstieß er am dritten Abend bereits wieder gegen diese Selbstauflage und genoss in der Überzeugung, ein Gläschen habe noch nie jemanden geschadet, gleich die Hälfte des Inhalts einer delikaten französischen Rotweinflasche. Eigentlich wollte er sich auch überlegen, Sport zu machen. Er besuchte sogar ein großes Sportartikelgeschäft, erwarb zwei Trainingsanzüge und ein paar sehr teure Sportschuhe. Diese Einkäufe liegen seit fast drei Wochen nach wie vor unausgepackt in seinem Schlafzimmer. Herr Lummen hat zwar jedes Mal ein schlechtes Gewissen, wenn er die große Einkaufstüte sieht. Der Impuls, die Sachen endlich einmal anzuziehen und joggen zu gehen, kommt zwar auf, ist aber wenig mächtig. Im Gegenteil, er sitzt dann ziemlich rasch wieder vor dem Fernseher und gönnt sich eine leckere Mahlzeit, die er sich wie üblich beim nahegelegenen Imbiss gekauft hat.

Tatsachen, Reflexionen, Anregungen

Eigentlich ist es doch eindeutig. Wenn wir weniger schlemmen, weniger Alkohol zu uns nehmen, nicht mehr rauchen und dann sogar noch regelmäßig Sport treiben, dann kommen wir besser in Form, sehen besser aus und tun einfach viel Gutes für unsere Gesundheit. Das ist in der Tat – eigentlich – recht eindeutig. Der Mensch wird seit der Antike als vernunftbegabt beschrieben. Als rationales Wesen müsste er auf seinen Vorteil bedacht sein. Und doch – das Beispiel unseres Herrn Lummen ist bestimmt kein seltener Einzelfall –, es gibt offenbar ein irrationales Beharrungsvermögen, das diese Argumente ignoriert, es vielleicht noch zulässt, dass einmal eine Änderung probiert wird, um aber eher früher als später wieder dem alten Verhaltensmuster zu frönen. Alles bleibt beim Alten, selbst dann, wenn eine Gefahr absehbar ist. Ganz schön dumm! – Oder vielleicht doch nicht? Gehen wir der Sache einmal auf den Grund.

Der Mensch ist ein „Gewohnheitstier", und genau damit müssen wir uns befassen: mit Gewohnheiten. Dabei gerät man an ein Grundsatzproblem: „Eine alte Gewohnheit durch eine neue zu ersetzen ist das schwerste, was es für das Gehirn gibt." Der Hirnforscher Gerhard Roth begründet diese Auffassung mit Erkenntnissen der Neurobiologie, die eher den Weg in Richtung zu einem „resignativen Realismus" weisen. Extrem ausgedrückt bedeutet das, wir Menschen sind irrationale Entscheider, willensschwach und eher Marionetten unserer eigenen Triebe und Emotionen. Kurz gesagt eben „unverbesserliche Gewohnheitstiere" (so der amerikanische Nobelpreisträger Daniel Kahneman). Niemand ändert sich, nur weil er sich selbst oder jemand anderes ihm das Kommando gibt: „Ändere dich!" So etwas wird zwar von manchen Philosophen, Dichtern und heutzutage nachdrücklich oft genug von Motivationstrainern empfohlen, klappt aber nicht. Warum ist das so?

Weitermachen wie bisher trägt ein starkes Belohnungsgefühl in sich. Es geht um die Lust an der Routine, um das Bewahren des Status quo, um die Angst vor Neuem und um das Risiko des Scheiterns. Veränderungen, die bisherige Denkwelten infrage stellen und bisherige Verhaltensweisen nicht mehr gelten lassen wollen, erzeugen Widerstand im Menschen, vor allem dann, wenn er dadurch emotional maßgeblich etwas aufgeben müsste. Es sind die „lieben Gewohnheiten", die uns einen gewaltigen Streich spielen. Diese sind in unserem Gehirn fest verankert als ein neuronales Netzwerk, das befehlsmächtig ist. Wie muss man sich das vorstellen? Die Milliarden Nervenzellen unseres Gehirns (Neurone), das sehr komplex aufgebaut und bis heute keineswegs vollständig verstanden ist, entscheiden über unser Erleben, über unsere Gefühle, Vorlieben und Abneigungen, über unsere Denk- und Lebensweisen. Manches ist genetisch bestimmt, anderes im Rahmen der Gehirnentwicklung bereits im Mutterleib festgelegt, wieder anderes entsteht im weiteren Verlauf des Wachsens und so wir geboren werden, lernt unser Gehirn durch Erziehung und Sozialisationsprozesse. Alles in allem sind diese Vorgänge außerordentlich kompliziert.

Die Neuronen der verschiedenen Gehirnebenen und -anteile steuern unser Verhalten, in ihnen ist gewissermaßen das gespeichert, was – wenn nur ein bestimmter Impuls gegeben wird – ein bestimmtes Denken und ein bestimmtes Handeln auslöst. Ist jetzt in einer Verknüpfung von Millionen Nervenzellen ein bestimmtes Verhalten repräsentiert und abrufbar, und es soll ein gegensätzliches Verhalten zum Zuge kommen, das überhaupt nicht durch ein bisheriges neuronales Netzwerk gespeichert ist, dann kommt es zu einem „Blockieren". D. h., in einem übertragenen Sinne prüft das Gehirn, welcher Vorteil sich aus einer möglichen Veränderung ergibt. Auch wenn wir in unserem Denken bewusst eine Verbesserung erkennen, es eigentlich logisch und plausibel erscheint, kommen andere Einbettungen unbewusster Art ins Spiel, die wir nicht kontrollieren können und die ganz andere Argumente und Interessen gelten lassen.

Eindeutig ist, dass diese in unserem Gehirn verankerten Gewohnheiten resistent gegenüber neuen Erfahrungen sind, vor allem, wenn damit Anstrengungen verbunden sein sollten und die Belohnung für diese Anstrengungen sich erst in einiger Zeit zeigen würde. Das Stichwort „Belohnung" ist dabei von enormer Wichtigkeit: Unser Gehirn bewertet nämlich gegenwärtige Belohnungen höher als zukünftige Belohnungen. Jetzt bequem im Fernsehsessel zu sitzen, Chips zu essen und ein Bierchen zu trinken – das gibt ein gutes Gefühl, das entspannt und befriedigt Gelüste: eben jetzt. Der alternative Gedanke ans Sportstudio würde bei dessen Umsetzung mit Sicherheit eine Belohnung mit sich bringen, aber eben erst (viel) später, nachdem man sich zigmal angestrengt und momentane Gelüste eben nicht befriedigt hat. So weit, so schlecht. Die Frage ist demnach berechtigt, ob das Gehirn schuld ist an dem ganzen Malheur. Es geht gar nicht um Willensschwäche, nein, ich kann mir Generalabsolution erteilen und so weitermachen wie bisher? Damit wäre nun wirklich eine resignative Position eingenommen.

Begeben wir uns dieser Position zum Trotz einmal auf die Spur eines vorsichtigen Optimismus, damit ich mich dem Schicksal nicht allzu simpel hingebe. Fündig wird man bereits bei unseren Dichtern und Denkern, die zwar noch nichts von Gehirnforschung und Neurobiologie gehört hatten, aber doch aufgrund ihres gesunden Menschenverstandes und einer Menschenbeobachtung über manches ziemlich gut Bescheid wussten. So singen die Engel in Goethes Faust nicht von ungefähr: „Wer immer strebend sich bemüht, den können wir erlösen.“ In diesem Satz steckt für unsere Zusammenhänge viel Wahrheit. Erstens kann man „erlöst“ werden (sagen wir einmal von schlechten Gewohnheiten). Zweitens wird ein stetiges Bemühen vorausgesetzt. Damit wird es herausfordernd, weil das nicht selbstverständlich ist und häufig genug mit großer Mühe verbunden ist und – ebenso häufig – mit einem hohen Maß an Selbstdisziplin. Doch immerhin: Wir erkennen eine Spur zum Besseren, ein wenig optimistischer dürfen wir schon sein.

Selbstveränderung ist möglich. Es muss allerdings anerkannt werden, dass eine solche Entwicklungsarbeit schwierig und anstrengend ist, aber eben auch machbar und lohnend. Für eine Verhaltensmodifikation ist die Nutzung eines Rahmenmodells hilfreich, das eine sogenannte neuronale Schleife in den Mittelpunkt stellt. Worum geht es da?

Wir wissen, viele tägliche Handlungen beruhen nicht auf Abwägungsprozessen, sondern auf Gewohnheiten. Das ist nun durchaus vernünftig, denn das Gehirn sucht nach Wegen, sich nicht ständig anstrengen zu müssen. Es ist effizient, wenn das Gehirn regelmäßige Handlungen gewissermaßen in (Denk-)Gewohnheiten umwandelt. Ohne diese Gewohnheitsschleifen wäre das Gehirn überwältigt von den vielen Details des Alltags, wir müssten immerzu überlegen, nachdenken und entscheiden und würden wahrscheinlich über kurz oder lang darüber verrückt werden. Insofern ist es sehr geschickt von unserem Gehirn geregelt, wenn eine Gewohnheit gewissermaßen neuronal als „Formel“ festgeschrieben wird, der automatisch gefolgt werden kann. Eine solche „Formel“ oder „Gewohnheitsschleife“ kann der Mensch nicht einfach in seinem Gehirn löschen. Was er kann, ist jedoch das Erlernen anderer, attraktiverer Verhaltensmuster, d.h. er muss sich eine neue „Formel“, eine neue „Gewohnheitsschleife“ erarbeiten. Dies kann (muss nicht) gelingen, wenn an einer neuronalen Schleife, die im Zentrum jeder Gewohnheit steht, gearbeitet wird. Eine solche neuronale Schleife besteht aus drei Elementen: Auslösereiz, Routine und Belohnung. Wenn ich eine neue, bessere Gewohnheit aufbauen und mein Verhalten modifizieren oder ändern will, kann ich mit drei Fragestellungen entscheidende Schritte erreichen:

1. *Wie läuft die Gewohnheit ab? (Routine).* Mit diesem ersten Schritt soll die Routine identifiziert werden. Diese Routine ist der am deutlichsten sichtbare Aspekt einer neuronalen Schleife. Falls es sich jemand am Abend gerne bequem machen und neben dem Fernsehen essen und trinken will anstelle von sportlicher Betätigung, kann das dabei gezeigte Verhalten gut beobachtet werden. (Wann geht das los? Wie geht man zum Kühlschrank? Wie schenkt man sich das Glas ein? Welche Sitz- oder Liegeposition nehme ich ein? Usw.) Diese Routine ist die eigentliche Verhaltensweise, die verändert werden soll.
2. *Was löst die Gewohnheit aus? (Auslöser).* Diese Frage muss gut überlegt werden. Zudem kann man andere als Berater hinzuziehen. Ist es in unserem Fall Müdigkeit

oder ein Hungergefühl? Liegt ein Bedürfnis nach Abschalten vor? Oder ist es der niedrige Blutzuckerspiegel? Usw. Gleichzeitig sollte bei dieser Fragestellung sehr genau noch einmal die Situation in den Blick genommen werden: Wo findet das Ganze statt? Zu welcher Uhrzeit? Wie ist der emotionale Zustand zu dieser Zeit? Welche Handlungen gehen unmittelbar davor über die Bühne? Usw. Formulieren Sie Antworten auf diese Fragen und halten Sie diese schriftlich fest.

3. *Was ist die Belohnung?* Die Beantwortung dieser Frage ist ebenfalls nicht immer einfach. Vielleicht spielen unbewusste Motive eine Rolle. Wie soll man sich dann hierzu Rechenschaft geben? Trotzdem: Belohnungen sind überaus mächtig. Sie befriedigen unsere Gelüste und halten uns deshalb entschieden in unserem Verhalten fest. Man muss zumindest experimentieren, d. h. Belohnungen testen, um Alternativen zu finden. Weiß man erst einmal, was das Verlangen antreibt, ist man einen ordentlichen Schritt weiter. Alternativen können in unserem Beispiel der Genuss eines erstklassigen Mineralwassers sein, eingeschenkt in ein besonders schönes Glas. Oder eine Zeitungslektüre anstelle des Fernsehens. Oder ein Spaziergang um das eigene Wohnviertel. Oder das Genießen eines Salats anstelle der Chips. Gehen Sie wie ein Forscher vor: Bilden Sie Hypothesen und prüfen Sie diese dann in konkreten Versuchen.
4. Als vierten Schritt nach der Klärung der drei Fragen erstellen Sie einen Plan. Formulieren Sie die alternativen Routinen und führen Sie sich die Belohnungen deutlich vor Augen. Das ist ein ausschlaggebender Punkt! Das Gehirn soll beginnen, eine Belohnung zu erwarten. Damit hat man dann einen erfolgversprechenden Schlüssel in der Hand. Und die Erfolgschancen erhöhen sich übrigens mitunter dramatisch, wenn in einer Gruppe gearbeitet wird. Eine Gruppe entfaltet eine ganz eigene

Dynamik und „erzwingt“ auf eine gute Art und Weise eine Änderung (Sie müssen nur einmal Ihre Sportgruppe sitzen lassen und danach rechtfertigen, weshalb Sie nicht zum Training erschienen sind, dann wissen Sie, wovon ich spreche). Sehr hilfreich kann auch die Technik der Selbstbindung sein. D.h. etwa, dass Sie mit jemandem um einen hohen Einsatz wetten. Da darf es nicht um einen Euro gehen, fünfzig Euro tun schon eher weh, wenn die Gewichtsreduzierung letztlich nicht so gelingt, wie es in der Wette angekündigt worden ist.

Eine mögliche Gefahr bei diesem Überwinden von Gewohnheiten ist einerseits ein zu frühes Aufgeben. So geht man vielleicht doch ins Sportstudio. Hinterher ist man – vor allem, wenn mit dem Training gleich übertrieben wird – erschlagen, außer Puste, fühlt sich also schlecht und gar nicht gesund und am nächsten Tag plagt zusätzlich Muskelkater bei jeder Bewegung und man wird sich allzu rasch fragen, warum man sich so etwas antut. Denken Sie daran: Die Macht der kleinen Schritte! Und neu dazu: „Flow“ stellt sich nicht bereits in der zweiten Geigenstunde ein. D.h. nun nichts anderes, als dass der Aufbau neuer, besserer Gewohnheitsschleifen Übung voraussetzt und nicht von heute auf morgen erreicht werden kann. Sich Zeit nehmen, Geduld und üben, üben, üben sind die Stichworte, die nicht außer Acht gelassen werden dürfen.

Andererseits „droht“ eine mögliche Gefahr aus dem Bekanntenkreis. Wenn nämlich Ihre Umgebung kein Verständnis für Ihre Neuausrichtung aufbringt, kann das einen noch so guten Ansatz hemmen und gar verhindern. „Wie finden die anderen die Umstellung?“ darf ruhig gefragt werden, und dann muss gegebenenfalls deutlich Stellung bezogen werden, damit nicht andere ihre demotivierende Macht über uns ausüben.

Es gibt zudem noch eine weitere, außerordentlich gewichtige Frage, die der Mensch sich stellen (und dann beantworten kann), wenn er erst einmal (Denk-)Gewohnheiten als nicht förderlich erkennt. Sie können sich generell fragen: „Was ist mir wichtig?“ Bei der Beantwortung muss man sich im Klaren sein: Der Mensch, der ich in drei oder fünf oder auch zehn Jahren sein werde, beruht auf Entscheidungen von heute! Die Frage kann auch noch ein wenig variiert werden, nämlich: „Wenn ich so weiterwirtschafte wie bisher, zu welchem Menschen werde ich dadurch in drei oder fünf oder zehn Jahren?“ Selbstverständlich gibt es Umstände, die wir nicht in der Hand haben. Schicksalsschläge, völlig überraschendes Glück, ein Virus, das „zuschlägt“, eine nie für möglich gehaltene Beförderung – alles ist möglich und entscheidet über den weiteren Lebensweg. Aber eben auch ich selbst: mit meinem Denken, meinen Gewohnheiten. Und da lohnt es sich auf jeden Fall, sich an der eigenen Nase zu fassen und die Frage zu stellen: „Was ist mir wichtig?“ Bei dieser Gelegenheit sei nur angedeutet, wie sehr (Denk-)Gewohnheiten durch Bewertungen, die man vornimmt, beeinflusst werden können: ein fantastischer Schlüssel, der wirklich hilfreich für eine gelingende Lebensführung ist. Später wird darauf noch genauer einzugehen sein. Wenn ich nämlich meine Bewertung ändere, ändere ich damit auch mein Gefühl. Das ist ganz eindeutig und eindeutig hilfreich.

Zum Schluss ein Witzchen, ein Aphorismus oder sonst ein kluger Spruch

„Die große Mehrheit der Dummen wird von denen gebildet, die durch die böse Gewohnheit, ihr Denkvermögen niemals anzustrengen, die Fähigkeit dazu verloren haben.“

John Locke, englischer Philosoph, 1632–1704

Energie oder: Energiespender erkennen, Energieräuber entlarven

Die Geschichte

Die Eltern von Tamara Egloffs sind sehr stolz auf ihre Tochter. Das sechzehnjährige Mädchen ist zu einer Schönheit herangewachsen, bereits vor zwei Jahren hat sie angefangen zu modeln, in der Zwischenzeit steht sie bei einer einflussreichen Agentur unter Vertrag. Sie muss allerdings sehr auf ihre Figur achten und sich deswegen außerordentlich disziplinieren beim Essen und Trinken. Ihre Eltern haben seit Tamaras Pubertät für eine sehr kontrollierte Ernährung gesorgt. Sie setzten große Erwartungen in ihr einziges Kind, dem sie eine internationale Karriere zutrauen. Tamara hat schon das ein oder andere Mal diese Ansprüche abgewehrt, ihr vorsichtiger Protest stieß bislang aber bei ihren Eltern nicht auf offene Ohren. „Schönheit muss leiden", äußert sich z.B. ihr Vater, wenn sie wieder einmal über den Salat und das Mineralwasser klagt, mit dem sie jeden Abend vorlieb nehmen soll. Gleichzeitig wird sie aber zu Sport angehalten, ihre Mutter meint, das sei unbedingt notwendig, denn dadurch würde das Gewebe gestrafft, die Muskeln gestärkt und die Haut gut durchblutet. „Von nichts kommt nichts" ist die von der Mutter regelmäßig geäußerte Lebensweisheit, und sie verweist dabei auf die Superkarrieren einer Naomi Campell oder Heidi Klum. Tamara träumt natürlich von einem derartigen Erfolg.

Komisch ist nur, dass sie sich oft schwach fühlt, dass irgendwie jeder Tag anstrengend erscheint, sie in der Schule deutlich nachlässt und sogar ein Castingangebot in Genf, entgegen den Erwartungen der Eltern, bei ihr keine richtige

Freude auslöst. Zwei Tage nach Schuljahresende, das sie gerade noch einigermaßen über die Runden gebracht hat, bricht sie auf dem Weg zum Ballettunterricht zusammen. Der Arzt, der sie im Krankenhaus behandelt, spricht gegenüber den Eltern von einem „Hakenmädchen" und einem „Hungerhaken" und fragt, ob ihnen nicht aufgefallen sei, dass ihre 1,78 m große Tochter nur 47 kg wiegen würde. „Das Mädchen muss aufgepäppelt werden. Sie hat kaum mehr Energie. Da muss sich gewaltig etwas ändern, jetzt schon hat die Alarmsirene kräftig losgeheult", erklärt der Mediziner den Eltern, die konsterniert nicht begreifen wollen, was offenbar falsch gelaufen ist.

Tatsachen, Reflexionen, Anregungen

In Hermann Hesses „Glasperlenspiel" kommt eine überragende, weil mit tiefer Weisheit beschriebene Handlungsszene vor, die im Sinne eines Fingerzeigs zur Lebenshilfe verstanden und genutzt werden kann. Die zentrale Figur des Romans, Josef Knecht, gerät in eine Krise, er ist zermürbt und müde und kann kaum sein Gleichgewicht bewahren. Josef Knecht hat das Glück, dass der ihn fördernde Musikmeister ihn vorbehaltlos unterstützt und ihm eine schlimme Episode aus seinem eigenen Leben erzählt, da der Meister eine Zeit durchmachen musste, in der ihm immer mehr Zweifel kamen, alles Bemühen umsonst schien und er zunehmend in Schwierigkeiten geriet. Seinem Schüler Josef erklärte dieser überaus kluge und erfahrende Meister: „… ich verlor mich so sehr, dass ich allein nicht mehr fertig wurde und eine Hilfe brauchte." Die Hilfe fand er in einem Sonderling, einem „Yogin", zu dem er ging und dem er seine ganze Geschichte erzählte. Dieser stellte Fragen, hörte ihn an, schwieg und fragte schließlich: „Siehst du es denn nicht selber, wo der Fehler liegt?" Der Yogin ließ ihn die

Antwort selbst finden. Dem später zu Meisterehren Gelangten wurde klar, wie ihn sein Ehrgeiz angetrieben, aber auch kaputtgemacht hatte. Wie er versäumt hatte, sich um seine Kraftquellen zu kümmern und die Versöhnung von Geist und Seele lange Zeit vernachlässigt hatte. Sein ihn antreibender Ehrgeiz hatte ihn zu einem Besessenen gemacht, er verlor darüber die Fähigkeit, sich immer wieder vom Aktuellen zu lösen und zu distanzieren. Und er musste einsehen: „... ich hatte sogar mit der Zeit ganz das Bewusstsein meiner dauernden Unterlassungssünde verloren, und hatte mich jetzt, da ich beinahe gescheitert und verzweifelt war, erst durch einen andern an sie erinnern lassen müssen."

Falls Sie nun einen Weg eingeschlagen haben, der mit immer mehr Einsatz, vielleicht mit Verbissenheit und unbändigem Ehrgeiz hinter sich gebracht werden soll, der mit Anforderungen und eigenen und fremden Erwartungen nur so „gepflastert" ist, bringe ich die Frage des „Yogin" ins Spiel: „Sehen Sie es denn nicht selber, wo der Fehler liegt?" Statt buchstäblich alles zu riskieren, müssen Sie oft nur ganz wenig tun – es sei noch einmal an die Kardinaltugenden der Klugheit und Mäßigung erinnert (cardo = Türangel) –, d.h. in diesem übertragenen Sinn nur eine Tür aufmachen, die Ihnen den Blick auf Anderes, Neues, aber auch Altbewährtes eröffnen und Hilfe bieten kann. Zudem sei in Erinnerung gerufen, dass auch eine schwere und große Tür mit nur einem kleinen Schlüssel geöffnet werden kann, weshalb es gar nicht darum gehen muss, buchstäblich wahnsinnige Anstrengungen zu unternehmen oder gar das ganze Leben umzugestalten.

Anders: Josefs Musikmeister hat in seinen früheren Jahren Schindluder mit sich selbst betrieben, er hat nicht mehr auf sich, auf Körper und Seele, geachtet, nur noch Ziele verabsolutiert gesehen und sich unmäßig angetrieben, bis das Getriebe förmlich ins Stocken und fast zum Stillstand kam. Er hat mit seinen Ressourcen Raubbau betrieben und vor allem eine Ressource – nämlich die jedem Menschen zur Verfügung stehende Energie – nahezu restlos verbraucht und es versäumt, sie zu schonen oder für ihre Wiedergewinnung rechtzeitig Sorge zu tragen. Weder klug noch in einem rechten Maß ist er mit sich selbst umgegangen. Und Sie? Wie gehen Sie mit sich selbst um?

Wir wissen um die hier wirkenden Umstände nicht erst seit heute. Hermann Hesse, dessen Glasperlenspiel 1943 erschien, wusste selbstverständlich um diese Hintergründe, denn grundlegendes Wissen über eine gute Lebensführung ist uralt. Antike Dichter und Philosophen, aber auch Naturforscher wussten Entscheidendes, über alle Zeiten Gültiges dazu beizutragen. Allein schon das Buch der Bücher, die Bibel, kann als Fundgrube genutzt werden. In der Gegenwart sind wir nur insoweit weiter, als uns die modernen Natur- und Sozialwissenschaften hervorragende Erklärungen für Phänomene liefern und damit auch beweisen können, über die unsere Vorfahren schon ziemlich gut Bescheid wussten, nur bei den Begründungen nicht ganz sicher sein konnten. Wenn es in diesem Abschnitt um Energie geht, kann zwar mit erheblichem Gewinn auf Literarisches und Philosophisches zurückgegriffen werden. Wer dazu eine harte Faktenlage vermisst und lieber theoretische und empirisch gesicherte Modelle erwartet, der kann heutzutage an die Naturwissenschaften verwiesen werden, da sich Biologie, Physik und Chemie mit dem Energiebegriff auseinandersetzen und sehr zu einem gesicherten Energieverständnis beitragen. Es wäre daher nachdrücklich zu begrüßen, wenn bereits im Schulunterricht über dieses Energieverständnis gesprochen werden würde, damit ein basales Wissen über Energieformen, Energieumwandlung, Energieerhaltung und Energieentwertung aufgebaut und gesichert werden kann.

Es gibt unwahrscheinlich viele Themen, mit deren Hilfe Energie im Zusammenhang mit naturwissenschaftlichen, sozialen, politischen und ökonomischen Fragen behandelt werden können. In unserem Zusammenhang geht es nun vor allem um Energieerhaltung und Energieentwertung, und vielleicht fällt Ihnen auf, dass dabei nicht von Energievernichtung gesprochen wird. Energie kann nämlich nicht vernichtet werden, worauf bereits 1847 der Naturwissenschaftler Hermann von Helmholtz aufmerksam gemacht hat. Mit dem von ihm formulierten ersten Energieerhaltungssatz stellt er klar, Energie kann niemals vernichtet, sondern nur in eine andere Form umgewandelt werden.

Deshalb sei hier, wenn es auch etwas gewagt ist, das Beispiel einer Batterie genannt, die angeblich leer läuft. Tatsächlich sind Batterien eigentlich nie leer. Nun möchte ich nicht umfangreich die Chemie und Physik einer Batterie vorstellen. Uns ist aber klar, Energie ist nichts Materielles. Man kann sie also nicht greifen. Sie wiegt auch nichts. Tatsächlich geht es um Ladungen, d. h. die Elektronen in einer Batterie, die auf jeden Fall da sind (man muss diese nicht erst hinzufügen oder irgendwo herholen und einpressen), müssen dazu gebracht werden, dass sie von einem Pol zum anderen wandern (das ist Ihnen als Plus- und Minuspol bekannt). Wie das im Einzelnen geschieht ist Chemie und braucht hier nicht wiedergegeben werden. Sie kennen das dahinter sich verbergende Phänomen im Sinne, die Batterie wird „geladen". Das hat etwas mit Arbeit und Spannung zu tun, es geschieht nicht von selbst. Aber wenn die Spannungsenergie erst einmal wieder da ist, kann sie genutzt werden. In einem übertragenen Sinne (wobei ich den Menschen ausdrücklich nicht mit einem bloßen technischen Vorgang gleichsetzen will) kann die Energie, über die ein Mensch verfügt, ähnlich gesehen werden. Diese Energie verbraucht sich, d. h. „die Batterie kann leerlaufen", aber es gibt Möglichkeiten, sie wieder aufzuladen und damit Spannkraft sicherzustellen und einen Energiefluss auf Dauer zu gewährleisten.

Wir Menschen sind nicht selten „Meister" des Energieverbrauchs. Jeder bemerkt zwar mit der Zeit den Energieverlust, bemerkt wie die Spannkraft nachlässt und eine solchermaßen weiter betriebene Energieentwertung uns körperlich und psychisch zu schaffen macht. Aber wir „Meister" reagieren nicht, holen womöglich „das Letzte" aus uns heraus, glauben, wir werden das schon noch schaffen und merken zu spät, „die Batterie" hat sich erschöpft, es sind keine Reserven mehr da. Der Zusammenbruch lässt grüßen. In einer solchen Situation benötigen dann die meisten von uns – wie Josefs Meister – Hilfe von außen, weil man es allein nicht mehr richten kann. Soweit muss es aber nicht kommen. Dafür benötigen wir ein gutes Wissen über Energieräuber und Energiespender, worauf im Folgenden genauer eingegangen wird. Dabei kann es nicht um eine erschöpfende Aufzählung gehen, sondern es sollen einige wesentliche Aspekte vorgestellt werden. In etlichen der weiteren Kapitel wird dann immer wieder darauf verwiesen, was an unserer Energie zehrt, sie entwertet und wie wir neue Energie gewinnen und klug mit ihr umgehen. Es soll im Augenblick vor allem deutlich gemacht werden, wir Menschen sind nicht einfach mit einer „Batterie" oder einer Maschine zu vergleichen. Das wäre allzu einfach. Gehen Sie davon aus, dass der Mensch weit mehr ist, vielleicht kann man ihn als „beseeltes Ökosystem" umschreiben, das ihn zwar als Teil der Natur ausweist, womit er naturwissenschaftlichen Gesetzmäßigkeiten unterliegt. Er ist aber weit mehr als das, mit seinem Verstand, seiner Vernunft, seinem Seelenleben und seiner psychischen Verfasstheit. So müssen nicht nur Erkenntnisse der Neurobiologie, Chronobiologie und Medizin, sondern auch solche der Kognitiven Psychologie und Biopsychologie genutzt werden, um ihm gerecht zu werden.

Nun mag es sich zunächst gar esoterisch anhören. Aber eine Energievernichtung (und zwar ohne jeden positiven

Effekt) geht mit „offenen Zyklen“ einher. Das Dumme ist, die meisten Menschen haben ungemein viele „offene Zyklen“ und vertun deshalb Tag für Tag Energie. Was ist gemeint? Jede Aufgabe, die man sich vornimmt oder die man angefangen, aber nicht zum Abschluss gebracht hat, ist ein „offener Zyklus“. Zwei einfache, aber weit verbreitete Beispiele: Es stapeln sich bei Ihnen Zeitschriften, Fachzeitschriften und vielleicht sogar Bücher. Irgendwie kommt das ganze Lesematerial zusammen. Sie sind an den Artikeln interessiert, wollen sie unbedingt lesen, doch – jetzt gerade geht es nicht. Ein Telefonanruf, ein Meeting, ein Mitarbeitergespräch, ein neuer Auftrag usw. Immerzu kommt etwas dazwischen, Sie kommen nicht zum Lesen. Aber Ihr Gehirn bzw. Ihre Gedanken sind immer wieder auf das Lesen gerichtet im Sinne „Ich sollte doch endlich…“ oder „Mensch, jetzt wird es Zeit, dass ich einmal den Artikel lese …“ Vielleicht bemerken Sie sogar ein schlechtes Gewissen, das Sie dabei plagt. Ähnlich geht es zu, wenn Sie sich vorgenommen haben, endlich das Werkzeug im Kellerraum ordentlich aufzuräumen oder den Kleiderschrank „auszumisten“. Sie tun es aber nicht, weil es jedes Mal einen Grund für ein Verschieben gibt. An solchen „offenen Zyklen“ hängt immer Energie. Und das unnötig, sie wird ohne Gegenleistung einfach verbraucht.

Wenn Sie einmal über all Ihre „offenen Zyklen“ nachdenken, werden die meisten von Ihnen eine ganz schöne Sammlung zusammenbekommen. Das kostet Lebensenergie und zwar umso mehr, je bedeutender ein solch „offener Zyklus“ ist. Denken Sie z.B. an eine sehr herausfordernde Entscheidungssituation wie „Soll ich meinen Arbeitsplatz kündigen und bei einem anderen Unternehmen in den Auslandsdienst gehen?“ Das sind andere Tragweiten als nur die Überlegung, soll der nächste Urlaub am Meer oder in den Bergen stattfinden. Selbstverständlich muss man überlegen, abwägen und dann aber eine Entscheidung treffen: den

Schrank aufräumen, die Reise ans Meer buchen oder eben kündigen. Und falls Sie die Zeitungslektüre schon wieder verschieben müssen, können Sie der Devise „Mein Freund, der Papierkorb" Raum geben. Weg damit und fertig. Machen Sie sich keinen Kopf: Sie glauben nur, die Artikel dürften Sie keinesfalls versäumen, sie seien ja so wichtig. Vergessen Sie es. Weg damit und – Sie gewinnen Energie zurück. Der Abschluss eines Zyklus bringt Energie zurück. Entweder, Sie erledigen die Aufgabe, oder Sie sagen sich sehr bewusst, dass das in diesem Jahr nicht mehr relevant ist. Der Werkzeugkeller bleibt dann eben so, wie er ist und macht kein schlechtes Gewissen mehr.

Bedenken Sie dabei einen gewaltigen Energieräuber: Dinge, die Sie widerwillig machen, kosten Sie eine Menge Energie. Es geht um eine Einstellungssache, um eine Bewertung. Ziemlich gravierend zeigt sich dieses Phänomen, wenn man den Beruf nicht (mehr) gerne ausübt. Ein krasses Beispiel: Manche Lehrer haben Schule und Unterricht einfach satt. Sie gehen zwar jeden Tag ihrer Aufgabe nach, aber mit einer widerwilligen Einstellung, einer Abneigung, und ihr Blick richtet sich nur auf das Ende des Unterrichts oder ist Tag für Tag auf den Beginn der nächsten Ferien gerichtet. Hinter diesem Beispiel steckt ein sehr komplexes Geschehen. Es dürfte aber einsichtig sein, dass das nur schiefgehen kann für den Lehrer, der auf dem besten Weg zu einem Burnout ist.

Ergänzend muss bei diesem Thema auf eine überhaupt nicht gut wirkende Verhaltensweise verwiesen werden. Manche meinen, sie würden sich leichter tun, wenn sie sich bequem einrichten, Dienst nach Vorschrift machen und sich in keiner Weise mehr anstrengen. Das wirkt nur vordergründig gut und ist in Wirklichkeit ein massiver Energieräuber. Bleiben wir beim Lehrerbeispiel: Wer sich in dieser Weise einrichtet, wird auffallen. Nicht nur den Kollegen und der Schulleitung, sondern vorrangig auch den Schülern. Die Reaktionen werden nicht ausbleiben. Der langweilige Unterricht, das Abhandeln oder besser: Abhaken der Stunden, die Interesse- und Motivationslosigkeit – all das wird sich gegen den Lehrer richten. Konflikte dürften nicht ausbleiben. Damit ist das Kind dann vollends in den Brunnen gefallen. Denn einer der größten Energieräuber sind Konflikte. Konflikte können als „offene Zyklen" gesehen werden. Man prüfe deshalb seinen Anteil an einem Konflikt und ob es nicht sinnvoll ist, einen ersten Schritt zur Konfliktlösung zu machen. Wenn ein Konflikt beigelegt, Versöhnung erreicht wird, kommt ungeheuer viel Energie zurück.

Übrigens zum ersten: Ziele geben uns Menschen ungemein viel Energie. Ein bestimmtes Ziel, das man sich vornimmt, gibt Schwung. Achten Sie aber auf zwei Umstände, die sehr destruktiv wirken. Einerseits soll man sich auf jeden Fall ehrgeizige Ziele setzen. Aber bitte: Ziele müssen zumindest die Chance auf eine Verwirklichung haben, sonst verzweifelt man allzu rasch daran. Das hat nun wieder etwas mit Klugheit und dem rechten Maß zu tun. So ist ein gesunder Ehrgeiz im Beruf sinnvoll. Das treibt an, motiviert und verschafft eine Menge Energie. Manchmal übertreiben es die Menschen, es kommt dann krankmachender Ehrgeiz ins Spiel. Wenn man in ein ständiges Kämpfen gerät und man nicht nur einmal bei der Zielerreichung scheitert, sollte das als Zeichen gewertet werden, dass vielleicht ein überzogenes Ziel ins Auge gefasst worden ist. Irgendwann sollte man es dann gut sein lassen. Es ist um des eigenen Friedens willen notwendig, aufzuhören und anzuerkennen, es war zu viel des Guten, was man sich vorgenommen hat. Sonst geht es nur abwärts. Abwärts kann es auch allzu leicht gehen, wenn man das Ziel zum „Gott" erhebt. Zielbewusstsein ist das eine, das Bewusstsein zu leben, und zwar im Hier und Jetzt, das unbedingt andere! Wer nur für das Ziel lebt und glaubt, wenn das Ziel erst einmal erreicht ist, dann werde ich glücklich, dann werde ich (endlich) anerkannt, dann habe ich es allen gezeigt, dann wird alles besser ... – der täuscht sich gewaltig. Selbst wenn man das Ziel erreichen sollte, muss klar sein, der Augenblick, in dem man die Ziellinie überschreitet, ist kurz. Nach dem Sieg wird vieles sehr rasch als normal empfunden werden. Deshalb: Ob man nun das Ziel erreicht oder nicht: Vergessen Sie nicht, auf dem Weg zum möglichen Ziel zu leben. Der Weg ist wertvoll, er muss mit Qualität gelebt werden, sonst lebt man am Leben vorbei. Darum sei erinnert: Das Leben findet im Hier und Jetzt statt. Führen Sie sich das bitte vor Augen. Nicht erst, wenn Sie Ihr Haus in Halbhöhenlage bezogen oder den Direktorenposten ergattert oder den ersten Platz bei den Meisterschaften belegt haben. Man muss den Weg leben, möglichst mit Freude. Schön, wenn Sie Ihr Ziel erreichen. Doch der möglicherweise lange Weg dazu muss bewusst und mit Genugtuung gelebt werden.

Übrigens zum zweiten: Viel Energie wird vertan, wenn das Ziel für Sie nicht stimmig ist. Wer sich ein vordergründig tolles Ziel setzt, das aber aus einem abseitigen Motiv erreicht werden soll, wird nicht glücklich werden und selbst eine Zielerreichung wird noch nicht einmal zur Zufriedenheit beitragen. Es soll ein extremes Beispiel angeführt sein: Ein durchaus sehr begabter Politiker wollte unbedingt Bundesminister werden. Jahre wurden von ihm darauf verwandt, sich auf diese Position „hochzukämpfen“. Er erreichte tatsächlich sein Ziel – und zahlte einen hohen Preis. Familie kaputt, keine Anerkennung in der Funktion des Ministeramtes, im Gegenteil gingen die Medien ziemlich erbarmungslos mit ihm um. Der an und für sich gesellige Mensch, dem an Zuneigung und Wertschätzung lag, hatte seinem Machtmotiv ungezügelten Lauf gegeben. Ein jahrelanges Unglück, aus dem er durch einen Zufall gerettet wurde. Um solche unglücklichen Jahre nicht erleben zu müssen, fragen Sie sich, ob das angestrebte Ziel für Sie stimmig ist. Hören Sie in sich hinein und prüfen Sie: Ist das wirklich das meine? Eine Hilfestellung dazu: Viele Menschen streben etwas aus einem Mangel heraus an. Es kann ein Mangel an Anerkennung sein, ein Mangel an Respekt, ein Mangel an Zuneigung, vielleicht gar ein Mangel an Liebe. Wer *deshalb* eine hohe berufliche Position anstrebt, wer beeindruckende Vermögenswerte nur deshalb zur Schau stellt und eine überdimensionierte Weltreise nur zum Vorzeigen seiner einzigartigen Möglichkeiten benötigt, verfolgt kein stimmiges Ziel. Der Mangel erzeugt i. d. R. nur Druck, und der Weg der Zielerreichung dürfte in der Mehrzahl ein steiniger Weg werden. Und es muss dann nicht verwundern, wenn trotz der Zielerreichung sich nicht das erhoffte Glücksgefühl oder die erhoffte Euphorie einstellt. Man hat dann zwar das Pferd gesattelt, aber nicht darauf geachtet, ob es das richtige war. Nur ein stimmiges Ziel bringt Schwung, garantiert eine produktive Spannung und stellt ungemein viel Energie bereit.

Übrigens zum dritten: Ein Schluss gehört zelebriert. Was heißt das in unserem Zusammenhang? Wenn eine Aufgabe erledigt wurde, wenn etwas geglückt ist oder einfach einen guten Abschluss gefunden hat (Schulabschluss des Kindes, Abschluss des Berufslebens, Abschluss eines anspruchsvollen Projekts), dann darf man auch feiern. Das muss nichts Teures oder Großartiges sein. Es geht zumeist einfach und ohne (große) Kosten. Das Pizzaessen mit der ganzen Familie, nachdem die Tochter die Klasse abgeschlossen hat. Die Verabschiedungsfeier mit zwei, drei Flaschen Sekt und einem fröhlichen Anstoßen. Eine lobende Rede an alle Projektbeteiligten und vielleicht die Einladung zum Eisessen – das sind wirkungsvolle Kleinigkeiten. Wenn ein Schluss in dieser Weise zelebriert wird, gibt das dem Menschen Energie zurück. Gerade im Berufsleben werden dabei viele Fehler gemacht. Wichtige, herausfordernde Aufgaben werden abgeschlossen. Und schon die nächste in Angriff genommen. Kein Innehalten, keine Rückschau auf das Gelungene, keine Zeit – schlecht! Eine viertel- oder halbe Stunde oder das gemeinsame Bier nach Feierabend wären keine Rieseninvestitionen, würden sich aber als solche rechnen.

Zum Schluss ein Witzchen, ein Aphorismus oder sonst ein kluger Spruch

„Leben bringt Leben hervor.
Energie schafft Energie.
Indem man sich verschenkt, wird man reich."

Sarah Bernhardt, französische Schauspielerin, 1844–1923

Freude oder: Die Grundlage der Lebensfreude ist die Selbstannahme

Die Geschichte

Volker Diettrich hat sich zum Leiter des Rechnungswesens eines großen mittelständischen Unternehmens hochgearbeitet. Seine Gewissenhaftigkeit ist sprichwörtlich, sein Fleiß beispielhaft. Er neigt allerdings zu Pedanterie und seine Mitarbeiter behaupten, er gehe zum Lachen in den Keller. Tatsächlich ist der stets akkurat gekleidete Herr Diettrich bekannt für seine Humorlosigkeit, er blickt nie fröhlich drein, selbst eine Betriebsfeier bringt er eher mit sauertöpfischer Miene hinter sich. Doch in seinem Arbeitsgebiet ist er brillant, ein „Aktivposten", wie es der Juniorchef der Firma ausdrückt, weil er auch die internationalen Rechnungslegungsvorschriften beherrscht. Das ist für die Unternehmung, die sich nicht nur in Westeuropa, sondern vor allem in Nord- und Südamerika Märkte erschließt, von grundsätzlicher Bedeutung. Zu seinem fünfzigsten Geburtstag haben sich seine Mitarbeiterinnen und Mitarbeiter etwas Besonderes einfallen lassen. Sie engagierten mit Unterstützung der Unternehmensleitung nicht nur ein Bläserquartett, das die „Ode an die Freude" zum Besten gab, sondern überreichten als Geschenk einen Gutschein für einen Wochenendaufenthalt in einem schönen Hotel in Oberbayern, das mit dem Slogan wirbt „Freu' dich und genieße". Es sollte so etwas wie ein Wink mit dem Zaunpfahl sein. Die Mitarbeiter schätzen ihren Vorgesetzten wegen seiner Sachkunde und seinem verbindlichen Auftreten, sehen ihn aber auch als (zu sich selbst) strengen Menschen, dem die Freude abhandengekommen scheint. Manche halten ihn deswegen für unnahbar, andere haben einen großen Respekt vor ihm, wieder andere tuscheln manchmal hinter seinem Rücken, er würde ihnen leid tun.

Volker Diettrich verstand die heimlichen Botschaften der Geschenke. Er hielt eine kurze Ansprache, bedanke sich, ihm gelang durchaus dabei eines der seltenen Lächeln, doch keiner konnte sehen, was in seinem Inneren ablief. Seine reservierte Haltung hatte maßgeblich zwei Gründe, besaß aber auch einen persönlichkeitsbedingten Hintergrund. Von Natur aus mit wenig Humor ausgestattet, alles andere als ein Genussmensch, besitzt er eine eher nüchterne Persönlichkeitsstruktur, die es ihm schwermacht, sich an den Menschen und den Umständen einfach zu freuen. Dazu gesellt sich jedoch eine Unzufriedenheit, die er sehr wohl einzuschätzen weiß, worüber er jedoch niemals mit jemandem gesprochen hat. Ich habe Herrn Diettrich in dem oberbayerischen Hotel kennengelernt, ihn zu einem Drink an der kernigen Bar eingeladen, und aus dem einen Glas Wein wurden etwas mehr als geplant. Wir waren beide nicht mehr ganz nüchtern, da erzählte er seine Geschichte. Volker Diettrich litt seit über fünfundzwanzig Jahren darunter, dass er die Universität abgebrochen hatte. Der ehrgeizige Student der Betriebswirtschaftslehre war gescheitert, den Abschluss eines Diplom-Kaufmanns hat er niemals erreicht. Seine berufliche Laufbahn konnte sich trotzdem sehen lassen, aber sie war bestenfalls Ersatz. Früher dachte er, er könnte das alles wegstecken und im Laufe der Jahre würde das unangenehme Gefühl des Versagens nachlassen. Doch das Gegenteil trat ein. Ein Zug der Verbitterung machte sich breit. Wenn er z. B. auf Tagungen und Fortbildungen auf studierte Betriebswirtschaftler traf, spürte er das Neidgefühl allzu deutlich, und als vor drei Jahren der erste Uniabsolvent in seiner Abteilung angestellt werden sollte, begehrte er nachdrücklich auf.

Seit Jahrzehnten plagte ihn ein Augenleiden. Die speziellen Brillengläser, die ihm gutes Sehen ermöglichten, waren alles andere als elegant. Er, der so sehr Wert auf ein attraktives Äußeres legte, erhielt deshalb auch den Spitznamen „Der Taucher", über den er nun schon gar nicht lachen konnte. Mehrfach hatte er Spezialisten aufgesucht in der Hoffnung, sie könnten ihm helfen und die missliebige Brille ersetzen. Diese Hoffnung musste enttäuscht werden, nach wie vor hadert er mit seiner Brille und fühlt sich damit minderwertig. „Wer mich zum ersten Mal sieht, denkt doch automatisch an Froschaugen oder Glubschaugen. Die lachen sich dann eines und machen heimlich ihre Witze über mich." So denkt Volker Diettrich, der eine Menge Energie aufwendet, damit er respektiert und geachtet wird. Er kompensiert damit den angeblichen Makel, der ihm seit Jahr und Tag zu schaffen macht und ihm seine Lebensfreude untergräbt.

Tatsachen, Reflexionen, Anregungen

Zunächst: Freude und Zufriedenheit hängen eng miteinander zusammen. Darüber wird noch zu sprechen sein. Es gilt aber sicherlich: Wer unzufrieden ist, vielleicht meckert und motzt, die Zu- und Umstände beklagt und häufig nach dem berühmten Haar in der Suppe sucht, wird kaum einen Freudentaumel erleben können. Es soll im Folgenden noch nicht einmal um einen solchen Freudentaumel gehen, nicht um eine überschießende Euphorie, nicht um ein grandioses Strahlen, wenn etwas Außergewöhnliches gelungen ist. Es geht um eine Freude, die das alltägliche Leben bereichert, vielleicht als „leise Freude" zu bezeichnen, oder als ein gutes Gefühl, das das Schöne im Alltag bemerkt, das lebensbejahend die Stimmung heiter sein lässt und eine Grundhaltung ermöglicht, die die Begegnung mit anderen Menschen unterstützt.

Nun mag es – genetisch bedingt – Festlegungen geben. Nehmen wir einmal zwei extreme Beispiele. So kennen die meisten von uns wahrscheinlich den notorischen Griesgram-Typ, der einfach etwas zu meckern hat und seinen Zeitgenossen mit Gejammer und mieser Laune auf den Wecker geht. Auch sein Gegenteil kennen wir, den Rheinische-Frohnatur-Typ, der freudig und fidel durch den Tag schreitet. Sein Lachen hört man von Weitem und gute Laune ist nahezu garantiert. Beneidenswert, wenn man zum letztgenannten Persönlichkeitstyp gehört. Er ist nicht das Problem, auch wenn ein solcher Typ mit seiner guten Laune nicht immer und in jedem Fall auf seine Mitmenschen ansteckend wirkt. Ein Problem hat sicherlich der Griesgram, sowohl mit sich selbst als auch mit seinen Mitmenschen. Zu einfach wäre die Aussage „so bin ich halt", das sei gewissermaßen von Natur aus festgelegt. Es gibt nämlich ein Mittel, wie „diese Natur" zumindest ein Stück weit überwunden werden kann.

Der Schlüssel sind die Einstellungen des Menschen. Oder die Beantwortung der Frage: Wie begegne ich mir und meiner Umwelt? An meinen Einstellungen kann ich drehen. Ich kann Menschen und Sachverhalten kritisch begegnen, abweisend, das Schlechte unterstellend und das Ungute erwartend. Dann muss sich niemand wundern, wenn der Griesgram weiter seine Runden dreht und er dazu noch von seiner Umgebung bestätigt bekommt: mit so einem wollen wir möglichst wenig zu tun haben. Das kann dann zum Teufelskreis werden, Freude kommt dabei jedenfalls nicht auf. Ich kann dieselben Menschen und dieselben Sachverhalte anders wahrnehmen und einschätzen. Ich kann ihnen Wohlwollen unterstellen, sie freundlich grüßen, von ihnen Gutes erwarten und siehe da – diese andere Einstellung bestimmt eine andere Haltung und die Resonanz wird in vielen Fällen nicht ausbleiben. Die Resonanz wird voraussichtlich ebenso freundlich sein, ein Lächeln, ein gutes Wort, ein netter Gruß – und schon kommt Freude auf. Das ist mit zwei, drei Sätzen locker beschrieben, in der Praxis verlangt das aber Anstrengung. Zunächst gilt es hervorzuheben: Meine Einstellung bestimmt mit meine Haltung. Diese wirkt auf andere Menschen, im günstigen Fall erfahre ich Resonanz, die kaum jemanden unberührt lässt. Fast automatisch kommt Freude ins Spiel. Wenn das alles gar nicht so einfach ist, liegt der Hund oft genug bei mir selbst begraben.

Denken Sie an Herrn Diettrich, der seit Jahr und Tag eine Last mit sich herumschleppt, der sich nach zweieinhalb Jahrzehnten immer noch selbst tadelt für den versäumten Hochschulabschluss, der deshalb seinem Neid Raum gibt und dazu noch unter dem Brille-Tragen leidet, weil er etwas zusammenfantasiert, das seinem Selbstbewusstsein Abbruch tut. Wir sind wahre Künstler der Selbstreduzierung, vielleicht gar der Selbsterniedrigung und Selbstbeschämung. Nur: Was soll das bringen? Wozu das Ganze? Der Hochschulabschluss bleibt für immer unerreicht, er ist noch nicht einmal notwendig. Jahrzehnte des Haderns – umsonst. Das Augenleiden kann nicht geheilt werden, die Brille mit den dicken Gläsern ist unabdingbar. Das kann nicht geändert werden. Es lohnt keinen Kampf, nicht die geringste Anstrengung. Es ist, wie es ist! Beständig ist Herr Diettrich seiner Freude im Weg gestanden. Er kann sich selbst nicht akzeptieren, so wie andere Menschen es nicht akzeptieren wollen, dass sie eine Glatze haben, zu dick oder zu dünn sind, einen Schulabschluss nicht erreicht haben oder manches einfach nicht können, weil ihnen der Fleiß zum Lernen oder die Begabung oder beides gleichzeitig in der entscheidenden Lebensphase nicht gegeben war. Man sieht dann nicht, dass das, was man hat, sich unbedingt sehen lassen kann, dass man auf Erreichtes stolz sein darf. Man darf sich freuen über all die guten Sachen, die guten Zeiten, die es doch auf jeden Fall gegeben hat und gibt.

Das hat etwas mit Vergleichen zu tun, und da können Sie grobe Fehler begehen. Zumeist vergleichen wir uns mit

„oben“, d.h. mit Menschen, die es weiter gebracht haben, die wohlhabender sind, die das größere Auto fahren, den erfolgreicheren Mann oder die erfolgreichere Frau geheiratet haben und so weiter und so fort. Man kann dann nur verlieren. Es gibt wahrscheinlich immer einen, der es besser erwischt hat, der schneller die Karriereleiter hochgeklettert ist, der die schönere Frau oder den reicheren Mann geheiratet hat, der gleich dreimal im Jahr Urlaubsreisen unternehmen kann und so weiter und so fort. Vergleichen Sie sich zur Abwechslung einmal mit „unten“. Wie geht es wohl einem, der gar keine Arbeit hat? Oder – eine andere Perspektive – was glauben Sie, würde ein Mensch, der mit einer schweren Krankheit zu kämpfen hat, sagen, wenn er vom Gejammer und der Unzufriedenheit eines Durchschnittsverdieners erfährt, der immerhin ins Kino gehen, in der Kneipe ein Bierchen trinken und im Sommer gar zwei Wochen Mallorca-Urlaub machen kann? Alles ein bisschen weit hergeholt? Ich denke ganz und gar nicht. Eher müsste man zugeben, wie gut es einem eigentlich geht. Und falls Sie sogar finanziell und materiell über dem Durchschnittsverdiener stehen und es Ihnen trotzdem nicht passt, weil der Nachbar den größeren Mercedes fährt und Sie sich in diesem Jahr die Kreuzfahrt in der Karibik wegen einer allzu teuren Schönheitsoperation doch nicht leisten können, darf ergänzend noch die Frage nach dem Selbstwertgefühl aufgeworfen werden.

Ein starkes Selbstwertgefühl macht uns von Kränkungen und Misserfolgen unabhängiger und man gerät nicht so rasch aus dem Gleichgewicht. Dieses Selbstwertgefühl lässt uns die Verdienste, das Vorankommen und die Leistungen anderer anerkennen. Ich muss dann nicht gleich mit mir hadern, nur weil es jemanden gibt, der „mehr“ erreicht hat oder „besser dasteht“. Nun können Sie sagen, der hat gut reden, aber wie erreicht man ein solches Selbstwertgefühl? Eines ist dafür unabdingbar: Ich muss mich selbst akzeptieren können. Ich muss mich selbst annehmen können und den Selbstwert nicht festmachen an Vorzeig- und Messbarem (erinnern Sie sich noch an die Werbung eines Kreditinstituts: „Mein Haus, mein Auto, mein Pferd"? Interessant, nicht wahr? Aber bei genauerer Betrachtung nichts anderes als ein sozialer Vergleich, der gewaltig Druck erzeugen kann. Freude dürfte dabei i. d. R. nicht aufkommen). Das Fundament aller Lebensfreude ist die Selbstannahme. Den eigenen Körper und das Äußere schätzen und nicht daran herumkritisieren oder gar daran herumdoktern (lassen). Das Naturell anerkennen und auch die Geschichte meines Lebens, mit ihren Höhen und Tiefen, allem Guten und Verfehlten, anerkennen und sich bewusst sein über die Vorzüge, die man hat, aber auch über die Mängel und Defizite. Ehrlichkeit ist dabei ganz wichtig.

Das alles sollte in einem übertragenen Sinne „angeschaut" werden (Empfehlung: Malen Sie doch ein Bild dazu; Sie müssen nicht Künstler sein, einfach skizzieren, wie es Ihnen gerade eben von der Hand geht. Nutzen Sie dabei die Erkenntnis, dass eine Vergegenständlichung in einem Bild sehr hilfreich und entlastend für die Seele sein kann). Neben dem Anschauen kann man das Akzeptieren üben und es dann gut sein lassen. Es ist wichtig, nicht ständig an seinen vermeintlichen Mängeln herumzumachen und sich damit das Dasein unnötig zu erschweren (nebenbei: das bindet viel Energie, verschwendet sie sogar nutzlos). Schwächen können durchaus akzeptiert werden (solange man damit niemand anderem schadet). Nur auf diese Weise gelingt es, mit sich selbst Frieden zu schließen.

Voraussetzung ist eine Versöhnung mit sich selbst. Dazu gehört nicht nur ein Akzeptieren, sondern ein Integrieren der als unzulänglich, unschön, fehlerhaft oder selbst verschuldeten Misslichkeiten in die Persönlichkeit, zu der man geworden ist. Häufig geht es um Umstände, die sowieso nicht korrigier- und veränderbar sind. Sei es, dass man wegen einer Augenkrankheit dicke Brillengläser benötigt oder man sich mit fünfzig Jahren damit begnügen muss, keinen Universitätsabschluss erreicht zu haben. Besinnen Sie sich auf das Gute, das Sie haben (und das ist mit Sicherheit nicht wenig bei jedem Menschen!) und nicht auf das, was Sie gerne haben würden, aber niemals erreichen werden oder können. Flapsig formuliert: Placido Domingo kann auch keinen Fallrückzieher, aber singen kann er! Oder etwas heftiger: Aus einem Mops kann man keinen Windhund machen! Wie soll sich also jemand, der ständig auf seine Defizite schaut, der sich „nach oben“ vergleicht, seinem Neidgefühl Raum gibt, freuen? Zu sagen, so wie ich bin, ist es in Ordnung, ist ein entscheidender Schritt für das Empfinden von Freude. Dann kann man all die vielen kleinen und manchmal auch großen Ereignisse, die im Leben vorkommen, wertschätzen und sich daran erfreuen. Man hat dann Freude an der Tasse Kaffee, die man mit der Kollegin trinkt, Freude an einem Abendspaziergang in frischer Luft oder Freude einfach daran, weil man morgens aufstehen und zur Arbeit gehen darf. Womit wir wieder beim Thema „Achtsamkeit“ wären, das gleich zu Beginn vorgestellt wurde.

Zum Schluss ein Witzchen, ein Aphorismus oder sonst ein kluger Spruch

„Es gibt doch viele Freuden in der Welt! Nur muss man sich aufs Suchen verstehen, – sie finden sich gewiss, – und das Kleinste nicht verschmähen. Wie viele Freuden werden zertreten, weil die Menschen meist nur in die Höhe gucken, und was zu ihren Füßen liegt, nicht achten.“

Catharina Elisabeth Goethe,
Mutter von Johann Wolfgang von Goethe, 1731–1808

Grundbedürfnisse oder: Was ist eigentlich die Basis seelischer Gesundheit?

Die Geschichte

In einer Filiale einer Lebensmittelkette waren 14 Mitarbeiterinnen als Verkäuferinnen bzw. Kassiererinnen beschäftigt. Eine davon, Frau L., war eine sogenannte Russlanddeutsche und stammte aus Kasachstan. Sie freute sich zunächst sehr über die Höhe ihres Arbeitsentgeltes, das deutlich über den Hilfslöhnen lag, die sie bisher in anderen Unternehmen bekommen hat. Im Vergleich dazu empfand sie die Arbeit auch als weniger schwierig und belastend. Die Filialleiterin zeichnete sich zudem durch ein freundliches und umgängliches Wesen aus. Trotzdem kündigte Frau L. nach knapp drei Monaten. Die Ursachenforschung für diesen Schritt förderte zutage, dass Frau L. von ihren Kolleginnen nicht als gleichwertig anerkannt wurde. Sie wurde „geschnitten“, fand keinen Eingang in die Gruppe und musste sich immer wieder abfällige Bemerkungen über Russlanddeutsche anhören. Es lag ein krasser Fall von Mobbing vor. Trotz der an und für sich günstigen Bedingungen (gutes Entgelt, gute Vorgesetzte, beherrschbare Arbeitsschwierigkeit) konnte Frau L. die Situation nicht mehr aushalten. Ihr Bedürfnis nach Akzeptanz, Anerkennung und Wertschätzung wurde in eklatanter Weise missachtet. Auf längere Zeit hin wird ein derartiger Zustand für die meisten Menschen unerträglich.

Tatsachen, Reflexionen, Anregungen

Versuchen wir eine Annäherung an die Beantwortung der grundsätzlich bedeutsamen Frage, was seelische Gesundheit eigentlich voraussetzt, zunächst mit einem Blick auf zweitausend Jahre alte Überlegungen. D.h. wir bemühen erst einmal die antike Philosophie, bevor dann moderne Forschungsergebnisse eine Rolle spielen sollen:

„Begehre nicht, dass das, was geschieht, nach deinem Gutdünken geschehe, sondern halte für gut, wie es geschieht, und du wirst glücklich leben."

Aus: Epiktet: Handbüchlein der Moral

Der Stoiker Epiktet (etwa 50–130 n.Chr.) versucht in seinem moralphilosophischen Vermächtnis, den Menschen unabhängig zu machen von äußeren Geschehnissen und dem Unterworfensein von inneren Leidenschaften. Sein Anspruch auf ein selbstgenügsames Leben gipfelt in dem Satz „Ertrage und entsage", der nicht im Sinne trüber Verzagtheit oder schwächlicher Passivität missverstanden werden darf. Vielmehr will er den Weg weisen zu einer vom äußeren Schicksal und inneren Trieben unabhängigen heiteren Gemütsruhe und damit letztlich zum Erreichen von wahrer Glückseligkeit. Diese stoische Grundhaltung kann sicherlich hilfreich und Maßstab für die Lebensführung sein. Die meisten Menschen dürften sich damit aber schwer tun, obwohl es wahrscheinlich nicht das Schlechteste wäre, sich die Lebensmaßstäbe der Stoiker vor Augen zu führen und sie als erstrebenswerte Leitlinien in die eigene Lebensführung zu integrieren. Ohne philosophischen Scharfsinn zeigt uns allerdings Wilhelm Busch (1832–1908) eine Einschätzung, die auch heute noch auf allfälliges Kopfnicken stoßen dürfte:

„Ein jeder Wunsch, wenn er erfüllt, kriegt augenblicklich Junge."

Wilhelm Buschs Spruch drückt eine realistische Sichtweise aus, die sich auch die moderne Wirtschaft zu eigen gemacht hat. Marketing und Werbung sorgen für eine beständige Belebung der Busch'schen Auffassung. Ob das dem Menschen hilft und ihn auch nur annähernd glücklich macht, sei einmal dahingestellt. Es gilt schlicht erst einmal festzuhalten: Ausgangspunkt und Beweggrund allen wirtschaftlichen Handelns ist ein hochdifferenziertes Mangelempfinden des Menschen und sein Bestreben, dieses zu befriedigen. Das Gefühl des Mangels wird als Bedürfnis bezeichnet. Bedürfnisse treten in unterschiedlicher Intensität in Erscheinung, dabei geht es – für unseren Zusammenhang ist dies von grundsätzlicher Bedeutung – keineswegs nur um die Befriedigung materieller Bedürfnisse.

Um menschliches Verhalten zu erklären, führte die Psychologie Experimente durch, die unsere gesamte Motivation auf wenige Grundbedürfnisse zurückführen lassen sollten. Das wohl bekannteste Beispiel stammt von dem US-amerikanischen Psychologen Abraham Maslow (1908–1970), der eine fünfstufige Hierarchie von Bedürfnisgruppen vorschlug. Nach dieser Maslow'schen Bedürfnishierarchie gilt: Im Verlauf der individuellen Entwicklung überlagern danach neue sich entwickelnde Gruppen von Bedürfnissen die schon vorhandenen. Alle Gruppen bleiben zwar bestehen, nehmen aber in ihrer absoluten Stärke ab. Im Säuglingsalter gibt es nur physiologische Bedürfnisse (z. B. Hunger und Durst). Sie werden ab dem Kleinkindalter um Sicherheitsbedürfnisse erweitert (z. B. Schutz vor Schmerz, Furcht und Ungeordnetheit oder Sicherung des Einkommens, des Arbeitsplatzes und der Altersversorgung), später durch soziale Bedürfnisse ergänzt (z. B. Geselligkeit, Geborgenheit, Zuneigung, Freundschaft und Liebe) und dann durch Selbstachtungsbedürfnisse erweitert (z. B.

nach Geltung, Anerkennung, Zustimmung und gesellschaftlicher Wertschätzung). Die Spitze dieser Hierarchie bildet das Verlangen nach Selbstverwirklichung, d.h. nach dem, was man nach seinen individuellen Anlagen sein könnte.

Das Maslow'sche Modell soll nicht überstrapaziert werden. Es bietet eine Verständnismöglichkeit, mehr aber nicht. Deutlich wird zumindest, dass es für den Durchschnittsbürger unserer sogenannten zivilisierten Gesellschaft oder der Überflussgesellschaft kein Problem sein dürfte, physiologische und Sicherheitsbedürfnisse zu befriedigen. Eine Menge Energie wird dann aufgebracht, um den Bedürfnissen nach sozialer Bindung und Selbstachtung Rechnung zu tragen. Diese Bedürfnisse spielen im Arbeits- und Berufsleben selbstverständlich eine bedeutende Rolle, auch wenn sie nicht unbedingt explizit artikuliert werden. Es liegen aber einige handfeste Indikatoren vor, die zum Beispiel Bedürfnisse nach Gruppenzugehörigkeit und Anerkennung im Betrieb massiv unterstreichen. D.h. im Umgang der Mitarbeiter untereinander wie im Verhältnis von Führungskräften und Mitarbeitern hat man die Tatsache zur Kenntnis zu nehmen, dass es nicht nur ums Geldverdienen und um den nächsten Karriereschritt geht. Daneben sind in vielfältiger Weise Bedürfnisse gegeben, die als immaterielle Anliegen der Menschen beschrieben werden können. Kann es im betrieblichen Geschehen zwar nicht um Liebe, nicht einmal unbedingt um Freundschaft gehen, gibt es eine Reihe von sozialen und Selbstachtungsbedürfnissen, deren Missachtung früher oder später zu schlechter werdenden Arbeitsleistungen, zurückgehendem Engagement und letztlich zur Kündigung führt.

Den Zusammenhang zu unserer Frau L. wird jeder leicht erkennen. Wir sind zum Kern dessen vorgestoßen, was für unsere seelische Gesundheit von grundsätzlicher Bedeutung ist. Es ist durchaus nicht übertrieben, von einer

Basis oder einem Fundament zu sprechen (daneben ist dann noch Weiteres zu beachten, das ist wie bei einem Hausbau: Dort kann auch Regen in die Räume eindringen, wenn schlechter Beton für die Hauswand verarbeitet oder das Dach nicht ordentlich gedeckt worden ist. Ärgerlich und alles andere als folgenlos. Ohne ein gutes Fundament bricht jedoch das ganze Gebäude früher oder später zusammen). Wir müssen uns also um diese Basis kümmern. Dazu gehört, dass man sich – realistische – Ziele setzt. Darüber wurde bereits gesprochen. Ebenso muss deutlich hervorgehoben werden: Psychische Gesundheit wird vor allem auch dadurch chancenreich ermöglicht, wenn man den Alltag engagiert bewältigt und sich (entspannt) den Anforderungen stellt. Dieser Umstand sei hervorgehoben und denjenigen bewusst gemacht, die glauben, mit einer Schonungs- oder gar Bequemlichkeitshaltung würde besonders gut für sich gesorgt werden. Im Extremfall steckt dahinter das Phänomen der „inneren Kündigung“. Ein Mensch geht dann zwar noch zur Arbeit, strengt sich aber keineswegs mehr an, das Unternehmen ist ihm egal, es gibt weder Ehrgeiz noch Motivation, die zu guter Leistung antreibt. Man bekommt die Tage zwar herum und freut sich möglicherweise sogar, wenn etwas auf Kosten des Unternehmens schiefläuft. Glaube aber bitte niemand, dass man sich mit einem solchen Verhalten bzw. einer derartigen Einstellung Gutes tut. Ein derart geleiteter Mensch befindet sich eher in einer Abwärtsspirale, als dass er (seelisch) auch nur ein Stück weit davon profitieren würde.

Wie man sich allerdings entspannt den Anforderungen, manchmal auch den Herausforderungen oder gar Zumutungen des Alltags stellt, muss noch in anderen Kapiteln genauer beantwortet werden. Im Moment steht das Engagement im Vordergrund. Nun wäre es doch ein wenig vermessen, wenn ich Sie auffordere, sich doch ordentlich anzustrengen und schon würde alles gut werden. Denn es sind Bedürfnisse, die dabei eine Rolle spielen, die ich als Grundbedürfnisse bezeichne. Psychologen und Mediziner sind sich weitestgehend einig darin, dass die Befriedigung von vier Grundbedürfnissen die Basis seelischer Gesundheit ist. Überaus interessant ist, dass eine quantitativ und qualitativ hohe Beanspruchung (bezogen auf die Arbeitsmenge und Arbeitsgüte) im Berufs- und Privatleben sich nicht direkt auf die Gesundheit auswirkt. Ein Mensch kann ausgesprochen viel und intensiv arbeiten, dabei um beste Qualität und Ergebnisse bemüht sein, das alles auch längerfristig und – er bleibt gesund und munter dabei. Es droht kein Burnout; im Gegenteil, Zufriedenheit und Freude stehen im Vordergrund. Das ist dann der Fall, wenn im Rahmen der hohen Beanspruchung eine Befriedigung der Grundbedürfnisse gewährleistet bleibt. D.h. viel und anspruchsvoll zu arbeiten bedeutet keinesfalls automatisch eine negative Auswirkung auf die Gesundheit, sondern es ist immer das Ausmaß der Bedürfnisbefriedigung mit einzubeziehen, das eine entscheidende Rolle spielt. Erst wenn diese ausbleibt, wird es kritisch. Mittelfristig müssen die vier Grundbedürfnisse befriedigt werden, dann ist die Voraussetzung für eine seelische Gesundheit gegeben. D.h. es müssen nicht ständig, nicht jeden Tag und nicht bei jeder Gelegenheit und schon gar nicht immer und überall diese vier Grundbedürfnisse befriedigt werden. Doch im Zeitablauf sollte das immer wieder einmal geschehen. Das bedeutet:

Der Mensch muss sich sozial aufgehoben fühlen. Eine soziale Bindung bzw. das Gefühl nach Zugehörigkeit ist ein Grundbedürfnis, das nicht außer Acht gelassen werden darf. Deshalb wirkt sich Mobbing auch so brutal aus. Der Mensch wird ausgegrenzt, steht außerhalb, erhält keine Anerkennung und erfährt im Gegenteil Zurückweisung. Das ist schwer verkraftbar und häufig wird ein Mensch, dem so etwas widerfährt, krank. Damit ist bereits ein zweites Grundbedürfnis ins Spiel gebracht worden: Anerkennung und Wertschätzung sind neben der sozialen Zugehörigkeit sehr notwendige Voraussetzungen für eine gute psychische Verfasstheit des Menschen. Es ist geradezu „furchtbar“ einfach, in dieser Weise Menschen glücklich zu machen. Ein Lob, ein gutes Wort, vielleicht nur ein Lächeln im richtigen Augenblick – und der andere lebt auf, blüht auf und es geht ihm einfach gut. Wer weiß, dass man ihn schätzt, wer Anerkennung erhält, geht ganz anders durch sein Leben als derjenige, der zurückgewiesen wird, irgendwie da ist, aber doch nicht registriert wird.

Bei dieser Gelegenheit sei auf einen gravierenden, doch weit verbreiteten Führungsfehler in unserer Wirtschaft aufmerksam gemacht: Wertschätzung und Anerkennung oder Lob und Respekt – wie steht es damit? Nach allen vorliegenden Untersuchungen scheint es darum nicht besonders gut bestellt zu sein. Und es wäre doch so einfach! Noch nicht einmal Kosten sind damit verbunden. Aber offenbar sind manche Menschen nicht in der Lage, ein gutes Wort über einen anderen zu verlieren oder Anerkennung auszusprechen oder einfach einmal einen Mitarbeiter zu loben, wenn etwas wirklich gut gelungen ist. Alles selbstverständlich, alles ganz nüchtern und sachlich halten, bloß keine „Streicheleinheit“. Wo kämen wir denn damit auch hin? Das Leben ist schließlich keine Wundertüte und wofür wird denn überhaupt ein Gehalt bezahlt? Wie dumm Menschen doch sind! Ihre Eitelkeiten, Voreingenommenheiten, ihre Missgunst, ihr Neid, ihre Unbedachtsamkeit – all dies allzu Menschliche verhindert viel Gutes. Es gibt dabei übrigens ein Phänomen – und bitte prüfen Sie sich einmal selbst: Diejenigen, die nicht loben und anerkennen können, erwarten das selbstverständlich für sich von den anderen. So ist z.B. eine Tragödie im Lehrerberuf gegeben, wenn ein Pädagoge grob und rau mit seinen Schülerinnen und Schülerinnen umgeht, er jedoch erwartet, diese müssten sich ihm gegenüber natürlich freundlich und anerkennend verhalten. Das funktioniert nicht, der Lehrer wird wegen der Reaktionen seiner Schüler eher noch ungehaltener, enttäuschter, mürrischer und verschwendet keinen Gedanken daran, welchen Anteil er selber an einem solchen Teufelskreis hat. Sollen die anderen doch erst einmal Anerkennung und Wertschätzung geben. Ich doch nicht! Ich, der Stärkere, Überlegenere, besser Gestellte. Wo kämen wir da hin?!

Anerkennung und Wertschätzung haben ihre Wirkungen auf den Selbstwert eines Menschen. Dieser Selbstwertbezug ist in diesem Zusammenhang ausschlaggebend wichtig. Es ist ohne Frage schön und es tut jedem Menschen gut, wenn er seinen Selbstwert über Anerkennung und Wertschätzung gestärkt bekommt. Es darf allerdings nicht nur um eine Abhängigkeit „von außen" gehen. Wenn der Mensch seinen Selbstwert von anderen abhängig macht, versäumt er etwas. Nämlich eine positive Einstellung zu sich selbst, an der man arbeiten kann. Mäkelt man als Pubertierender noch kräftig an sich herum und setzt sich dieses Herummäkeln oder Unzufriedensein mit sich selbst im späteren Jugend- und Erwachsenenalter möglicherweise fort, muss doch versucht werden, das zu akzeptieren und anzuerkennen, was nicht zu ändern ist. Der eine fühlt sich zu klein, die andere zu groß. Wieder ein anderer mäkelt an seinen glatten Haaren herum, hätte lieber einen Lockenkopf, dem dritten wäre das alles egal, hätte er überhaupt nur noch ordentlich Haare. Die nächste mag ihre ganze Figur nicht und die andere regt sich auch noch mit fünfzig darüber auf, dass ihre Nase keine Stubsnase ist und auch das Grübchen am Kinn fehlt, das die Freundin eben von der Natur, ihren Genen oder vom lieben Gott mitbekommen hat. Vielleicht müssen Sie jetzt schmunzeln oder Sie wundern sich, dass das überhaupt thematisiert werden muss. Es ist tatsächlich ein sehr ernstes Thema, aber nicht im Sinne irgendwelcher

Schönheitsideale, sondern im Sinne eines Selbstwertbezugs und damit im Sinne einer Befriedigung eines Grundbedürfnisses.

Die angeführten Beispiele sind fast noch harmlos ausgewählt. Warum rennen denn Tausende zum Schönheitschirurgen? Weshalb werden wahnsinnig teure Cremes gekauft oder Botox gespritzt? Selbst mit flüssiger Schokolade lassen sich manche von oben bis unten einschmieren, weil sie sich davon eine schönere Haut versprechen. Die zwei, drei Schachteln Zigaretten, die aber am Tag geraucht werden, scheinen keine Rolle zu spielen. Ganz schön meschugge, oder nicht? Nun wieder ganz ernsthaft: Ich bin kein Seelsorger oder Pfarrer, aber es soll herausgestellt werden: Als Mensch sind Sie grundsätzlich etwas unendlich Wertvolles und Positives aus ureigenem Recht. Es ist von kaum zu unterschätzender Bedeutung, dass Sie es lernen (falls das noch nicht gegeben sein sollte), dass Sie sich so akzeptieren und mögen, wie Sie sind.

Damit kein Missverständnis entsteht: Einmal unterstellt, diese Zeilen würde ein Choleriker lesen, der seiner Umgebung jeden Tag seine schlechte Laune und seine Aggressionen bietet. Dann bitte nicht sagen, wie es in einem bekanntem Werbespruch heißt: „Ich will so bleiben, wie ich bin." Man soll das akzeptieren, was *nicht* zu ändern ist. Das bezieht sich zumeist auf Äußerlichkeiten. Es dürfen auch durchaus manche Macken oder Eigenarten akzeptiert werden, soweit damit anderen nicht geschadet wird. Wer Verhaltensweisen auslebt, die auf Kosten anderer gehen, darf sich allerdings ruhig fragen, inwieweit diese geändert werden können. Das schließt wieder Arbeit und Anstrengung ein. Nur der Bequeme und Einfältige macht mit seinen schädigenden Unarten so weiter wie bisher. Im Allgemeinen ist für einen stabilen Selbstwert aber eine positive Einstellung zu sich selbst, ein sich selbst Mögen von grundlegender Bedeutung.

Ein weiteres Grundbedürfnis ist das Erleben von Lust und die Vermeidung von Unlust. Letzteres leuchtet unmittelbar ein. Wer möchte das schon? Ein Wohlbefinden und ein Wohlgefühl werden damit ausgeschlossen und die damit einhergehende Belastungssituation dürfte alles andere als stabilisierend auf die Psyche wirken. Das Gegenstück – Lust erleben – darf auch in einem ganz wörtlichen Sinne verstanden werden, sprich: Sex und Erotik gehören zu einem menschlichen Grundbedürfnis, das befriedigt sein will. Lust zu erleben erstreckt sich aber nicht nur darauf. Es gibt für den Einzelnen eine Vielzahl von Möglichkeiten zu einem Lusterlebnis. Das können unglaublich einfache Dinge sein: das hervorragende Glas Rotwein, die vierstündige Wanderung im Zugspitzgebiet oder am Ostseestrand entlang, der Kinobesuch nach einem arbeitsreichen Tag, die eine Stunde Sport mit den Freundinnen, der Kauf eines neues Kleides oder eines neuen Paars Schuhe und, und, und. Und wenn es nur das gemütliche Lesen der Sonntagszeitung ist, die bei ein, zwei Tassen Kaffee in aller Ruhe studiert wird. Lust erleben bedeutet nicht, dass große Summen notwendig wären, dass man sich Derartiges selten leisten könnte oder nur ein-, zweimal im Jahr als Höhepunkte gesehen werden können. Jeder Tag ist geeignet für ein solches Erleben, ohne große Kosten und Aufwand. Die Massage des Partners gehört ebenso dazu wie der Besuch einer Buchhandlung, in der der neueste Krimi eines Erfolgsautors gekauft werden soll, oder das Feierabendbier in einer Kneipe mit guten Gesprächen.

Beim vierten Grundbedürfnis geht es um die Sinnfrage. Die Sinnerfahrung des eigenen Lebens ist fundamental. Friedrich Nitzsche hat das einmal so ausgedrückt: „Wer ein Warum zu leben weiß, erträgt fast jedes Wie.“ Damit hat er bereits vor mehr als hundert Jahren den Nagel auf den Kopf getroffen. Selbst widrige Umstände, Rück- und Niederschläge sind offensichtlich für den Menschen verkraft-

und verarbeitbar, wenn er einen Grund für sein Dasein weiß. Es geht um die Beantwortung der Fragen: Wozu bin ich auf dieser Erde? Und: Warum das alles? Menschen können in schwierigstes Fahrwasser bei der Beantwortung dieser Fragen geraten. Wenn Sie sich erst einmal bei der Frage ertappen, wozu das Ganze gut sein soll oder Sie reden mit sich im Sinne, „das ist doch alles sinnlos", tauchen Sie zumindest schon einen Fuß in dieses Fahrwasser. Es kann dann sehr schnell gehen und schon befinden Sie sich in kaltem Wasser oder auf rauer See.

Nun ist es etwas sehr Individuelles, was dem Leben Sinn gibt. Es gibt kein Rezept, das jeder anwenden könnte. Selbst wenn ein Außenstehender Ihnen die Bedeutung Ihres Lebens vor Augen führt, kann das von Ihnen gänzlich anders gesehen werden. Ratschläge und Empfehlungen werden eher selten angenommen und das ist so, weil im Zeitalter des Individualismus jeder selbst seinem Leben Bedeutung verleihen muss. Vielleicht war es früher einfacher, weil die Religion oder die Kirche den Sinn der menschlichen Existenz als das Führen eines gottgefälligen Lebens vorgab, oder weil – noch früher – der Mensch mit seinem Überleben beschäftigt war, das ihn erst gar nicht die Sinnfrage in den Sinn kommen ließ. Heutzutage scheint trotz des übergroßen Wohlstandes, trotz der unglaublichen Möglichkeiten die Sinnfrage weitaus schwieriger zu beantworten sein. Und wie es scheint, hat das alles eher nichts mit Geld und Vermögen zu tun. Wie sonst könne es sein, dass diejenigen, die davon im Überfluss verfügen, die zudem berühmt und bewundert sind, in einem ersten desolaten Schritt zu allen möglichen Drogen greifen, um sich dann in einem zweiten Schritt damit kaputtzumachen. Denken Sie an Stars wie Amy Whinehouse oder Witney Housten oder Michael Jackson. Man könnte eine lange Liste mit vielen weiteren Namen erstellen. Und wir Normalbürger schütteln wahrscheinlich nur den Kopf und fragen uns, weshalb diese

Menschen ihr Leben kaum und schließlich nicht mehr ertragen können und sich selbst vernichten, obwohl sie alles haben, wovon andere nur träumen können.

Den Lebenssinn zu finden, muss etwas anderes ausmachen. Das kann sicherlich auch zuversichtlich stimmen. Womöglich ist gar nicht so viel notwendig, um die Sinnfrage gut für sich beantworten zu können. Eventuell ist eine Beantwortung nicht einmal besonders schwierig. Wie das Leben gelingen kann, wird sowieso in den meisten Kapiteln dieses Buches behandelt. Damit verbunden ist zumindest der Anspruch, der Gefahr zu begegnen, dass der Mensch in eine Sinnkrise gerät. Es gibt zwar keine unmittelbare Anleitung dafür, was genau für ein sinnvoll empfundenes Leben notwendig ist. Aber es gibt eine Vielzahl von Beispielen, zahlreiche Anregungen, vielfältige Impulse und in der Geschichte und Gegenwart Menschen, die als Vorbilder taugen, um Maßstäbe zu entdecken, Orientierung zu finden und darüber wenigstens dem Sinn des je eigenen Lebens auf die Spur zu kommen. An dieser Stelle wird noch einmal deutlich, dass es *den* einen Sinn des Lebens bestimmt nicht gibt. Jeder Mensch muss ihn für sich finden. An dieser Stelle wird auf das Kapitel „Sinn“ verwiesen, das weitere Anregungen und Perspektiven bieten soll.

In diesem Kapitel ging es um die Vorstellung der vier Grundbedürfnisse: Soziale Bindung/Zugehörigkeit – Anerkennung/Wertschätzung und Selbstwert – Lust erleben/Unlust vermeiden – Lebenssinn. Wie erwähnt ist die Befriedigung dieser Bedürfnisse für den Erhalt unserer seelischen Gesundheit unerlässlich. Darauf muss geachtet werden; wer hier fahrlässig handelt und diese Grundbedürfnisse gar ignoriert, muss sich nicht wundern, wenn er mit der Zeit sein Gleichgewicht verliert und letztlich krank wird. Die Chance auf eine Bedürfnisbefriedigung setzt – abgesehen von dem, was andere dazu beitragen können – den Einsatz eigener Ressourcen voraus. Von nichts kommt nichts. So trivial sich das anhören mag: Wir haben es wieder selbst in der Hand, auf die Befriedigung dieser Grundbedürfnisse hinzuarbeiten. Vielleicht hat mancher das Glück, dass er vorbehaltlos geliebt wird. Vielleicht müssen andere aber an ihren Beziehungen arbeiten, sich gar anstrengen, damit sie wertgeschätzt werden, sich eine soziale Aufgehobenheit einstellt und man Lust erlebt. Die Beziehungen zu anderen Menschen habe ich nicht umsonst zum Schluss dieses Kapitels ins Spiel gebracht. Es scheint, auch wenn man Zeit und Mühe für die Pflege dieser Beziehungen zu anderen aufwenden muss: Sie sind es, die für das eigene gute Leben so grundlegend bedeutsam sind.

Zum Schluss ein Witzchen, ein Aphorismus oder sonst ein kluger Spruch

„Ehe man vom Glück der befriedigten Bedürfnisse redet, sollte man entscheiden, welche Bedürfnisse das Glück ausmachen."

Leo Tolstoi, russischer Schriftsteller, 1828–1910

Hedonismus oder: Auf der Suche nach dem Glück

Die Geschichte

Als 2011 die französische Filmkomödie „Ziemlich beste Freunde“ in die Kinos kam, sprach sich sehr rasch die glücklich machende Wirkung des Films herum. Die Zuschauer wurden durch das Spiel der Hauptdarsteller berührt; es war einfach schön anzusehen, wie der aus ungutem sozialen Milieu stammende Pflegehelfer Driss dem äußerst wohlhabenden Philippe, der durch einen Absturz beim Paragliding zum Intensivst-Pflegefall geworden ist, wieder neuen Lebensmut gibt. Ebenso mit Erstaunen bemerkt man, wie diese absolut gegensätzlichen Menschen doch zueinander finden. Diese Wirkung des Films zeigte sich auch bei Urs Weniger, der mit seinen hartgesottenen Freunden auf Empfehlung einer Arbeitskollegin den Film anschaute. Irgendwie fühlten sich die Männer danach gut, der Film blieb den gesamten Abend das Gesprächsthema.

Die Gruppe machte sich im Sommer, wenige Wochen nachdem sie den Film gesehen hatten, auf zum Ballermann-Urlaub auf Mallorca. Zum dritten Mal quartierten sich die Freunde in einem Hotel ein, in dessen Umgebung nach deren Bekundungen „die Post abgeht“. Zumeist gingen sie nach ausschweifenden Nächten ziemlich betrunken zu Bett. Vor zwölf Uhr standen sie nicht auf, danach ging's nach einem sehr späten Frühstück gleich wieder an den Strand und zum allgemeinen Remmidemmi. Sie freuten sich an dem lauten und ordinären Strandleben, kamen jedoch am späteren Abend erst so richtig in Form und ließen dann – auch wieder nach deren Ausdrucksweise – „die Sau raus“. Nach zwei Wochen „Ballermann“ kehrten sie recht ramponiert nach Hause zurück. Urs Weniger fühlte sich alles andere als erholt und hätte am liebsten noch eine weitere, aber ruhige Urlaubswoche angehängt.

Daheim kam er während einer Mittagspause noch einmal auf den Film „Ziemlich beste Freunde“ zu sprechen. Er staunte nicht schlecht, als er erfuhr, dass der Film auf einer wahren Geschichte beruhte. Tatsächlich basierte er auf der Autobiografie „Le second souffle“ des ehemaligen Pommery-Geschäftsführers Philippe Pozzo die Borgo, der 1993 beim Paragliding furchtbar verunglückte. Drei Jahre später starb seine Frau, mit der er zwei Kinder hat, an einem Krebsleiden. Er stürzte in eine Depression, die er mithilfe seines algerischstämmigen Pflegers überwinden konnte. Urs Weniger ist 28 Jahre alt, ledig, und nachdem ihn seine langjährige Freundin vor vier Jahren verlassen hat, auf der Suche nach einem neuen Glück. Die Frauenbekanntschaften seither, die es zur Genüge gab, ließen ihn dieses Glück bislang nicht finden.

Tatsachen, Reflexionen, Anregungen

„Ballermann“ und „Ziemlich beste Freunde“? Was für Gegensätze! Und doch hat beides vielleicht eine Gemeinsamkeit. Von beidem kann man sich ein wenig Glück versprechen. Das auf gänzlich unterschiedliche Art: einerseits durch ein ausschweifendes, lärmendes und tabuloses Leben, andererseits durch eine zwar verfilmte, jedoch rührende Lebensgeschichte, die zeigt, dass selbst ein an Armen und Beinen querschnittsgelähmter und zwingend auf Hilfe und Pflege angewiesener Mensch glücklich leben kann. Es ist unmittelbar zu erkennen: Was das Glück ausmacht und wie man es findet kann nicht allgemein beschrieben und benannt werden. Alle sind wir anscheinend auf der Suche nach dem Glück. Denn wer möchte das nicht: glücklich sein? Was wird nicht alles unternommen und ausprobiert, um dieses Glücklich-Sein zu erreichen? Gelingt das durch Saufgelage, Sex und Erotik? Oder muss erst ein Schicksalsschlag erlitten werden, um allein durch eine freundliche Geste eines anderen Menschen so etwas wie Glück zu erfahren? Benötigt der Mensch Geld und Vermögen, oder ist selbst das keine Voraussetzung für das Glück?

Denken wir einmal an die Nonne, die alles hinter sich gelassen hat, in Armut im Kloster lebt, in ihrem starken Glauben an Gott jedoch einfach glücklich ist. Und stellen wir diesem Beispiel die Berühmtheiten gegenüber, die wahrscheinlich nicht einmal wussten, über wie viele Millionen sie verfügten, sich gar alles leisten konnten und sich trotzdem in Drogen geflüchtet und umgebracht haben. Es scheint eine komplizierte Sache zu sein mit dem Glück. Alles andere als eindeutig. Deshalb sollen Ihnen vor den nächsten Ausführungen auch zwei Ernüchterungen zugemutet werden: Erstens sind sich die unterschiedlichsten Denker darin einig, dass die Vorstellung dauerhaften Glücks auf einer Illusion beruht. Zweitens: Erwarten Sie nicht, dass ich Ihnen sage, wie Sie gegebenenfalls glücklich werden können. Alles, was Sie nachfolgend zur Kenntnis nehmen können, sind (hoffentlich sinnvolle und anregende) Überlegungen und Ausführungen zum Thema „Glück“, die aber kein Rezept bieten für ein individuelles Glücklich-Sein. Anders formuliert: Sich glücklich fühlen, setzt eine Menge Glück voraus.

Dieser Abschnitt beginnt mit einem Fremdwort: Hedonismus (von gr. hedoné = Lust, Freude). In der Gegenwart hat sich das Verständnis über diese antike Ethik bei vielen Menschen stark von der ursprünglichen Bedeutung entfernt. Die ursprüngliche Auffassung richtete sich auf ein menschliches Handeln aus, das motiviert wird durch den Gewinn von Lust und die Vermeidung von Unlust. Der Sokrates-Schüler Aristipp von Kyrene (ca. 435–365 v. Ch.) lehrte, die Lust, gefasst als positive, konkrete und aktuelle

Lust, sei der einzige Handlungszweck. Ziel des Handelns sei ein möglichst lustvolles Leben. Aristipp stellte allerdings fest, dass nur derjenige die Lust wirklich genießen kann, der frei von Sucht und Hörigkeit über dem Genuss steht.

Auch Epikur (341–270 v. Chr.) sieht in Lust und Unlust die einzigen Motive menschlichen Handelns. Er akzentuiert aber seinen Hedonismus anders als Aristipp. In seiner Lebenskunst geht es nicht um möglichst viele konkret-aktuelle Lusterlebnisse, sondern um dauerhafte Lust in Ruhe, also um ein möglichst erschütterungs- und beschwerdefreies, positiv gestimmtes Leben. Epikur erkannte sehr wohl, dass ein Übermaß starker, aktueller Lüste gesundheitsschädliche Auswirkungen und zudem seelische Erschütterungen nach sich ziehen kann. Für flüchtige Genüsse handelt sich ein nicht achtgebender, sich nicht beherrschender Mensch langwierige Beschwerden und Verdrießlichkeiten ein. Er plädiert für ein Leben in körperlicher Gesundheit und in ruhiger Harmonie der Leidenschaften.

Wenn diese antike philosophische Grundpositionen dem gegenübergestellt wird, was sich heutzutage als hedonistische Lebensweise darstellt, werden die Unterschiede überdeutlich. Wer darauf setzt, seine Leidenschaften auszuleben, möglichst alles mitzunehmen, was sich bietet, wer sich nicht mehr beherrschen kann und ständig auf der Suche nach einem weiteren Kick ist, wer womöglich rücksichtslos sich und anderen gegenüber Action haben muss, verfehlt nach antiker Auffassung das Glück. Und nicht nur nach antiker Auffassung. Wer sich in der skizzierten Art eines hedonistischen Hamsterrades befindet, strampelt sich auf der Suche nach dem Glück zwar gewaltig ab, aber glücklich wird er davon nicht. Es deutet eher alles auf eine Sinnlosigkeit und innere Leere hin, die überdeckt werden soll, anstatt dass der Mensch die Frage nach dem Glück ein wenig anders stellt und dann vielleicht bessere Antworten bzw. Reaktionen findet. Glück ist schließlich ein unpräziser und schillernder Begriff. Seine Uneindeutigkeit zeigt sich schon in anderen Sprachen. Das Griechische unterteilt nach *eutychia* (Glück haben) und *eudaimonia* (wahres Glück, Glückseligkeit), das Lateinische kennt *fortuna* (glückliche Lebensumstände) und *felicitas* (das glückliche Leben), im Englischen wird zwischen *luck* (Zufallsglück) und *happiness* (Lebensfreude) unterschieden. Viele glauben, es müsste nur ein Zufallsglück eintreten, wie ein Lottogewinn, und schon würde alles besser werden. Für andere ist Derartiges ein Momentglück, das alsbald zu einem selbstverständlichen Zustand wird, womit sich auch das Glücksgefühl rasch verflüchtigt.

Dauerhaftes Glück gar? Ständig fröhlich und euphorisch? Immerzu gut drauf? Das kann man sich zwar gut vorstellen, aber das trifft nicht unser menschliches Dasein. Es war schon von der Polarität des Lebens die Rede. D. h. es ist nur konsequent, das Leben nicht als dauerhafte Glücksveranstaltung zu sehen. Es gibt Unglücke, Krankheiten, Scheitern, miese Stimmungen (übrigens biochemisch gesteuert), Schicksalsschläge. Zufälle spielen eine Rolle, vieles ist weder steuer- noch planbar. Dabei sollte nicht vergessen werden, was die kluge amerikanische Schriftstellerin und Journalistin Joan Didion (geb. 1934) in einem Satz ausdrückt: „Das Leben ändert sich in einem Augenblick." Dahinter steht ein Verständnis über unser menschliches Sein, das anerkennt, wie sensibel das eigene Leben einzuschätzen ist. Gerade ist alles noch in Ordnung, man lacht, freut sich, fühlt sich stark, erfolgreich. Im nächsten Augenblick kann in der Tat alles anders sein. Jemand stirbt, man erleidet einen Unfall, wird gekündigt oder der Lebenspartner trennt sich von heute auf morgen. Das hört sich überhaupt nicht gut an. Trotzdem soll es mit Nachdruck im Zusammenhang mit dem Glücksthema erwähnt sein. Eine solche Sicht kann ein wenig zur Demut beitragen und zu einer etwas anderen Fragestellung führen: Was zeichnet ein als gelungen empfundenes Leben aus? Oder: Wie erreiche ich ein gut gelebtes Leben?

Solche Fragestellungen verschieben die Perspektiven, und es geht nicht mehr nur um die Suche nach dem Glück oder um die Hoffnung auf den so sehr ersehnten Glücksfall. Es muss wohl anerkannt werden, dass es keine einfachen Techniken zur Glücksproduktion gibt. Wer dem Glück gar nachjagt, dem wird es wahrscheinlich entfliehen, und erzwingen kann man Glück sowieso nicht. Jedoch: Forschungsergebnisse der Psychologie und Biochemie verweisen zwar auf Festlegungen des Menschen aufgrund der Einflüsse des Erbguts, der auch von den Genen bestimmten biochemischen Vorgänge im Gehirn, der Ausprägung seiner Persönlichkeit und der ihn bestimmenden und beeinflussenden Umweltbedingungen (vor allem die Rolle und Wirkung von Erziehungs- und Sozialisationsprozessen). Aber: Die Forscher wissen auch, wodurch ein Mensch sein Zufriedenheitsniveau erhöhen kann, d.h. wiederum, was er tun kann, um (ein wenig) glücklicher zu werden.

Am weitesten gehen dabei die Vertreter der Positiven Psychologie. Nach der Einschätzung von deren prominentestem Vertreter, Martin Seligman, hängt das Glücksempfinden zu etwa 50 Prozent von den genetischen Anlagen ab. Daran ist nicht zu rütteln, so scheinen wir Menschen festgelegt. Die anderen 50 Prozent können jedoch seiner Meinung nach zumindest beeinflusst werden. Die Vertreter der Positiven Psychologie haben 24 Eigenschaften ausgemacht, die sich der Mensch durch Willenskraft aneignen kann. Diese „Determinanten des Glücks“ werden 6 Tugenden zugeordnet, deren Verwirklichung zu einem glücklichen Lebensgefühl beitragen. Sie werden unschwer erkennen, welch enger Bezug zu den bereits früher behandelten vier Kardinaltugenden besteht. Seligman erwähnt als grundlegende menschliche Tugenden:

- *Mut:* im Sinne von Tapferkeit, Durchhaltekraft und Integrität (aufrichtig und authentisch sein, sich selbst treu bleiben und nicht mehr Schein als Sein vorgeben),
- *Gerechtigkeit:* Loyalität, Fairness, im Rahmen von Führungsaufgaben zu motivieren und nicht übermäßig zu kritisieren,
- *Weisheit:* im Sinne von Weitblick, Urteilskraft, Lerneifer, Neugier und sozialer Intelligenz (eigene Gefühle kennen und sich in andere Menschen einfinden),
- *Mäßigung:* im Sinne von Selbstkontrolle, Abwägung und Bescheidenheit,
- *Menschlichkeit:* im Sinne von Freundlichkeit und Liebesfähigkeit (Zuneigung geben und auch annehmen können),
- *Transzendenz:* im Sinne von Dankbarkeit, Hoffnung, Vergebung, Spiritualität und Sinn für Schönes.

Diese grundlegenden Tugenden sind schnell genannt – was es aber bedeutet, Menschlichkeit im Sinne von Freundlichkeit zu *praktizieren*, lässt sich erahnen, wenn Sie sich Situationen vorstellen, in denen Sie großzügig und gutherzig zu Mitmenschen sein sollen, die Sie nicht kennen. Oder die Ihnen vielleicht schon Schwierigkeiten bereitet haben. Sind wir dann in der Lage, deren wertvolle Seiten zu erkennen und ihnen gern einen Gefallen zu tun?

Oder nehmen wir einmal die der Transzendenz zugeordnete Spiritualität, bei der es auch um eine Lebensphilosophie geht, in der man Sinn findet. Alles nicht ganz so einfach, die meisten von uns müssen sich voraussichtlich bemühen und es sich erarbeiten, da nicht davon ausgegangen werden kann, dass diese Eigenschaften und Fähigkeiten einfach bei jedem vorhanden sind. Es muss mehr Nüchternheit ins Spiel gebracht werden: Wir wissen, was hilfreich ist und wovon eine positive Wirkung ausgehen kann. Aber der Weg vom Wissen zum konkreten Handeln ist mitunter nicht nur weit, sondern auch anstrengend und in Abwandlung eines bekannten Filmtitels kann für uns Menschen nicht selten festgestellt werden: Denn Sie tun nicht, was sie wissen.

Gleichzeitig dürfen die Forschungsergebnisse der Positiven Psychologie nicht unkritisch gesehen werden. Selbstverständlich ist es aller Ehren wert, wenn Beiträge zur Förderung der positiven Gefühle geleistet werden. Doch täusche man sich nicht. Auch unangenehme Gefühle gehören zu unserem Mensch-Sein, und diese müssen keinesfalls nur als schädlich wahrgenommen werden. Trübsal, depressive Verstimmungen, Wut, Sorge und Verdruss gehören zum Leben dazu. Sie sollten nicht verdrängt werden und haben keinesfalls nur negative Seiten. Sie können als Warnungen verstanden werden, als Fingerzeig für ungute Entscheidungen und notwendige Korrekturen in der Lebensführung und Risiken bewusst machen. Auch die Auffassung der Positiven Psychologie, es sei sinnvoll, stets die eigenen Stärken zu betonen, muss nicht immer richtig sein. Der Mensch sollte sich über seine Schwächen bewusst sein bzw. sich diese bewusst machen. Eine ganzheitliche Sicht des Menschen darf diese Dimension des Unzulänglichen nicht einfach ausblenden. Nur wer sich dem stellt, kann daran arbeiten und dann möglicherweise auch eine solche Schwäche überwinden. Wer sie ignoriert und nicht zur Kenntnis nehmen will, vernachlässigt einen Teil seines Lebens, und wie will man diesem dann auch nur annähernd gerecht werden?

Nun noch ein ganz und gar naturwissenschaftlicher Aspekt zum Thema Glück: Es wurde schon der Einfluss der Gene auf unser Wohlgefühl und auf unser Glücksempfinden erwähnt. Wie muss man sich das vorstellen? Die Gene prägen unsere Persönlichkeit und unseren Charakter. So steht dem extravertierten der introvertierte Menschentyp gegenüber, dem risikobereiten der ängstliche. Das Erbgut sorgt für diese Grundausstattung. Inwieweit der Mensch nun Glück empfindet oder Glücksschübe erleben kann, hängt von Hirnarealen ab. So ist der orbitofrontale Kortex, eine Region unmittelbar hinter der Stirn, eine Schaltstelle des Glücksempfindens. Andere, tiefer gelegene Hirnareale, etwa der Nucleus accumbens und das ventrale Pallidum, spielen ebenso eine wohl herausragende Rolle. In den komplizierten Netzen aus Nervenzellen ergeben sich Reaktionen, bei denen verschiedene chemische Botenstoffe zusammenwirken. Wie das alles abläuft, weiß man noch lange nicht ganz genau. Klarheit besteht insoweit, als bei der Aktivität von Nervenzellen drei Substanzen von besonderer Bedeutung sind für ein Augenblicksglück, das als Hochgefühl wahrgenommen wird: Serotonin, Dopamin und Morphium. Serotonin wird gar als „Glückshormon" bezeichnet. Es ist eine wichtige Voraussetzung für das Glücksempfinden, da es Furcht- und Angstzustände dämpft und zur Gemütsruhe führt. Der Botenstoff Dopamin steuert unser Verlangen nach Glück und Morphium führt zu einer wohligen Entspannung, die in Glücksmomenten erlebt wird.

Die physiologischen Abläufe und Reaktionen sind individuell festgelegt. Zwar können diese Prozesse mit Psychopharmaka beeinflusst werden, aber grundsätzlich entscheidet darüber die genetische Festlegung. Wir sind dieser aber nicht vollständig ausgeliefert, sondern haben durchaus eine Chance, wie wir zu unserem Glück selbst beitragen können. Nachdrücklich muss man sich dabei mit der Lebenszufriedenheit auseinandersetzen, was aber nicht in diesem Abschnitt, sondern gegen Ende des Buches beim Buchstaben Z thematisiert werden soll. An dieser Stelle soll es um etwas anderes gehen, das nicht zu unterschätzen ist: unsere Einstellung den Menschen, Dingen und Sachverhalten gegenüber. Sehr trivial ausgedrückt geht es darum, ob das Glas als halb voll oder halb leer wahrgenommen wird. Zwar kann man aus einem notorischen Griesgram keine rheinische Frohnatur machen und umgekehrt. Aber auch der Griesgram hat eine Chance zur Verbesserung seines Gemütszustandes und seines Wohlbefindens.

Verdeutlichen wir den Sachverhalt an einem Beispiel, das wahrscheinlich jeden Tag für Tausende Arbeitnehmer zutreffen dürfte: Es gibt etliche Menschen, die bereits morgens muffelig zur Arbeit gehen. Sie sind noch zur Arbeitsstelle unterwegs, da geht ihnen schon alles mögliche Unangenehme oder gar Schlechte durch den Kopf. Die blöde Dienstbesprechung am Vormittag, das doofe Gespräch mit dem Chef noch vor dem Mittagessen, das Zusammentreffen mit der Kollegin, die man nicht leiden kann oder das Kundengespräch, das seit Tagen im Magen liegt. Mit solchen Gedanken öffnen sie die Tür zum Büro- oder Fabrikgebäude. Die miese Laune ist dann schon vorprogrammiert, bevor der erste Handschlag gemacht wird. Der Tag kann voraussichtlich nur schiefgehen. Was man erwartet, wird häufig eintreten.

In der Psychologie gibt es das Phänomen der sich selbst erfüllenden Prophezeiung („self-fulfilling prophecy"), was nichts anderes heißt, als dass das Ungute oder Schlechte, das erwartet wird, auch tatsächlich eintritt. Wenn die Menschen an ihrer Einstellung „drehen" würden, hätten sie eine Chance, den Tag ganz anders zu erleben. Man kann sich zum Beispiel sagen, die Dienstbesprechung oder das Kundengespräch oder das Zusammentreffen mit der Kollegin sind zwar alles andere als prickelnd, ja, eigentlich möchte man all das vermeiden. Aber: Die Situation ist nun einmal nicht zu ändern. Es ist, wie es ist. Anstatt mich aufzuregen und missstimmen zu lassen, akzeptiere ich die Umstände und mache das Beste daraus. Ich gehe folglich mit einer anderen Einstellung an die Bewältigung des Arbeitstages. So hinderlich mir die Dienstbesprechung erscheinen mag, ich werde mich einbringen und nach bestmöglichen Ergebnissen streben.

Auch das Chefgespräch löst alles andere als Euphorie aus. Vielleicht bietet es aber auch eine Chance, die mir noch verborgen ist. Also werde ich diese halbe Stunde nutzen und „definiere" sie um. Dahinter steckt eine zweitausendjährige philosophische Weisheit. Der griechische Stoiker Epiktet (um 50–125) stellte nämlich fest: „Nicht die Tatsachen selbst, sondern die Meinungen über dieselben beunruhigen den Menschen." Wenn ich meine Einstellung ändere, ändere ich auch meine Bewertung. Und damit ändere ich mein Gefühl. Es gibt bestimmt unzählige Situationen, die mit einer Einstellungsänderung erträglicher werden. Eine griesgrämige, ungute Grundhaltung kann darüber günstig beeinflusst werden. Eine andere Sicht der Dinge ist fast wie ein Schlüssel, der eine Tür zu einer anderen Perspektive öffnet, die – wenn schon nicht Anlass zur Euphorie gibt – doch zu mehr Gelassenheit und Optimismus beitragen kann.

Die Fünf in Mathematik des Söhnchens muss dann kein Anlass zum Familienkrach und zu Zukunftsängsten sein, sondern kann genutzt werden für Überlegungen, wie zukünftig besser verfahren werden und das Vertrauen in das Kind wieder gestärkt werden kann. Oder der Regentag im Urlaub, der nicht verteufelt wird, sondern die Chance auf einen ganz entspannten Tag im Museum bietet und für einen ausführlichen Saunabesuch genutzt werden kann. Oder der knapp verpasste Zug, weil die Stunde Wartezeit bei einer Tasse Kaffee mit dem sorgfältigen Lesen der Tageszeitung verbracht werden kann. Es fallen Ihnen bestimmt viele, viele weitere Beispiele ein. Drehen Sie ein wenig an der Schraube der Einstellung, schon sieht die Welt im wahrsten Sinne des Wortes ein wenig anders aus.

Zum Schluss ein Witzchen, ein Aphorismus oder sonst ein kluger Spruch

„Für uns bedeutet Freude: keine Schmerzen haben im körperlichen Bereich und im seelischen Bereich keine Unruhe verspüren."

Epikur, griechischer Philosoph, 341–270 v. Chr.

Identität oder: Ein starkes Selbst und eine gesunde Eigenwertschätzung schützen den Menschen und machen ihn souveräner

Die Geschichte

„Der Frieder und das Katherlieschen“ ist ein Märchen der Brüder Grimm. Während der Bauer Frieder auf dem Feld seiner Arbeit nachgeht, soll seine junge Ehefrau Katherlieschen ihm ein gutes Essen vorbereiten. Doch bei ihr geht alles schief. Die Wurst, die sie ihm brät, stiehlt der Hund, während sie für ihren Mann frisches Bier aus dem Keller holen will. Sie rennt dem Hund hinterher, derweil läuft das Bierfass über. Sie will den Kellerraum mit einem Sack Mehl trocknen, nun ist alles verloren: das Bier, die Wurst und das Mehl. Auch im Weiteren stellt sich Katherlieschen ungemein ungeschickt an. Frieder trifft zwar Vorsichtsmaßnahmen, aber selbst sein Gold wird seiner Frau geraubt und nur mit Mühe können die Eheleute es zurückgewinnen. Da sie zu kaum etwas zu gebrauchen ist, schickt er sie aufs Feld. Dort zerschneidet sie in ihrer Ungeschicklichkeit ihr Kleid, statt die Feldfrüchte zu ernten. Verwirrt schläft sie ein. Nach einer Weile wacht sie auf, orientierungslos und halbnackt. In diesem Zustand fragt sie sich: „Bin ich's oder bin ich's nicht?“ Sie gibt sich selbst die Antwort: „Ach, ich bin's nicht!“ Danach rennt sie nach Hause, klopft ans Fenster, um Frieder zu fragen, ob das Katherlieschen denn zu Hause sei. Frieder antwortet, ja, das Katherlieschen sei wohl zu Hause und schlafe. Jetzt ist das Katherlieschen von ihrer Nichtexistenz überzeugt und läuft fort. Es geschieht danach noch einiges mehr, selbst Diebe werden von ihr ins Dorf geführt und sie wird gar für den Teufel gehalten.

Zunächst liest sich das Märchen recht lustig, doch wendet sich die Geschichte ins Tragische und bekommt schließlich etwas Bitteres. Was dem Katherlieschen widerfährt und wie es ihr ergeht, kann als Depersonalisation, zumindest als tiefgreifende Identitätskrise interpretiert werden. Sie weiß am Schluss nämlich nicht mehr, wer sie eigentlich ist und ob sie „drinnen oder draußen“ ist. Im Prinzip kommt in diesem Märchen die Angst des Menschen zum Ausdruck, sich selbst fremd zu werden. Unheimlich wird es dann, wenn die Bewusstseinsspaltung in den Blick genommen wird, die in der Geschichte gesehen werden kann. Das Katherlieschen weiß einfach nicht mehr, wer es ist. Wollen wir einmal nicht bis zur Depersonalisation oder Bewusstseinsspaltung gehen, die eine massive psychische Störung und damit etwas Pathologisches ausmachen. Sondern begnügen wir uns damit, dass das Märchen eine Identitätskrise beschreibt, die jeden Menschen treffen kann. Spätestens dann, wenn Sie sich fragen: „Wer bin ich eigentlich?“ oder „Wer bin ich wirklich?“ versuchen Sie eine Selbstvergewisserung. Diese Fragen werden sich in den verschiedensten Situationen viele Menschen stellen. Die Antworten dürften nicht einfach ausfallen. Und wahrscheinlich finden nicht wenige eine von dem Schriftsteller Ödön von Horváth geäußerte Auffassung ziemlich richtig, der einmal formuliert hat: „Eigentlich bin ich ganz anders, ich komme nur so selten dazu.“

Hinter diesem Satz verbirgt sich in der Sprache der Soziologie ein Rollenverhalten, das wir je nach Situation variieren oder sogar ändern. Wie Schauspieler begeben wir Menschen uns in völlig verschiedene Rollen. Wenn ich z. B. als Vater auftrete, „spiele“ ich anders als in meiner Rolle als Vorgesetzter oder als Mitglied meiner Fußballmannschaft oder als Kandidat für ein politisches Amt. Tagtäglich vollzieht der Mensch diese Rollenwechsel, manchmal äußerst abrupt. „Spielt“ er am Frühstückstisch noch den dominierenden, übel gelaunten Ehemann, kann er sich keine Stunde später im Büro seiner Sekretärin gegenüber als liebenswürdiger Zeitgenosse präsentieren, um in dem Vormittagsmeeting seinen Mitarbeitern rüde klar zu machen, wer der Boss ist, um bereits in der Mittagspause jedoch mit einem Geschäftspartner geradezu großzügig und zuvorkommend umzugehen. Wer ist nun dieser Mensch wirklich? Alle, die mit ihm umgehen, dürften deutlich abweichende Meinungen über ihn äußern. Er zeigt in den verschiedenen sozialen Situationen ganz unterschiedliche Gesichter.

Zumeist kommen wir Menschen damit zurecht. Auch wenn in Rechnung gestellt werden muss, dass man selbst in Rollenkonflikte geraten kann. Oft ist man sich darüber bewusst. Wenn ich zum Beispiel in der Vaterrolle streng sein möchte, aber meine Ehefrau von mir als Ehemann den Kindern gegenüber ein nachsichtiges und großzügiges Verhalten erwartet, muss ich zwischen der Vaterrolle und der des Ehemannes entscheiden. Wer sich das klarmacht, kann damit besser umgehen. In unserem Zusammenhang soll eher auf die angesprochene Selbstentfremdung näher eingegangen werden. Dabei geht es um die Gefahr, das Leben eines anderen zu leben oder – etwas allgemein gesprochen – sich selbst zu verlieren. Das wäre ein alarmierender Zustand. Ein gutes Leben kann sich daraus nicht ergeben.

Gehen wir den Begriffen „Identität“ und „Selbstwert“ zunächst ein wenig genauer nach. Dabei soll eine Orientierung an Erik Eriksons psychoanalytischer Identitätstheorie erfolgen. Im Prinzip geht es dabei um die Lebenserfahrungen, die ein Mensch zu einem Gefühl der Einheit und Ganzheit zusammenfassen können sollte. Eine Identitätsbildung vollzieht sich in den verschiedenen Lebensphasen, die an vielfältige Voraussetzungen gebunden sind und in denen Konflikte bewältigt werden müssen. Bereits im ersten Lebensjahr geht es um die Entwicklung eines Ur-Vertrauens (oder im Falle ungünstiger Entwicklung: um Ur-Misstrauen), womit ein Gefühl des Sich-Verlassen-Könnens auf die Eltern und auf sich selbst gemeint ist. Eine Identitätsbildung kristallisiert sich dann in der Phase der Adoleszenz heraus, die allerdings lebenslang weiterentwickelt wird. Falls es nicht zu einer Identitätskrise kommt, entwickelt sich nun eine Ich-Identität, die den Menschen die Bereiche seines Lebens akzeptieren lässt, er sein Leben als einzigartiges und zusammenhängendes Ganzes erfahren kann und einen roten Faden in seinem Leben erkennt. Dabei geht es auch um ein Einverstanden-Sein mit seiner Lebensgeschichte. Wer in diesem Sinne „eins mit sich wird“, erreicht nach Erikson Integrität.

Damit verbunden ist ein starkes Selbstwertgefühl. Bei diesem Selbstwertgefühl geht es um Vertrauen in sich selbst und in die Welt, aber auch um die Entdeckung seiner Einmaligkeit und Einzigartigkeit. Das ist nicht arrogant gemeint. Es geht beim Selbstwertgefühl vielmehr um den eigenen Wert und um die einmalige Würde der Person. Schon in einem vorangegangenen Abschnitt wurde diese Würde eines jeden Menschen hervorgehoben, die völlig unabhängig davon ist, ob jemand mächtig, reich, hochbegabt und intelligent ist. Nun ist die Sache nicht so einfach. Identitätsbildung kann schiefgehen, das Selbstwertgefühl eines Menschen fehlen. Wer als Kind von seinen Eltern abgelehnt, wer immerzu kritisiert und wem nie etwas zugetraut wurde, dürfte eher ein Ohnmachts- als ein Selbstwertgefühl im Laufe seines Aufwachsens entwickeln und dann eventuell ein Leben lang unter einem geringen Selbstwert leiden. Der Mensch kann sich dann wertlos fühlen, eine geringe Meinung von sich selbst haben, und weil mit dem Selbstwert immer auch schon Selbstvertrauen zusammenhängt, ist es um dieses Selbstvertrauen ebenfalls schlecht bestellt. Das Selbstwertgefühl ist nicht einfach gegeben, es ist auch nicht angeboren, sondern wird je nach Erfahrungs- und Lernwelten beim Aufwachsen mehr oder weniger gut entwickelt und aufgebaut. Gehen wir nun von der Situation eines nicht gut entwickelten Selbstwertgefühls aus und der damit verbundenen und entscheidenden Frage, wie dieses Gefühl besser entwickelt und gestärkt werden kann.

Für ein gutes Selbstwertgefühl ist es wichtig, dass ein Mensch gewissermaßen „Ja" zu sich sagen kann, d.h. sich annehmen und in seiner Ganzheit akzeptieren kann, letztlich sich selbst lieben kann. Nun wird es genügend Situationen geben, in denen sich ein Mensch unwohl fühlt. Er wird schnell rot im Gesicht bei einem Gespräch mit einem Vorgesetzten, hat Redehemmungen angesichts einer großen Gruppe, bekommt Herzklopfen, wenn er vor versammelter Mannschaft seine Meinung äußern soll. Ein anderer geht bereits nach dem Aufstehen vor dem Spiegel im Badezimmer hart mit sich ins Gericht. „Wie sehe ich heute wieder aus?" Mit angewidertem Gesicht schreckt man vor sich selbst zurück. Anscheinend ist die Haut zu fahl, die Nase zu groß, die Lippen zu schmal, das Haar zu stumpf. Die nächste fühlt sich seit der Pubertät zu groß gewachsen, mit zu wenig Busen ausgestattet; eine andere beklagt seit Jahren ihre Figur, mäkelt zudem an dem zu runden Gesicht herum und würde am liebsten zum Schönheitschirurgen gehen. Wieder ein anderer beklagt seine mangelnden Fremdsprachenkenntnisse, er leidet darunter, nie das Abitur abgelegt zu haben und vergleicht sich in einem fort mit Menschen, die ihm all das voraushaben. Dann gibt es noch denjenigen, der rasch eifersüchtig ist und damit seine Beziehung belastet. Und eine weitere weiß um ihren Neid, der sie ständig plagt und sie zur Missgunst führt, die sich häufig als Abwertung anderer Menschen Ausdruck verleiht. All dieses allzu Menschliche könnte ohne große Schwierigkeiten noch weiter ausgebreitet werden. Bei allem geht es um unsere Schwächen oder Schattenseiten.

Der Begriff „Schattenseiten“ stammt von dem Psychiater Carl Gustav Jung, der in der Annahme des Schattens eine Voraussetzung für ein starkes Selbstwertgefühl erkennt. Es ist wichtig, nicht nur seine Stärken und das womöglich Großartige anzuschauen. Als Mensch sollte das weniger Schöne, das Mangelhafte und Ungute ebenso in den Blick genommen werden. Auch der Mensch bewegt sich in seinem Dasein zwischen Polen: Er ist sowohl der Liebe als auch der Aggression fähig, er kann ungemein fleißig aber auch recht faul sein, er ist einerseits mutig, andererseits gibt es auch die Angst, die in bestimmten Situationen dominiert. Wir Menschen sollten sehr realistisch uns selbst gegenüber sein. Zu unserer Selbstannahme gehört dann, nicht nur das schöne Bild von uns zu sehen, sondern auch mögliche Mängel anzuerkennen und zu akzeptieren. D.h. nicht, dass der cholerisch Veranlagte seine Wut einfach ausleben sollte oder der Eifersüchtige bei jeder Gelegenheit eine Szene machen darf. Die Mängel entheben uns nicht, an uns zu arbeiten. Es geht nicht um eine Generalabsolution mit dem Verweis, so bin ich nun einmal und so lebe ich mich eben aus. Das wäre zu billig und würde ein bequemes Einrichten zulasten der Mitmenschen und der Umwelt ausmachen. Mit einem souveränen Verhalten hätte das nicht viel zu tun.

Jedoch: Bei allem Arbeiten an sich selbst gehört es für den Aufbau eines gesunden Selbstwertgefühls unbedingt dazu, dass man sich mit seinen Schwächen und Schattenseiten aussöhnt. Im Übrigen ist die Aussöhnung mit sich selbst eine ganz und gar wichtige Dimension. Auch die Aussöhnung mit der eigenen Lebensgeschichte gehört in diesem Zusammenhang dazu. Es gibt wahrscheinlich bei keinem Menschen ein Leben ohne Niederlagen, Brüche, Schicksalsschläge, Versagen und Versäumnisse. Vor allem, wenn im Kopf eine Schuldfrage herumspukt, die drückt und belastet, sollte man sich nicht ein Leben lang damit quälen.

Auch das ist einfach gesagt, verlangt jedoch eine große Mühe, deren erster Schritt ein genaues Betrachten dessen sein sollte, was man „verschuldet“ hat. „Verschuldet“ steht nicht umsonst in Anführungszeichen. Natürlich wird es oft genug vorkommen, dass jemand seine Partnerin oder seinen Partner betrügt und die Ehe oder die Beziehung deshalb auseinanderbricht und scheitert. Selbstverständlich vergibt sich mancher eine berufliche Chance, die nie wieder kommt, weil im entscheidenden Moment ein Fehler gemacht wurde. Und der heftige Streit mit einem nahen Familienangehörigen, der dann plötzlich stirbt, ohne eine Chance auf eine Aussöhnung, dürfte manchen Zeitgenossen niederdrücken, und das furchtbar böse Wort, das er ihm damals an den Kopf geworfen hat, kann nicht mehr entschuldigt werden.

Kein Mensch ist unfehlbar, es ist eine der Schattenseiten, die uns zu Äußerungen und Handlungen führen, die „Schuld“ auf uns laden. Ohne es beschönigen zu wollen muss aber das zutiefst Menschliche darin erkannt werden, das eben auch ein Leben ausmacht. Nun sind die Dinge geschehen und nicht mehr korrigierbar. Das ist bei vielen auch der Fall, wenn das Aufwachsen in einem Elternhaus alles andere als schön war. Weil der Vater cholerisch zugeschlagen hat, weil die Mutter die ersehnte Liebe nicht geben konnte, weil ein Bruder oder eine Schwester schwer krank wurde und verstorben ist. Das sind furchtbare Umstände, schlimme emotionale Verletzungen, die ausgehalten werden mussten und die einem noch im fortgeschrittenen Erwachsenenalter zu schaffen machen können.

Aber wir haben als Menschen auch eine Wahl. Wir sollten erkennen, dass wir nicht zwingend abhängig sind von Ereignissen, die Jahre oder Jahrzehnte zurückliegen. Wir sollten nicht hadern mit einer verfehlten Erziehung, die uns als Kind und Jugendlicher zuteil geworden ist. Wir sind nicht dauerhaft abhängig von diesen Geschehnissen, und wir sollten diesen nicht zu viel Macht über uns geben. Hilfreich ist es, dieses Geschehen oder diese Situation wirklich anzuschauen, sie anschaulich zu machen. Man kann sogar ein Bild dazu malen. Sich diese Umstände deutlich vor Augen führen. Sie akzeptieren, auch wenn sie nicht immer verstanden werden können. Wie soll man auch verstehen, dass man vom Vater abgewiesen oder gar geschlagen wurde? Wie soll die Blamage in der Schule verstanden werden, die einem durch einen gehässigen Lehrer zuteil wurde, dem die Herabwürdigung offenbar Freude bereitet hat? Aber man kann das alles akzeptieren. Es ist geschehen, nicht mehr zu ändern und Teil meines Lebens. Wer einen vertrauten Partner an der Seite hat oder einen sehr guten Freund, kann all das auch mit ihm besprechen. Es aussprechen ist eine weitere Möglichkeit, die Erleichterung schaffen kann. Das ist nicht nur für das Selbstwertgefühl von Bedeutung, sondern für unseren inneren Frieden. Ohne diesen inneren Frieden kann man kaum ein freundschaftliches Verhältnis zu sich selbst entwickeln. Sich in seiner Ganzheit anzunehmen, auch mit dem, was verbesserungswürdig oder veränderungswürdig erscheint, ist eine Voraussetzung für ein gelingendes Leben.

Von der Aussöhnung mit sich selbst wurde gerade schon gesprochen. Man kann sich auf jeden Fall eingestehen, falsch gehandelt, ungut agiert oder sich dumm verhalten zu haben. Doch dann kann man es auch gut sein lassen. Es muss nicht zu einem Dauerthema und zu einer Dauerlast werden, die ich mit mir herumschleppe. Es tut mir vielleicht weh, es ist alles andere als ein Ruhmesblatt für mich, aber es ist lange her und vor allem nicht mehr zu ändern. Also lasse ich es gut sein. Es gehört zwar weiter zu mir und meinem Leben, jedoch versöhne ich mich damit und habe dadurch die Chance, dass es mich nicht mehr plagt. Die Aussöhnung mit sich selbst, die Akzeptanz des eigenen Lebensweges mit seinen Höhen und Tiefen ist das eine, das andere, das in diesem Zusammenhang genannt werden muss, ist die Aussöhnung mit dem anderen.

Menschen, die uns Unrecht getan haben, die uns vor den Kopf gestoßen, in der Seele verletzt oder ausgetrickst haben: lange her, nicht mehr zu ändern – und trotzdem können mich nach Jahrzehnten Rachegedanken umtreiben, Wut und Zorn in mir aufsteigen. Derartiges kann gerade am Beispiel besonders enger Beziehungen veranschaulicht werden. Es gibt Söhne, die nicht mehr mit ihren Vätern sprechen. Oder Töchter, die vordergründig froh sind, wenn sie nichts mehr von ihrer Mutter hören. Oder Geschwister, die sich seit Jahren aus dem Weg gehen und geradezu einen Hass auf sich haben können. Es mag Gründe für all das geben; Ereignisse und Vorkommnisse, die damals, vor weiß Gott wie vielen Jahren, diesen Streit ausgelöst haben, der nicht mehr befriedet werden konnte. Und jetzt? Nach zehn, zwanzig Jahren? Immer noch daran festhalten? Immer noch innerlich beben vor Wut, wenn man bloß daran denkt? In dem anderen nach wie vor den Gegner, ja den Feind sehen? Welch Verschwendung von Energie! Seien Sie versichert, einer der größten Energieräuber für den Menschen ist das Aushalten und Weitertragen von Konflikten. Wenn solche Konflikte familiär eine Rolle spielen, ist das umso massiver. Dabei gibt es eine bessere Lösung. Wie wäre es mit dem Versuch einer Versöhnung, einer Geste des aufeinander Zugehens? Man müsste „nur" den ersten Schritt machen. Und nicht glauben, dadurch würde man sich etwas vergeben. Sondern an die Chance denken, die ein Versöhnungsschritt bietet. Zwar muss damit gerechnet werden, dass der andere einfach seinen Beton hinstellt und die gute Absicht verpufft. Aber die Chance auf eine positive Reaktion ist zumindest ebenso groß. Wer sie nutzt, gewinnt im Falle des Erfolgs eine Menge Energie zurück.

Zwei weitere Dimensionen für ein gutes Selbstwertgefühl können empfohlen werden. Sie wurden bereits im

Kapitel „Freude“ angesprochen, sollen aber kurz wiederholt werden, da sie so wichtig sind: Einerseits wird das Vergleichen mit anderen kritisch gesehen. Solch ein Vergleich führt häufig dazu, dass man sich unterlegen, rückständig oder zweitrangig fühlt. Vorsicht demnach beim Vergleichen. Allzu rasch sieht man sich als Verlierer. Für den Aufbau eines gesunden Selbstwertgefühls ist andererseits ein Maß an Unabhängigkeit von der Meinung und Stimmung anderer sinnvoll. Es soll nicht so sein, dass ich mich gänzlich unabhängig von anderen mache. Es kommt darauf an, *wie viel* Macht ich anderen über mich gebe. Ob ich mich anpasse, nur die Meinung des anderen nachplappere und mich vor allem im beruflichen Umfeld zum Meinungspapageien mache, der darauf schielt, welche Meinung der Chef vertritt, um sich dieser dann anzuschließen, auch wenn man davon alles andere als überzeugt ist. Hart ausgedrückt wird man allzu rasch zum Speichellecker, wenn wegen eines Vorteils willen oder um sich lieb Kind zu machen in eine unterwerfende Position gegangen wird. Mit dem Selbstwert kann es dann nicht zum Besten bestellt sein.

Um wieder einem Missverständnis vorzubeugen: Es geht nicht um ein Opponieren, um eine ständige Abgrenzung gegenüber anderen. Wenn Menschen zusammenarbeiten, müssen sie Rücksicht nehmen, Kompromisse eingehen und auch aus Loyalitätsgründen Entscheidungen und Meinungen mittragen, hinter denen sie selbst nicht unbedingt stehen. Es wird dann ungut, wenn gar keine eigene Meinung mehr artikuliert wird. Oder wenn man gar bei der Meinungsbildung darauf achtet, was die Chefetage meint und sich dann dieser Meinung anschließt. Oder wenn man spürt, dass eigene Wertvorstellungen und Grundüberzeugungen hintan gestellt werden oder – was gar nicht so selten vorkommen soll – man in vollem Bewusstsein sein Fähnchen in den Wind hängt.

Als in Baden-Württemberg ein Regierungswechsel vor wenigen Jahren anstand, gab es in manchen Ministerien einige Beamte, die tatsächlich der bis dahin regierenden Mehrheitspartei den Rücken kehrten und nach noch nicht einmal einer kurzen Schamfrist das Parteibuch der nun an der Macht befindlichen Partei besaßen. So kann man auch Karriere machen, was manchen auch trotz dieser ausgeprägten Charakterschwäche und dieses an und für sich beschämenden Verhaltens gelungen ist. Zwar steigt ein solcher Mensch in der Liga der hohen Beamtenschaft auf, aber wer ein solches Geleerückgrat aufweist, weist wohl kaum einen Selbstwert auf. Mit Integrität hat das sowieso nichts zu tun. Man hat beruflich zwar mächtig etwas erreicht, aber man hat dafür auch ein Stück seiner Seele verkauft. Das sollte sich jeder und jede nicht nur zweimal überlegen. Inwieweit kann man dann noch zu sich stehen, sich mit dem, was man tut, identifizieren und mit sich selbst eins sein? Bei allem Streben und Vorankommen gibt man anderen zu viel Macht, macht sich abhängig und zahlt dafür mit Sicherheit einen Preis.

Zum Schluss ein Witzchen, ein Aphorismus oder sonst ein kluger Spruch

„Angenommen, ich habe 10 Äpfel, du nimmst 10 weg.
Wie viele bleiben dann übrig? "
„Keiner."
„Falsch, alle 10! Du hast sie ja nur weggenommen,
nicht aufgegessen.
Angenommen, du isst alle 10 auf.
Wie viele bleiben dann übrig?"
„Keiner."
„Falsch: Keiner kann nicht übrig bleiben, da er ja keiner ist.
Daher müssen alle übrigbleiben, nur nirgends!"

Jugendwahn oder: „Optimierung bitte! Koste es, was es wolle."

Die Geschichte

Hermann Latuske geht auf die Sechzig zu. Er ist zum zweiten Mal geschieden, beruflich bestens situiert, wofür er allerdings nach wie vor ein ganz erhebliches Engagement zeigen muss. Sein Beruf fordert ihn immer öfter sehr heraus, bisweilen bis zur Überforderung, was er jedoch niemals zugeben würde. Aufgrund seines Vermögens und seines Einkommens kann er sich einen überdurchschnittlichen Lebensstil leisten. Seit Jahren achtet er auf seine Ernährung, er raucht nicht und trinkt eher selten Alkohol. Hierfür bringt er viel Selbstdisziplin auf.

Manchmal kann er sich aber dann doch nicht kontrollieren. Wenn er einen Fressanfall hinter sich oder gar zu tief ins Glas geschaut hat, hadert und schimpft er mit sich selbst und fühlt sich nicht nur einen Tag lang richtig mies. Zweimal in der Woche besucht er ein Fitnessstudio, an den Wochenenden pflegt er sein Hobby: Harley-Davidson-Ausfahrten in der warmen Jahreszeit und Skifahren, wenn Winterwetter angesagt ist. Seine Kleidung wählt er sorgfältig aus. Kummer bereiten ihm seit einigen Jahren allerdings sein Haarausfall und einige körperliche Entwicklungen, die er kaum akzeptieren kann. So spürt er ein Nachlassen seiner Kraft, übrigens auch seiner Manneskraft, seine Muskulatur lässt trotz des regelmäßigen Trainings zu wünschen übrig. Zudem hat sich ein urologisches Problem eingestellt, er muss zwischenzeitlich nachts auf die Toilette. Auch das eine oder andere weitere Zipperlein plagt ihn hin und wieder. Gelenkschmerzen in den Ellenbogen und den Knien gehören ebenso dazu wie Sodbrennen und eine nachlassende Sehkraft.

Da er nach wie vor gerne (junge) Frauen beeindrucken will, hat er sich ein nicht allzu kleines Medikamentenarsenal zugelegt. Für seinen Muskelaufbau schluckt er spezielle Präparate, seine Potenzprobleme löst er mit Viagra. Derzeit plant er eine Haartransplantation, wobei ihm dabei ein Bundesligatrainer als Vorbild dient. Sein dauergebräuntes Gesicht zeigt nun auch schon länger die Spuren seines Lebens. Wegen der zunehmenden Falten in letzter Zeit war er bei zwei Hautärzten, die ihm aber klar sagten, dass er seine Haut überstrapaziert hat mit den vielen Solariumsbesuchen. Cremes und sonstige Tinkturen oder Wässerchen könnten nichts mehr bewirken. Vor allem solle er aufs künstliche Bräunen verzichten. Die Einschätzungen der Ärzte nerven ihn; einem stellte er die Frage, ob ein Face-Lifting das Richtige sei. Dieser Arzt hatte dafür wenig Verständnis und ihn auf sein Alter verwiesen, das man auch mit ein paar ordentlichen Falten genießen könne. Sein Abraten ärgerte ihn, jetzt hat er einen Termin bei einem Schönheitschirurgen vereinbart. Am besten wäre es seiner Meinung nach, wenn die neuen Haare eingesetzt und gleichzeitig eine Gesichtsstraffung durchgeführt werden würde.

Wenn er in seiner martialischen Motorradkluft auf seiner Maschine unterwegs ist, macht er nach wie vor bewusst auf sich aufmerksam. Falls er auf seinen Ausfahrten eine ihm genehme junge Autofahrerin bemerkt, setzt er viel daran, auch dieser aufzufallen. Beim Skifahren, das er sehr gut beherrscht, muss er trotzdem neidisch feststellen, dass jüngere Jahrgänge ihm überlegen die Piste hinabrauschen. Schon mehrfach hat er in den letzten Wintern gewagte Manöver praktiziert, nur um aller Welt zu beweisen, dass er mit Zwanzigjährigen angeblich locker mithalten kann. Im Büro oder im Freundeskreis berichtet er dann auch gerne über dieses Mithalten-Können mit den Jungen, die von ihm noch einiges lernen könnten. Sein Ehrgeiz drangsaliert ihn dabei mächtig. Schon mehrfach wurde er gewarnt, es langsamer angehen zu lassen und seinem Alter Rechnung zu tragen.

Seit Jahren versendet er vor Weihnachten an seine Freunde und Bekannten einen Jahresbrief. Eigentlich gut gemeint, weil er Weihnachts- und Neujahrsgrüße damit verbindet, bemerkt er nicht, wie man sich über diese E-Mail eher lustig macht. Diese „Jahresbeschreibungen" über vier oder fünf Seiten listen nämlich vor allem seine Vorzüge, seine Leistungen, Verdienste und Erfolge auf. Ein hohes Maß an Selbstlob und Selbstdarstellung, das ihm offenbar nicht bewusst ist, hinterlässt bei den Angeschriebenen bestenfalls ein Schulterzucken. Niemand hat ihn allerdings jemals darauf aufmerksam gemacht, dass die Sache nicht unbedingt gut ankommt. Selbst in seinem Freundeskreis wird hinter vorgehaltener Hand gemunkelt, Hermann müsse eben das Gefühl haben, der Größte zu sein.

Auf der letzten Silvesterfeier kam es dann zu einem bösen Streit mit seinen Freunden, als er wieder einmal seine neueste Flamme, eine Zweiundzwanzigjährige vorstellte. Einer aus dem Freundeskreis bemerkte dazu, dass derzeit wohl die Freundin gerade gezeugt werden würde, die er ihnen dann als Fünfundsiebzigjähriger vorstellen würde. Damit war der Abend jedenfalls gelaufen.

Tatsachen, Reflexionen, Anregungen

Mit Hermann Latuske haben wir einen ehrgeizigen Menschen vor uns. Das ist an und für sich lobenswert, aber wahrscheinlich haben Sie nicht überlesen, dass hier doch einiges aus dem Ruder läuft. Und dann ist das Ganze nicht mehr besonders lustig. Es scheint, er hat eine innere Stimme in sich, die ihm beständig befiehlt, er solle gefälligst mithalten können. Dafür muss er auf Selbstverbesserungsmaßnahmen achten, Unvollkommenheiten oder Schwächen gilt es auszumerzen oder zu kaschieren. Andere könnten schließlich besser oder ihm überlegen sein. Vermutlich vergleicht sich unser Hermann mit anderen, auch mit viel Jüngeren, denen er offenbar seine Vortrefflichkeit ebenso beweisen muss wie seinen jungen Freundinnen. Dass Altern etwas mit Nachlassen, gar mit Verfall zu tun hat, kann er nicht akzeptieren. Altern ist lästig, daher giert man lieber einem Jugend-Schönheitsideal nach, und wenn man sich damit noch so lächerlich macht.

Dieses Wegrennen vor dem Alter hat natürlich nichts mit Reife und Souveränität zu tun. Damit ich nicht falsch verstanden werde: Selbstverständlich muss sich der Mensch um seine Gesundheit, um seine berufliche Existenz sorgen. Ein ausschweifendes, unreflektiertes Dahinleben wäre auch völlig falsch. Vorsicht aber, wenn ein Optimierungsdruck ins Spiel kommt. Wenn ein Zuviel an Ego um sich greift und der Mensch ungemein Energien bindet und verschwendet, nur um eine Art Gottesdienst am Aufrechterhalten eines kaum mehr haltbaren Bildes zu leisten. Etwas, was dann nach außen wie perfekt aussieht, wird sich nach innen bestimmt noch lange nicht so anfühlen. Manches an Hermanns Verhalten dürfte etwas Zwanghaftes an sich haben. Diese Art von Perfektionismus, die selbst natürliche Verschleißerscheinungen oder eben das Lebensalter nicht akzeptieren kann, wird von seinem Umfeld, wie wir gesehen haben, nicht nur mit Hochachtung wahrgenommen.

Für einen solchermaßen extremen Perfektionisten stellt sich natürlich die Frage, warum er sich keine Schwäche erlauben kann, weshalb er unbedingt die Makellosigkeit benötigt und wieso er es immer noch nötig hat, andere zu beeindrucken. Man kann dazu viel spekulieren. Soweit nichts Weiteres bekannt ist, könnten latente Selbstzweifel eine Rolle spielen. Vielleicht will er immer noch Erwartungen genügen, die ihm in seiner Kindheit und Jugend von seinen Eltern nachdrücklich vor Augen geführt wurden. Derartige Erfahrungen können im „Eltern-Ich" gespeichert bleiben, das als unerbittlicher Antreiber ein ganzes Leben lang bestimmend sein kann. Der Begriff „Eltern-Ich" stammt aus der von Eric Berne und Thomas Harris begründete Transaktionsanalyse. Danach speichert das kindliche Gehirn die Regeln, Ermahnungen, Gebote und Verbote. Wenn der Mensch Anerkennung und Aufmerksamkeit nur bekommt, wenn er alles recht, möglichst perfekt macht und volle Leistung bringt, dann lernt er: Er ist nur etwas wert, wenn derartigen Erwartungen entsprochen wird. Mittelmäßigkeit kommt in solchen Fällen nicht mehr infrage. Da gibt es einen „inneren Richter", der mahnt, der ständig den warnenden Zeigefinger hochhält und der sich kaum zum Schweigen bringen lässt. Diese Form von Makellosigkeitsanspruch kann ein Einfallstor zum Unglücklichsein sein. Das damit verbundene Perfekt-sein-Wollen kostet Kraft und Energie. Zudem ist man verletzlich. Es existiert eine Angst, dem Soll-Wert nicht entsprechen zu können. Wenn dann von außen das Nicht-Perfekte bemerkt und angemerkt wird, kommt das einem nahezu unerträglichen Vorwurf gleich.

Die Angst, nicht zu genügen, nicht zu gefallen, darf nicht unterschätzt werden. Das Selbstwertgefühl ist allzu rasch angegriffen. Das muss auf jeden Fall vermieden werden. Um die Maske der Makellosigkeit aufrechtzuerhalten, setzen sich diese Menschen ungemeinem Stress aus. Wie kann man nun damit umgehen? Einen Königsweg gibt es auch dafür nicht. Aber ein erster Schritt könnte sein, dem inneren Antreiber, diesem Richter, einen Namen zu geben. Dann kann man mit ihm sprechen. Etwa: „Aha, du moralischer Zeigefinger willst mich wieder zum Verzicht zwingen. Okay, sage mir mal, weshalb du so streng mit mir verfährst? Gönnst du mir kein Vergnügen, weil du dir selbst keines erlaubst?" Auf diese Art etwa schafft man Distanz zu diesem Stressor. Als zweites scheint Humor nicht schlecht zu funktionieren. Man muss sich selbst auf die Schippe nehmen können, was zugegebenermaßen für Betroffene nicht einfach sein dürfte. Doch man kann sich von dieser piesackenden inneren Instanz ein Stück weit befreien, in dem man sich über deren Vorgaben lustig macht: „Ja, ja, du hast ja recht. Ich bin total unfähig. Stimmt, doch, doch, du triffst den Nagel auf den Kopf, bei mir ist Hopfen und Malz verloren." Man kann sich als drittes aber auch gegen diesen inneren Richter grundsätzlich wehren. Wenn er sich meldet, kann man – entschuldigen Sie bitte die Ausdrucksweise – klar sagen: „Leck mich am Arsch mit deiner ständigen Mäkelei!"

Ganz einfach ist all das nicht. Was tief in uns sitzt, lässt sich nicht von heute auf morgen abstellen. Vielleicht hilft es als viertes, wenn man sich hin und wieder Mittelmäßigkeit zugesteht, sich gewissermaßen ab und an mit Mittelmäßigkeit anfreundet. Schritt für Schritt kann man dem Richter, dieser inneren Instanz, dann seine Macht nehmen.

Zudem hat die Thematik noch eine weitaus größere Bedeutung. Wir leben im „Zeitalter der Selbstoptimierer". Damit einher geht ein mitunter regelrechter Zwang zur Selbstverbesserung und Selbstverherrlichung. Das können Sie Tag für Tag auf Facebook betrachten. Die Masse an positiven Posts, d. h. tolle Storys und brillante Fotos, geben das Gefühl, allen geht es gut, alle sind hübsch, schön und glücklich. Jeder und jede möchte sich gerne im besten Licht zeigen, sich möglichst hervorragend darstellen. Glückliche, fröhliche Gesichter, spannende, interessante Geschichten via Facebook, Instagram, Twitter – damit kann jeder eine sehr schmeichelhafte Version seiner selbst in der weiten Welt verbreiten. Von Neidgefühlen, Unglücklichsein, Unzulänglichkeiten, Einsamkeitsgefühlen oder Schwächen ist sehr, sehr selten die Rede. Zwischenzeitlich ist längst nachgewiesen, dass Nutzer dieser Seiten auf derartiger Schöne-Heile-Welt-Darstellungen mit Neid, Unzufriedenheit bis hin zu depressiver Verstimmung reagieren. Sie gehen dann auch zum Gegenangriff über. Und entgegen ihrer Frustrationen, ihrer Minderwertigkeitsgefühle oder ihrer Lageweile posten sie herrliche Bilder und geschönte Storys, die all die anderen User beeindrucken sollen.

Die Selbstoptimierung lässt sich angesichts der technischen Aufrüstungsmöglichkeiten zudem auf die weitere Lebensführung übertragen. Es gibt digitale Helfer, die im wahrsten Sinne des Wortes jeden Schritt kontrollieren. Sie messen nicht nur, wie viele Schritte man zurückgelegt hat, sondern auch, ob man sich eine bequeme oder gar faule Phase auf dem Sofa gegönnt hat. Sie können mit entsprechenden Apps ihren Alkoholkonsum überwachen und ihren Stresspegel messen. Wer einem Sport frönt, hat herausragende Möglichkeiten, alles – jeden Schritt und jeden Schnaufer, fast möchte ich sagen – wiederum bitte um Entschuldigung – jeden Furz – zu prüfen, zu messen und zu kontrollieren. Unvollkommenheiten und Schwächen können angegangen und bekämpft werden. Wir haben nun doch alles im Griff. Welch Illusion, alles unter Kontrolle zu haben! Viel Spaß bei dieser andauernden Optimierung kann ich da nur wünschen. Geht damit nicht Lebendigkeit verloren? Ist diese Form der Optimierung nicht etwas Technokratisches, eine Art der Dauerüberwachung – und diese wofür? Will man nichts mehr dem Zufall überlassen? Muss alles berechnet werden? Und heißt optimieren letztlich nicht immer auch, etwa aufzugeben oder zu verlassen, wenn sich Besseres findet?

Übertragen Sie ein solches Denken einmal auf menschliche Beziehungen. Schätzt und liebt man den anderen nur solange, bis sich Optimaleres findet? Zu weit gegriffen? Schauen Sie sich die „Berechnungsmodelle“ der Partnerbörsen an! Als wenn man Liebe berechnen könnte … Online-Partnersuche mag manchen zu ihrem Glück verhelfen. Aber das liegt dann bestimmt nicht an der Abstimmung von Profilen. Zufälle, Unwägbarkeiten, hirnchemische Vorgänge bis hin, ob man sich riechen kann – das sind die Umstände, die letztlich Liebe ausmachen. Liebe kann man letztlich nicht suchen, sie findet einen. Überraschend, durch Zufall, zunächst womöglich unbemerkt, dann überwältigend. Und nicht rechen- und berechenbar.

Unser Leben birgt Überraschungen. Es ist nicht einfach berechenbar. Vieles, auch wenn irgendein Wunsch oder eine Hoffnung übermächtig ist, kann nicht erzwungen werden. Das realistisch zu betrachten, hat nicht nur eine durchaus ernüchternde Komponente, sondern auch eine entspannende. Sich zuzugestehen, dass man doch nicht alles im Griff hat, dass man sich annehmen kann mit den Mängeln und Fehlern, die einen auszeichnen (!), und dass es Unverfügbares gibt, das all unsere ach so sorgfältigen Planungen, Berechnungen und Kontrollanstrengungen durchkreuzen kann – das ist das Leben, mit all seinem Fremden, Geheimnisvollen, Schrecklichen, Unwägbaren, aber auch überraschend Schönen und Verzaubernden. Eben ein Rätsel. Und weil wir Menschen Teil dieses Lebens sind: anzuerkennen, dass auch wir letztendlich ein Rätsel sind. Mit all unseren Wünschen, Träumen, Hoffnungen, Zielen. Wir können planen, steuern, kontrollieren und – ach ja – optimieren. Und es kann doch ganz anders kommen! Und zwar nicht nur, weil das Schicksal einen Streich spielt, sondern weil wir – welch Überraschung (?!) – uns plötzlich gänzlich anders als geplant verhalten, irrational etwa oder zumindest unüberlegt. Wir erkennen uns selbst nicht wieder, können kaum glauben, dass wir das sind, die da handeln. So ganz anders, so unvernünftig, so völlig dem entgegengesetzt, was ich mir vorgenommen habe. Auch wir haben Fremdes, Unbekanntes, Geheimnisvolles in uns. Manchmal zeigt es sich. Wenn wir dadurch nicht allzu sehr zu Schaden kommen, sollten wir auch diese Anteile in uns umarmen und lieben. Sie machen bestimmt eine Lebendigkeit aus, ohne die wir ärmer wären und die uns zeigt, es gibt unter der zur Schau gestellten Oberfläche noch viel Wertvolles, das uns bereichert und der Gefahr einer Reduzierung des Lebens auf eine möglichst optimale Außendarstellung trotzt.

Nochmal ein paar Worte zum Älter-Werden. Der Optimierungsgedanke hat einen zum Teil extremen Kult um den Körper entstehen lassen. Die Werbung hat ein Übriges zu einem Schönheitsideal beigetragen, das für genügend unglückliche Menschen sorgt, weil die Nase zu groß, die Lider zu schlaff, die Falten im Gesicht zu sichtbar, der Busen zu klein oder zu groß, die Oberschenkel zu dick und selbst Geschlechtsorgane nicht ausreichend schön von der Natur erschaffen worden sind. Da muss gespritzt, geliftet, gestrafft, gebleicht, gesaugt und abgepumpt werden. Der Traum von der makellosen Schönheit beschert Pharmaindustrie und Schönheitschirurgen übervolle Kassen und den zurechtgemeißelten, geglätteten und getunten Damen und Herren angeblich mehr Seelenheil. Schlauchbootlippen-Prominente und ordinär aufgepumpte Vollbusenstars bieten nicht nur anscheinend nachahmungswerte Anschauungsbeispiele, sondern zeigen auch, dass der Natur mit dem nötigen Kleingeld ein Schnippchen geschlagen werden kann. Risiken von Botox und Co., ganz abgesehen von den chirurgischen Eingriffen, werden ignoriert. Attraktivität ist das Schlagwort der Stunde und deshalb rüstet man gegen den eigenen Körper auf. Zwar gibt es nach wie vor keinen Mephisto, der wie in Goethes Faust mit einem Zaubertrank gegen das Altern locken kann. Aber wofür gibt es denn Augenbrauenkorrekturen, Barthaartransplantationen, Jochbeinaufbau, Nasenkorrekturen, Bauchdeckenstraffung, Hautabschleifung, Wadenimplantate, Fettabsaugung, Ohrenkorrektur, Handverjüngung und sogar eine Peniskorrektur, die übrigens mit 6000 bis 7000 € zu veranschlagen ist! Allein das Aufzählen dieser noch längst nicht erschöpften Liste kann einen erschaudern lassen.

Aber ganz so einfach ist es doch wieder nicht. Der Druck, mitzuhalten, steigt. Wer dem Ideal entspricht, bekommt eher die ersehnte Stelle. Es gibt bereits Unternehmen, die auf jugendliches Aussehen Wert legen und ältere Frauen rausekeln. Und es muss nicht besonders auf den Liebes- und Heiratsmarkt hingewiesen werden, auf dem diejenigen gute Karten haben, die frisch und attraktiv aussehen. Für die Älteren, die das mitmachen, gilt ebenso, sie müssten sich von etwas kurieren lassen, obwohl sie an und für sich gesund sind. Ihre gesellschaftlich angedichtete Krankheit nennt sich „Altern", und dagegen lässt sich schließlich etwas machen. Dabei geht es längst nicht mehr bloß um Bewegung, frische Luft, gute Ernährung und herkömmliche Körperpflegemittel. Der gewählte Schönheitschirurg darf gerne zu Skalpell, zum Bohrer, zur Säge greifen. So kann man auch Altersprophylaxe betreiben und ein Schönheitsideal aufrechterhalten, das offenbar Zufriedenheit oder gar Seelenfrieden verschafft. Oder etwa nicht? Immerhin wird häufig genug über all diese Eingriffe und Manipulationen geschwiegen. Ist da etwa Scham im Spiel? Zumindest darf von einem ausgeprägten Maß an Heuchelei und Verleugnung ausgegangen werden. Darüber sollte man sich nicht hinwegtäuschen.

Und manchmal vergeht einem dabei sogar das Lachen. Oder besser: das Lachen-Können. Das sei erwähnt angesichts einer die Sechzig schon überschrittenen Staatssekretärin, die zur Zierde eine Landesregierung beitragen durfte. Sie verfügte über die notwendigen finanziellen Mittel, um sich mehrfach das Gesicht und wohl auch Sonstiges straffen zu lassen. Wer die Frau – selbstverständlich schlanke Figur und sehr sorgfältig und bestens gekleidet – von hinten sah, dachte an eine junge Zwanzigjährige. Wenn sie sich dann umdrehte und man in ihr glattes Gesicht blickte, erschrak man. War das jetzt eine Maske? Alles wirkte so starr. Und noch nicht einmal ein natürliches Lächeln, geschweige denn ein befreites Lachen, gelang ihr. Die Haut schien zu reißen oder zu platzen, wenn eine unbedarfte Gesichtsregung getätigt wurde. Dieses unnatürliche Hartplastikgesicht wirkte alles andere als schön. Es sollte sich jeder und jede von uns überlegen, welchen Preis man gegebenenfalls für die Verwirklichung eines solchen „Schönheits"ideals zu zahlen bereit ist. Es muss zumindest gesehen werden, wie unbarmherzig ein Jugendideal daherkommen kann. Das, was Werbung suggeriert und produziert, kann einer antihumanen Vorstellung Rechnung tragen. Es ist einfach ein Gesetz des Lebens: Von der Jugend entfernt man sich zwangsläufig. Von Jahr zu Jahr, das ist der Lebensablauf. Soll sie zwanghaft aufrechterhalten werden, bedarf es einer Kombination von Kasteiung und Kontrolle. Trotzdem betrügt sich damit der Mensch. Selbst wenn er zum Äußersten greift und sich im übertragenen Sinne „selbst verletzt", weil er sich einer Operation unterzieht, ist sein Körper so alt, wie er ist.

Übersehen wird zur Gänze, wie viele Gesichter Schönheit haben kann. Menschen, die lieben, stellen das leicht fest. Im geliebten Menschen sieht man den schönsten, auch wenn dessen Aussehen alles andere als den Abbildungen der Hochglanzmagazine entspricht. Genauso steht es um die Schönheit, die bezaubert, wenn man dem Partner in die Augen blickt. Solch eine Schönheit hat etwas Intimes, Einzigartiges. Und sie hat nichts mit Manipulation zu tun.

Zum Schluss ein Witzchen, ein Aphorismus oder sonst ein kluger Spruch

Fragt ein Rentner seinen 70-jährigen Freund, der sich eine junge Freundin zugelegt hat: „Na, wie war dein erster Abend mit deiner Neuen?" – „Oje, eher enttäuschend. Wir haben in ihrem Zimmer Sekt getrunken und geplaudert. Plötzlich knipst sie das Licht aus und fängt an sich auszuziehen. Da hab ich natürlich gleich gemerkt, dass sie müde war und bin gegangen!"

Krisen oder: Was uns niederwerfen kann und wie man wieder gestärkt aufsteht

Die Geschichte

Familie Niedegger machte sich Anfang August, zur schönsten Sommerzeit, auf in den seit Langem geplanten Urlaub an der Côte d'Azur. Das Ehepaar freute sich mit den beiden Kindern schon während der Autofahrt auf den Campingplatz, den sie bereits vor zwei Jahren kennengelernt hatten. Da ihnen die Fahrt in einem Rutsch zu anstrengend erschien, hatten sie als Zwischenstation ein kleines Landhotel für eine Übernachtung südlich des Genfer Sees gebucht. Dort aßen sie vergnügt zu Abend, die Kinder gingen gegen zweiundzwanzig Uhr schlafen, Herr und Frau Niedegger saßen noch über eine Stunde auf der Terrasse und genossen einen hervorragend schmeckenden Weißwein. Als sie zu Bett gingen, war die Welt noch vollkommen in Ordnung. Am frühen Morgen erwachte Herr Niedegger. Ihm war übel, er litt an Sehstörungen und spürte seinen linken Arm nicht mehr. Ihm gelang es noch, seine Frau zu wecken. Sie musste erst zu sich kommen, dann allerding erschrak sie über alle Maßen. Ihr Mann konnte sich nicht mehr ordentlich ausdrücken. Er redete wie in Zeitlupe, dazu sehr undeutlich und verzerrt. Es dauerte über eine Stunde, bis der Notarzt und ein Krankenwagen eintrafen. Herr Niedegger wurde nach kurzer Untersuchung und Erstbehandlung in eine Spezialklinik gebracht. Schon beim Abtransport hatte er das Bewusstsein verloren. Am späten Vormittag stand die Diagnose definitiv fest: Schlaganfall. Wobei bleibende Schäden nicht ausgeschlossen werden konnten.

Nach drei überaus strapaziösen und verstörenden Wochen für die Familie wurde Herr Niedegger in eine Klinik nahe seines Heimatortes verlegt. Dort blieb er weitere vier Wochen, anschließend kam er in eine Reha-Klinik nach Norddeutschland. Wirtschaftlich ging es bereits zu dieser Zeit drunter und drüber. Ihr Schreibwaren- und Bürofachgeschäft, das ihren Lebensunterhalt sicherte, konnte zwar mit den vier Angestellten zunächst einigermaßen weiterbetrieben werden. Nach zwei Monaten wurde es allerdings ohne den Chef zunehmend schwieriger. Frau Niedegger, die bislang eher aushilfsweise im Geschäft mitgearbeitet hatte, fehlten die notwendigen fachlichen Kenntnisse. Zudem nahm sie die Krankheit ihres Mannes ungemein in Anspruch. Die Kinder verhielten sich zwar tapfer. Aber sie litten nicht weniger, vor allem, wenn sie ihren Vater besuchten, der immer noch nicht richtig sprechen konnte und auf einen Rollstuhl angewiesen war. Gegen Ende November musste Frau Niedegger in ärztliche Behandlung. Sie war körperlich und nervlich am Ende. Nur unter Aufbietung ihrer letzten Kraftreserven hielt sie durch. Die ärztliche Betreuung und eine vorübergehende medikamentöse Behandlung halfen ihr, zudem besuchte sie eine Selbsthilfegruppe, zu der sie über ihren Arzt Zugang gefunden hatte.

Vor Weihnachten kehrte ihr Mann nach Hause zurück. Es musste vieles anders werden. Sein Sprachvermögen hatte sich nicht mehr vollständig wieder herstellen lassen. Zudem blieb ihm eine körperliche Behinderung. Er wurde fast ein ganzes Jahr lang weiter behandelt. Seine Frau wuchs in dieser Zeit über sich hinaus. Trotz der finanziell angespannten Situation leistete sie sich eine Haushaltshilfe und nutzte die Zeit für Fortbildungen. Sie achtete sehr auf Ernährung, nahm sich auch „Auszeiten“, obwohl ihr das sehr schwer fiel. Im Ganzen war die Familie aber eineinhalb Jahre nach dem massiven Schlaganfall trotz der bleibenden Einschränkungen bei Herrn Niedegger wirtschaftlich wieder gut aufgestellt, der Familienzusammenhalt und das Familienglück zeigte sich ausgeprägter denn je. Frau Niedegger führte zu dieser Zeit bereits gekonnt und professionell das Schreibwaren- und Bürofachgeschäft zusammen mit ihrem Mann, der im Rahmen des ihm Möglichen seine früher selbstverständlichen Aufgaben ebenfalls wieder wahrnahm.

Tatsachen, Reflexionen, Anregungen

Es können übelste und böseste Dinge geschehen. Vom tödlichen Unfall eines Angehörigen bis zur Krebsdiagnose. Derartige Schicksalsschläge bedeuten eine vehemente Begrenzung des eigenen Lebens und die Gefahr, dass man sich dann seinem Schicksal ergibt, ist außerordentlich hoch und auch verständlich. Es ist leicht gesagt: Damit gibt man Handeln und Hoffnung auf. Das wirklich Schwierige eben: Es tut so unendlich weh. Die Intensität des Leids kann zu einem gänzlichen Kontrollverlust führen. Wenn ich jetzt trotzdem ein „Trotzdem“ formuliere, dann bestimmt nicht als theoretischer Schwätzer oder ahnungsloser Schönfärber. Die vorgestellte Geschichte, die auf einer wahren Begebenheit beruht, nahm glücklicherweise eine gute Wendung. Es hätte auch anders kommen können. Der Tod des Ehemannes und Vaters oder der wirtschaftlich-finanzielle Ruin mussten durchaus befürchtet werden. Nun könnte man sagen „Glück gehabt“, sicher, das stimmt. Aber man muss auch sehen, welche Energien freigesetzt wurden und welche Kräfte sich entwickelt haben. Vor allem Frau Niedegger, so schlimm es ihr erging, sie lag fast schon niedergeschlagen am Boden, erhob sich wie Phönix aus der Asche.

Diese Redensart geht auf einen antiken Mythos zurück. Bereits in der ägyptischen Mythologie gibt es den Benu („der Wiedergeborene“), oft dargestellt als Reiher, der in der Glut der Morgenröte verbrennt und aus seiner Asche verjüngt wieder aufersteht. Im antiken Griechenland wurde er als Phönix überliefert, ein mythischer Vogel, der am Ende seines

Lebens ein Nest baut, sich hineinsetzt und verbrennt. Nach Erlöschen der Flammen bleibt ein Ei zurück, aus dem nach kurzer Zeit ein neuer Phönix schlüpft. So bedeutet die heute benutzte Redensart das Verständnis von einem vollkommenen Zusammenbruch, dem aber eine Art Wiederauferstehung folgt. Unversehrt erscheint alles in neuem Glanz. Obwohl man alles schon verloren glaubte, erhebt sich der Mensch und hat sich von einem schweren Schlag erholt.

Machen wir uns nichts vor: Wer in eine Krise gerät, durchlebt wahrlich schwere Zeiten. Es ist für die Betroffenen dann – das sei hervorgehoben – wenig hilfreich, wenn gutmeinend erwähnt wird, dass das Wort Krise im Chinesischen etwas Doppeltes ausdrückt: nämlich sowohl Gefahr als auch Chance. Einem Betroffenen weismachen zu wollen, die Krise sei eine Chance, ist erst einmal Geschwätz. Falls die Krise wirklich zu einer Chance werden soll, müssen viele hilfreiche Faktoren aktiviert werden. Darüber wird dann doch selten oder gar nicht gesprochen. Wer sich in einer Krise befindet, sieht nahezu ausschließlich Gefahren, zumeist fühlt er sich zutiefst verängstigt und voller Sorgen. Sollten in dieser Situation gar einseitig die Chancen betont werden, kann das ziemlich kaltherzig, zynisch oder abwertend ankommen. Dem sowieso bereits gegebenen massiven Leidensdruck wird damit bestimmt nicht abgeholfen. Das Gegenteil könnte eher der Fall sein.

Schauen wir im Weiteren die Bedeutung des Begriffs „Krise“ genauer an. Sie kennen sicherlich Redensarten wie „Ich glaub’, ich kriege die Krise“. Das ist schnell gesagt und kommt rasch daher. Ursprünglich meinte der aus dem Griechischen stammende Begriff *krísis* „Beurteilung“, „die Meinung“ oder „Entscheidung“ und war auf die problembeladene Auffassung einer „Zuspitzung“ ausgerichtet. Das Krisenerlebnis wird von den Betroffenen zumeist als wirkliche Katastrophe erlebt, was wiederum etwa als „Niedergang“ übersetzt werden kann. Es fehlen Verhaltens- und

Reaktionsmuster und das Gefühl der Ohnmacht und des Ausgeliefertseins kommen ins Spiel. Ebenso spielen Unsicherheit und vor allem Angst eine Rolle. Das Leben scheint aus den Fugen zu geraten, nichts scheint mehr stimmig und Sinnlosigkeit macht sich möglicherweise breit. Bisherig verfügbare Lösungsstrategien verfehlen ihre Wirkung. Diese können Kampf und damit verbunden Wut sein. Wenn Derartiges nicht wirkt und alles als aussichtslos empfunden wird, können Verleugnung und Resignation ins Spiel kommen, und manchmal gerät der Mensch in eine Starre, die ihm keine Bewegung mehr möglich machen. Diese Katatonie (völlige Starre) lässt oft genug keinen Ausweg mehr sehen. Ein Selbstwert- und Vertrauensverlust tut in einer solchen Situation das Übrige. Selbstmordgedanken drängen sich ins Bewusstsein.

Wie kann ein Betroffener in einer derart desolaten Situation wieder Handlungs- und Steuerfähigkeit zurückgewinnen? Das Erleben und die Bewertung werden im Inneren bestimmt. D.h. Nervenbahnen im Gehirn sind entscheidend. Man muss sich das als ein neuronales Netzwerk (Verdrahtungen von Millionen Nerven) vorstellen, das ziemlich unabhängig von äußeren Reizen arbeitet. Die moderne Hirnforschung ist daher der Auffassung, dass Menschen in einer solchen Belastungs- und Herausforderungssituation zwar beraten und gewissermaßen von außen unterstützt werden können. Letztlich kommt es aber auf eine eigenständige Intervention des Betroffenen an. Das ist in der Praxis sehr schwierig. Als sicher gilt jedoch, dass unser Erleben multipel gestaltbar ist. Oder wie es Gunther Schmidt, Arzt, Mitgründer und Leiter des Milton-Erickson-Instituts Heidelberg, ausdrückt: Wir haben nicht ein „Ich“, sondern viele unterschiedliche „Ichs“. Hinter diesen verschiedenen „Ichs“ verbergen sich unterschiedliche psychophysiologische Netzwerke. Der erwähnte überaus schwierige Schritt ist die „Wahrgebung“ (also nicht „Wahrnehmung“) für eine Situation, die nicht Aussichtslosigkeit bestimmende neuronale Netzwerke aktiviert. Darüber kann dann wieder Handlungsfähigkeit gewonnen werden. Unbedingt hilfreich ist dafür eine soziale Unterstützung, vor allem Empathie und Wertschätzung durch andere, die die momentane kritische Sicht als lediglich eine der „Wahrheiten“ würdigen und darüber hinaus ein Gefühl des Vertrauens aufzubauen versuchen. Anders formuliert: Es müssen Ressourcen aktiviert werden, die der Betroffene aus dem Blick verloren hat. Dazu zählen zum Beispiel:

- Verständnis zeigen, aber durchaus auch sanft andere Sichtweisen ins Spiel bringen,
- Hoffnungsperspektiven aufbauen,
- Bewertung von Ereignissen verändern oder modifizieren,
- Selbstwert verbessernde Perspektiven entwickeln,
- Ziele entwickeln, die trotz aller Widerstände erreichbar sind,
- Unterstützung eines Denkens weg von „Entweder-oder“ hin zu einem „Sowohl-als-auch“.

Erschütternde Erlebnisse verletzen uns. Einen Schicksalsschlag dann noch mit etwas Gutem verbinden zu wollen, widerspricht zunächst dem menschlichen Denken. Diesem zum Trotz: Von Friedrich Nietzsche stammt der Spruch „Was mich nicht umbringt, macht mich nur stärker.“ Dem muss nicht unbedingt zugestimmt werden, aber ein Körnchen Wahrheit ist damit offenbar verbunden. Es gibt sicherlich Krisen, die vernichtend wirken. Ein gestärktes Hervorgehen gibt es dann nicht. Das böse Ereignis selbst lässt uns ebenfalls in kaum einem Fall „wachsen“. Jedoch: Bedeutsam ist die Frage, wie wir uns mit den Folgen auseinandersetzen. Und daran zeigt sich, dass Menschen aus Krisen auf jeden Fall gestärkt hervorgehen können. In solchen Fällen kann oft genug eine Weiterentwicklung beobachtet werden. Dabei sind es folgende Erfahrungen, die mit der Verarbeitung der Krise auf Erstaunliches hinweisen. Im Übrigen weiß in diesem Zusammenhang die Medizin oder wissen Ärzte und Psychotherapeuten am besten, dass im Falle bedrohlicher Krankheiten ohne Krise keine wirkliche Änderung und Fortentwicklung möglich ist:

- Manch einer entdeckt, wie viel stärker er ist, als er bislang jemals gedacht hat.
- Andere bemerken, über welche Werte oder Motive in ihrem Leben wirklich nachzudenken ist. Hierdurch kann es zur Setzung ganz neuer Prioritäten in der Lebensführung kommen, oder es entwickeln sich Interessen, die mit einem neuen Selbst- und Weltbild zusammenhängen.
- Mancher findet auch heraus, wer die wirklichen und wahren Freunde sind, die einem in schwierigen Situationen nicht im Stich lassen.
- Wer schwere Zeiten erlebt hat, entwickelt womöglich mehr Verständnis und Mitgefühl für andere. Er kann dann für andere als Helfer und Unterstützer auftreten. Wer Verbundenheit mit anderen empfinden kann, erfährt darüber selbst ein Vorankommen in seiner Menschlichkeit.
- Andere Lern- und Erfahrungsprozesse bewirken eine Stärkung und Weiterentwicklung. Wenn man z.B. entdeckt, wie verletzlich der Mensch doch ist, dass man natürlich auch selbst sterblich ist, dass das Leben als solches wohl nicht fair oder gerecht ist und man keinesfalls alles unter Kontrolle halten kann, dann wird der Mensch eventuell demütiger und wahrscheinlich dankbarer. Dankbar für das eigene Sein, für die eigene Wirksamkeit und dankbar gegenüber der Zeit, die man hat, wenn alles in Ordnung ist, kein Schmerz, keine Sorge, keine Krankheit oder keine sonst wie geartete Widrigkeit plagt. Es kann zu einer Wertschätzung eines ganz normalen Lebens kommen, die bislang gar nicht im Horizont des Denkens gewesen war. Wenn das Leben eher als Geschenk, für das man dankbar sein sollte, gesehen werden

kann, ist das bestimmt eine Ausrichtung, die Sinnhaftigkeit oder gar ein wenig Glücklich-Sein mit sich bringt.

- Nicht zu unterschätzen ist der Umstand, dass man durch einen schweren Schicksalsschlag im Glauben gestärkt werden kann. Diese religiöse oder spirituelle Ebene kann viel Gutes an sich haben. Der damit zusammenhängende Bezug auf eine höhere Macht (auf Gott) ist psychologisch sicherlich sehr wertvoll. Religion wird zu einer Ressource, die den Menschen stärkt und ihn nicht verzweifeln lässt, da er durch sie einerseits dem Schicksal Sinn zu verleihen vermag und sich anderseits immer getragen und beschützt weiß von dieser höheren Macht. Auch wenn es für manche abstrus klingen mag: Wer sich in einer solchen Situation als Kind Gottes erfährt, lebt in der Gewissheit, dass er nie tiefer fallen kann als in die Hände des barmherzigen Gottes.

Gefühlsregulation fällt beim Durchstehen einer Krise sicherlich besonders schwer. Da eine Krise unmittelbar mit einer Gefahrensituation einhergeht, kommt vor allem Angst ins ungute Spiel. Damit ist ein zentrales Alarm- und Abwehrsystem des Organismus in Gang gesetzt, das mit verantwortlich ist für den bekannten Ausspruch „Angst ist ein schlechter Ratgeber". An dieser Stelle wird nicht ausführlicher auf die Unterscheidung zwischen Furcht und Angst eingegangen. Nur so viel: Angst wird in Abgrenzung zur Furcht als übergeordnetes Gefühlsmuster angesehen, in dem neben der Furcht weitere Gefühle wie Ärger, Traurigkeit, Schuld und Scham ihren Platz haben. Angst kann ganz bewusst als Gefühl erlebt werden. Die neuronalen Schaltkreise im Gehirn sind natürlich unmittelbar beteiligt, wobei zentral die Amygdala (Mandelkern) zusammen mit dem Hippocampus von Bedeutung ist. Der Mandelkern liegt an der Innenseite des Schläfenlappens und gehört zum – entwicklungsgeschichtlich gesehen – älteren Teil des Gehirns. In einer solch erschreckenden und schrecklichen Situation reagiert das autonome Nervensystem. Stresshormone werden ausgeschüttet, der Blutdruck steigt, die Herzschlagfolge erhöht sich, der gesamte Körper wird auf eine Alarmstufe ausgerichtet. Der Hippocampus versorgt die Amygdala in solch aufgeladenen emotionalen Situationen mit Informationen. Die Amygdala speichert diese emotionalen Informationen, die später auch wieder abgerufen werden können.

Das geschieht nicht bewusst, d.h. die Aktivität der Amygdala ist längst nicht immer von Bewusstsein begleitet. Wenn jemand Angstreaktionen zeigt, kann er nicht mehr rational abwägen oder auf „vernünftige" Argumente ansprechen. Der Mensch „erstarrt" gewissermaßen in seiner Angst, Verstand und Vernunft können zumindest vorübergehend ausgeschaltet sein. Wenn die Amygdala aktiviert ist, werden über Projektionsbahnen andere Gehirnbereiche in Beschlag genommen. Der gesamte Cortex ist dann in Erregung. Eine Erregungssteigerung ist dann unausweichlich, wenn im Gehirn Acetylcholin ausgeschüttet wird. Gleichzeitig löst die Aktivität der Amygdala körperliche Reaktionen aus: Das motorische System kann erstarren, es kommt zum Zittern, Schweißausbrüche sind an der Tagesordnung, Flucht- oder Kampfreaktionen sind Ergebnisse hormonaler Vorgänge. Diese Körperreaktionen wirken wiederum auf das Gehirn zurück.

Wir müssen folglich von einem überaus komplizierten Geschehen ausgehen, wenn uns ein Angstgefühl erfasst, das gar nicht oder kaum kontrollierbar scheint. Mit einem bewussten Willensakt wird man die Angst nicht besiegen können. Eine Kontrolle über die Angst kann nur über Umwege gelingen. Wenn Angstreaktionen regelrecht gelernt worden sind, besteht eine Kontrollchance darin, sich exakt in solche angstauslösende Situationen zu begeben. Wer sich dem aussetzt, muss die dabei ausgelöste Angstreaktion bewusst ertragen, bis sie allmählich schwächer wird. Das kann ein unangenehmer und langer Weg werden, der am besten professionell begleitet und unterstützt werden sollte. Die Angst wird dabei nicht einfach gelöscht oder auf eine geheimnisvolle Weise „ausradiert“. Es geht vielmehr um eine Hemmung bisheriger neuronaler Schaltkreise, neben denen andere, neue neuronale Prozesse entstehen. Die bisher gebahnten Erregungsmuster sind zwar noch vorhanden, aber gewissermaßen deaktiviert, weil andere neuronale Schleifen die Erregung regulieren.

Für die in unserer Eingangsgeschichte erwähnte Frau Niedegger kann eine solche Entwicklung – so schwierig sie gewesen sein mag – die Rettung ausgemacht haben. Die schwere Erkrankung ihres Mannes mit all den damit einhergehenden Befürchtungen führte sicherlich zu massiven Ängsten. Es stand schließlich die Existenz der gesamten Familie auf dem Spiel. Lähmung, Erstarrung, Hilflosigkeit – die existenzielle Bedrohung dürfte alle Alarmsysteme aktiviert haben. Frau Niedegger schaltete dann im Entwicklungsverlauf wohl um auf „Kampf“, nahm die Situation an, akzeptierte die Widrigkeiten und ließ sich nicht von der Angst beherrschen. Sie hat sich nicht ihrem Schicksal ergeben, sondern sie wurde aktiv und prägte gewissermaßen neue Schaltkreise in ihrem Gehirn aus. Sie war zu „Umschaltprozessen“ in der Lage. Dass diese funktionieren, ist von ausschlaggebendster Bedeutung. Dann kann der Mensch wieder Antworten geben. Antworten auf völlig neue Umstände, auf andere Regeln und auf Ungewohntes und Nicht-für-möglich-Gehaltenes. Sie konnte die ungeheuerliche Krise im Zeitablauf beherrschbar machen. Voraussetzung dafür war zum einen das notwendige Lernen neuer Kenntnisse zur Führung eines Unternehmens. Zum anderen musste sie Herausforderungn annehmen und dabei bisherige Rollenmuster umstellen. Zudem galt es, andere Regeln der Lebensführung zu entwickeln. All das führte in Teilen zu einem anderen Denken und zu neuen Verhaltensweisen.

Zum Schluss soll sowohl noch etwas Kritisches als auch etwas zuversichtlich Stimmendes angesprochen werden. Es gibt Ereignisse im Leben, die sind in ihrer Wirkung ungeheuerlich: Von Arbeitslosigkeit über bedrohliche Erkrankungen bis hin zu Tod und Sterben reichen die unseligen Möglichkeiten. Dass der Mensch angesichts solcher Ereignisse resignieren kann, ist leider allzu verständlich. Die Frage ist, was mache ich in einer solchen Situation mit mir? Ich kann von Pech oder Bestrafung ausgehen und mich damit tatsächlich dem Schicksal ausliefern. Besser ist es, anzuerkennen, dass solche Dinge geschehen. Viele Menschen verdrängen diese Tatsache. Wer sich darüber Gedanken macht, gewinnt zumindest eine Sicht auf das Leben, die – soweit es einen von solchen Krisen verschont – dankbar und demütig machen kann. Das hat durchaus etwas mit Lebensqualität zu tun, weil man zu schätzen weiß, was es an Gutem im eigenen Leben gibt. Auch ohne Reichtum, ohne großartig erreichte Karriere oder ohne manch großartig gehegten Wunsch, der sich aber eben nicht verwirklichen lässt.

Ich möchte in diesem Zusammenhang auf eine kluge Überzeugung der Regisseurin Doris Dörrie verweisen. Sie erklärte: „Wenn man liebt, droht immer der Verlust ... Wie viel Zeit man zusammen hat, weiß man ja nicht." Was zähle, sei die Gegenwart: „Nicht zu fragen, was fehlt, sondern sich darüber zu freuen, was ist." Wer in eine Krise gerät, muss zumindest nach und nach wieder nach anderen Menschen Ausschau halten, die einem helfen können. Der soziale Rückzug darf, wenn überhaupt, nur für den ersten Moment ein Mittel der Wahl sein. Es würde sich verheerend auf das psychische Befinden auswirken, wenn dieser Rückzug zum Dauerzustand werden würde. Man benötigt Gefährten und Begleiter und nach solchen muss man suchen, wenn sie nicht gewissermaßen aus dem Verwandten-, Freundes- und Bekanntenkreis automatisch zur Verfügung stehen. Es gibt z. B. Selbsthilfegruppen, die zum Schutz werden können. Ebenso können psychologische Beratungsstellen bis hin zur Telefonseelsorge Ansprechpartner sein, so dass niemand im Krisenstrudel allein bleiben muss. Diese hilfsbereiten Menschen werden nicht immer etwas ändern können. Aber sie sind zu etwas in der Lage: Trost zu geben! Trost zu bekommen ist ganz wichtig. Das müssen sich gerade diejenigen unbedingt deutlich vor Augen führen, die jemandem in einer schweren Krise beistehen können.

Und auch wenn es an dieser Stelle ein wenig platt erscheinen mag: Es gibt eine Art Lebensgesetz, das eine fallende Kugel in den Blick nimmt. Tatsächlich stürzt die Kugel ab. Sie kommt jedoch irgendwann an den Tiefpunkt. Da „knallt" sie auf, danach springt sie nach oben, das ist unweigerlich so. Anders: Im Fallen ist man erst einmal ziemlich schutzlos. Eine Ordnung, die bislang Sicherheit geboten hat, löst sich auf. Doch genauso sicher ist – und darüber muss man sich im Klaren sein: Es wird zu einer neuen Ordnung kommen. Manches oder vieles wird dann anders sein. Doch wird es neue Regeln, neue Perspektiven und vielleicht sogar ein neues Licht in der Welt geben. Manchmal ist es in der Tat dunkel und ungemein beschwerlich und schmerzhaft. Der Mensch darf jetzt nicht liegenbleiben. Das ist natürlich einfach gesagt. Doch um noch einmal das erwähnte Lebensgesetz zu bemühen: Ich muss wieder in Bewegung kommen, dann kann ich wieder handeln. Es mag sein, dass ich dazu jetzt nicht in der Lage bin. Jedoch: Ich bin nicht prinzipiell nicht in der Lage dazu!

Zum Schluss ein Witzchen, ein Aphorismus oder sonst ein kluger Spruch

„Und so lang du das nicht hast,
dieses Stirb und Werde,
bist du nur ein trüber Gast,
auf der dunklen Erde."

Johann Wolfgang von Goethe, 1749–1832, aus: West-östlicher Divan

Lifebalance oder: Weshalb die Rede von einer Work-Life-Balance ziemlicher Unsinn ist

Die Geschichte

Carmen ist eine 34-jährige Assistentin der Geschäftsleitung in einem Großunternehmen der Automobilzuliefererbranche. Ihr Beruf fordert sie stark, es gibt kaum einen Tag, an dem sie vor zwanzig Uhr nach Hause kommt. Da sie von ihren beiden Vorgesetzten Anerkennung und Wertschätzung erfährt und zudem das Gehalt stimmt, hat sie seit etwa drei Jahren diese Beanspruchung in Kauf genommen. Die Aufgaben sind zwar herausfordernd, aber auch oft interessant und für ihre eigene berufliche Entwicklung wertvoll. Ihre Zufriedenheit und auch Freude hat jedoch in den letzten Monaten nachgelassen. Sie fühlt sich an nicht wenigen Arbeitstagen genervt, manchmal sogar überfordert und irgendwie ist ihr der Schwung, der so lange angehalten hatte, abhandengekommen. Sie schläft auch seit ein paar Wochen nicht mehr gut. Obwohl nach Geschäftsschluss oft recht müde oder sogar geschafft, kann sie schlecht einschlafen. Sie hat nun erstmals einen dreiwöchigen Urlaub beantragt und genehmigt bekommen, den sie überwiegend am Strand an der Costa de la Luz in Spanien verbringen will. Sie setzt große Hoffnungen auf diese „Auszeit", wie sie es nennt. Sie will sich erholen, den Tag mit Lesen und Schwimmen, mit ausdauernden Strandspaziergängen und ansonsten mit Faulenzen verbringen. Carmen spürt sehr genau, dass ein wie immer auch zu beschreibendes Gleichgewicht nicht mehr gegeben ist. Der Urlaub soll das wieder einrichten, drei Wochen Zeit sind schließlich nicht von Pappe. Ihre Erwartungen sind ausgesprochen groß.

Am Abend vor dem Abflug ist sie noch im Büro, weil am späten Vormittag kurzfristig ein wichtiges Meeting für den nächsten Tag festgelegt worden ist. Sie muss es maßgeblich vorbereiten, bekommt aber eine Hilfskraft zur Seite gestellt, die dann die konkrete Betreuung übernehmen soll. Alles gestaltet sich herausfordernder als gedacht, ihre Mitarbeiterin bemüht sich sehr, aber es zeigt sich, dass Carmens Erfahrung einfach unübertrefflich ist. Carmen hat bereits am späten Nachmittag das Gefühl, dass sie die Urlaubsreise am besten zwei, drei Tage später antreten sollte. Sie überlegt bereits, den Flug umzubuchen. Doch einer ihrer Chefs schickt sie dann doch nach Hause und in den Urlaub.

Am nächsten Morgen sitzt sie tatsächlich im Flieger, unzufrieden und mit allen möglichen Gedanken an das Meeting beschäftigt. Am liebsten hätte sie nach ihrer Ankunft im Hotel am frühen Nachmittag im Büro angerufen und sich erkundigt, ob alles gut läuft. Sie beherrscht sich bis zum Abend. Dann jedoch checkt sie ihre E-Mails, obwohl sie sich vorgenommen hat, diese in den Urlaubswochen endlich einmal zu ignorieren. Auch am nächsten Tag kann sie nicht richtig entspannen. Trotz paradiesischer Umgebung – alles ist wie im Bilderbuch – gelingt es ihr nicht, die Urlaubstage wirklich zu genießen. Es gibt Stunden, in denen sie völlig unruhig ist. Weder Strandspaziergänge noch ein paar Runden Schwimmen im wunderschönen Hotelpool können ihr dann helfen. Nach einer Woche würde sie am liebsten den Urlaub abbrechen. Die Tage erscheinen ihr lang, alle Hoffnungen auf eine gute und ausreichende Erholung lösen sich nach und nach auf. Sie ist sogar froh, als endlich das Ende des Urlaubs bevorsteht. Vieles, was sie sich vorgenommen hat, hat ihr entweder nichts gebracht oder ihr nicht wirklich geholfen. Einen Tag nach ihrer Rückkehr geht sie wieder ins Büro. Schon der erste Vormittag setzt sie unter Druck. Ihr ist alles zu viel, sie fühlt sich von den Aufgaben überrollt und sie muss sich bereits am

Nachmittag zusammenreißen, um nicht einfach davonzulaufen. Fünf Wochen später bricht Carmen in der Mittagspause beim Essenholen in der Kantine zusammen.

Tatsachen, Reflexionen, Anregungen

Da hat jemand ziemlichen Raubbau mit seinen Ressourcen betrieben. So wie Carmen geht es etlichen Menschen. Man taucht in das Berufsleben ein, erfährt Anerkennung, fühlt sich gut dabei und denkt gar nicht an andere Lebensbereiche, die brach liegen. Das kann gut gehen, auf jeden Fall ist nichts gegen ein starkes berufliches Engagement einzuwenden. Doch spätestens wenn der Mensch ein Gespür dafür entwickelt, dass etwas nicht stimmt, wenn er sich nicht mehr wirklich gut fühlt, muss das als Warnzeichen gewertet werden. Man muss dann keineswegs radikal umsteuern, sondern sich Rechenschaft ablegen darüber, was eventuell schiefläuft oder aus dem Gleichgewicht gerät. Seit Jahren wird in diesem Zusammenhang auf die Work-Life-Balance hingewiesen, was jedoch als ziemlich irreführend entlarvt werden kann. Dieser Begriff suggeriert so etwas wie eine Art Zweiteilung. Da ist einerseits die Arbeit, die anscheinend vom Leben unterschieden werden muss. Ist dann andererseits eben nur das außerhalb der Arbeit Stattfindende das, was das Leben ausmacht? Mir kommt das wie eine Gegenüberstellung vor, die zum Ausgleich gebracht werden muss. Das kann so nicht richtig sein. Selbstverständlich ist auch das Arbeitsleben Leben und man kann die „work" nicht dem übrigen Leben gegenüberstellen. Was wäre das für ein irrer Zustand, wenn einerseits gearbeitet würde und wenn dieser Teil oder diese Phase erledigt ist, dann begänne das eigentliche, womöglich gar das wirkliche Leben? Wie viel Lebenszeit würde dadurch ignoriert oder einfach kaputt gemacht werden? Daher: Ein Gleichgewicht, das zwischen Arbeit und Leben hergestellt werden soll, hört sich als Vokabel ganz nett an und erscheint irgendwie „griffig“, ist aber eine völlig unangemessene Verkürzung menschlichen Lebens.

Wenn schon in Anglizismen verblieben werden soll, dann sprechen wir in einem ersten Schritt besser von „Lifebalance“. Was ist dabei zu beachten? Ein Leben in „Balance“ oder eben im „Gleichgewicht“ geht von der bereits angesprochenen zentralen Frage aus: Wie geht es mir eigentlich bei dem und mit dem, was ich tue und wie ich meine Tage lebe? Die Antwort darauf ist dann das Entscheidende. Dabei ist nicht von einem Augenblicksgefühl auszugehen. Es geht ebenfalls nicht darum, dass ein einmal vorkommender schlechter Tag oder eine nur vorübergehende mäßige Stimmungslage Konsequenzen bestimmen. Wichtiger ist eine grundsätzliche Vergewisserung, ob ich mich über die Zeit gut oder gar sehr gut fühle, ob ich mehr oder weniger freudlos dahinlebe oder ob ich vielleicht sogar leide. Bitte unbedingt nicht an eine Momentaufnahme denken. Nicht die drei- oder viermal im Geschäftsjahr anstehende überaus strenge Arbeitswoche oder das wahnsinnig euphorisch verbrachte, einmalige Wochenende sollen den Ausschlag geben. Der Mensch muss in sich hineinspüren, seine Gefühlslage „betrachten“ und diese in ihrer grundsätzlichen Bestimmtheit wahrnehmen. Was sich dabei über eine längere Zeit Ausdruck verschafft, ist entscheidend. Dann dürfte jeder in der Lage sein zu sagen, mein Leben verläuft stimmig, es geht mir recht gut, es ist für mich in Ordnung oder eben: Da stimmt etwas nicht, es gibt so ein Gefühl des Unwohlseins, mir passt schon länger die ganze Richtung meiner Lebensführung nicht oder, ganz krass der Gedanke: „Wenn nur alles anders wäre.“ Die Gefühlslage zu erspüren und sich darüber Rechenschaft abzulegen, ist grundlegend für eine Beantwortung der zentralen Frage.

Damit an dieser Stelle keine Missverständnisse aufkommen: Es glaube niemand, dass lange und fordernde Arbeitstage automatisch bereits ein schlechtes Gefühl geben oder mit Sicherheit in einen Burnout münden. Ganz falsch! Es geht wieder um die Einzelperson und deren Umstände. Und eine längerfristige, intensive berufliche Beanspruchung kann bei dem einen als anspornende Herausforderung wirken, der man gerne nachkommt, und bei dem anderen nach wenigen Wochen nach und nach Zeichen einer sich anbahnenden Erschöpfung hervorbringen. Damit sei vor allem gesagt, es ist kein allgemein gültiger Gradmesser vorhanden, niemand hat eine für alle zutreffende Richtschnur, sondern der je einzelne Mensch mit seinen konkreten Situationen und Umständen muss gesehen werden. Bevor also allseits gültige Allerweltsratschläge erteilt werden, ist Zurückhaltung angesagt und die Verantwortung dem einzelnen Menschen zuzuweisen, der am besten wissen sollte, ob er sein Leben mehr oder weniger im Gleichgewicht lebt. Dabei wird unterstellt, dass ein solches Leben zum Wohlbefinden, mithin zur (seelischen) Gesundheit beiträgt. Es ist in einem auch emotionalen Sinne ausgeglichen, die vorhandenen Ressourcen erschöpfen sich nicht einfach, „Batterien" werden wieder aufgeladen und zumindest eine Grundstimmung der Zufriedenheit ist vorhanden. Dabei soll die Idee eines „dynamischen Gleichgewichts" eine Rolle spielen, was einen Hinweis darauf gibt, dass im Zeitablauf Änderungen vorkommen (sollen) und keineswegs nur ein bestimmter Zustand das Beste sein kann. Wie ist das zu verstehen?

Machen wir einmal ein Gedankenexperiment. Legen wir vier Lebensbereiche fest, die in den Blick genommen werden sollen:

- Beruf/Arbeit und Leistung,
- enge Beziehungen wie Familie, Partnerschaft und Kinder,
- Pflege von Hobbys und Freundschaftsbeziehungen,
- intensive körperliche Betätigung im Sport.

Diese Lebensbereiche haben Schnittmengen, manche gehen ineinander über, aber versuchen wir einmal nach diesen vier Richtungen eine Überprüfung der Frage: Wenn ich die letzten drei Monate (oder die letzten vier Wochen) die mir in meinem Leben zur Verfügung stehende Zeit (= 100 %) auf diese vier Lebensbereiche prozentual verteile, zu welchem Ergebnis gelange ich dann? Diese Istwerte, die individuell sehr verschieden ausfallen für die jeweiligen Lebensbereiche, notieren Sie am besten. Falls Sie mit diesen Ist-Werten zufrieden sind, müssen Sie den nächsten Schritt nicht mitgehen. Es geht Ihnen dann mit dieser Lebensführung gut, weshalb soll man sich dann den Kopf zerbrechen? Falls Sie jedoch angesichts dieser Werte unzufrieden sind, oder Sie sich schon längere Zeit sagen, irgendwie stimmt da etwas nicht oder Sie sogar überzeugt sind, da ist etwas in Ihrem Leben aus dem Gleichgewicht geraten, dann antworten Sie auf die zweite Frage: Wenn Sie sich eine zeitliche Verteilung auf die vier Lebensbereiche wünschen dürften, wie würde diese dann aussehen?

Das Ergebnis dieser Sollwerte dürfte ziemlich von den Istwerten abweichen. Schreiben Sie ruhig diese Sollwerte (Wunschwerte) neben die Istwerte, damit veranschaulichen Sie den Grund für Ihr ungutes Gefühl oder Ihre Unzufriedenheit mit den bisherigen Umständen. Wiederum ist nun eines wichtig: Sie können alles so lassen wie gehabt und geraten voraussichtlich in eine Leidenszeit hinein, wenn diese nicht schon gegeben ist. Oder aber: Sie überlegen sich Möglichkeiten einer Umsteuerung, einer Änderung, die aber nicht radikal von heute auf morgen alles auf den Kopf stellt. Derartige Radikallösungen bringen meist nicht das erwünschte Ergebnis. Im Gegenteil wird man manche Mitmenschen damit vor den Kopf stoßen, und ob tatsächlich alles besser werden wird, kann nicht mit Sicherheit gesagt werden. Gehen Sie bedachtsamer an die Sache heran. Sie wissen, eine Änderung wäre für Ihr Wohlbefinden und für eine zufriedenstellende Lebensführung sinnvoll, aber „das Kinde mit dem Bade auszuschütten“ ist dabei nicht unbedingt zielführend. Prüfen Sie, wie an dem Räderwerk gedreht werden könnte und verändern Sie nach und nach die Stellschrauben.

Es gibt bei manchen von uns Grundüberzeugungen, regelrechte Glaubenssätze, weshalb dies und jenes nicht geht oder nicht machbar sein soll. Dahinter steckt meist eine Portion Angst, nämlich davor, im Beruf rückwärts zu gehen, kritisiert zu werden oder an Einfluss zu verlieren oder – auf den privaten Lebensbereich bezogen – z. B. nicht mehr geliebt zu werden. So, wie Sie jetzt lernen müssen, dass es langfristig nicht einfach so weitergehen kann, muss das möglicherweise auch Ihre Umgebung. Einfach gesagt, jedoch nicht einfach getan: Nehmen Sie in Kauf, dass man vielleicht nicht mit Freude reagiert, wenn Sie am Wochenende einmal einen ganzen Tag für sich allein haben wollen oder am Spätnachmittag im Büro einfach Schluss machen und heimgehen. Falls man gewohnt ist, dass Sie auch noch um zwanzig Uhr in der Firma sind, wird das registriert werden. Andererseits aber freuen sich Ihre seit Langem vernachlässigten Sportkameraden, wenn Sie endlich einmal wieder am wöchentlichen Volleyballabend teilnehmen und Zeit für diese kleine Truppe haben. Sie müssen bereit sein, einen Preis zu zahlen. Sonst verharren Sie im Eingemachten und geraten vollends in eine Sackgasse. Was Sie vielleicht (so sicher ist das gar nicht) an der einen Lebensbaustelle verlieren, gewinnen Sie an einer anderen. Sie müssen sich entscheiden. Kleine Schritte, nach und nach vorgenommen, sind häufig machbar ohne wirklichen Nachteil und geben doch das Gefühl, wieder besser über die eigene Lebensführung entscheiden zu können.

Es gibt aber noch einen zweiten Ansatz bei einem Auseinanderklaffen von Ist- und Sollwerten. Eine vorübergehende intensive Familienzeit, in der das Berufliche ein wenig oder ein wenig mehr in den Hintergrund tritt oder umgekehrt: eine intensive berufliche Zeit, in der die Familie vorübergehend nur „die zweite Geige" spielt, ist als solches bestimmt nichts Schlechtes. Man muss sich nur vornehmen, dass es nicht zu einem Dauerzustand wird. Nur Familie oder nur Beruf und Leistung: derart einseitige Setzungen führen mittelfristig zu Problemen. Diese ausgesprochene Einseitigkeit wirkt wie eine Monokultur. Vorübergehend ist das in Ordnung, aber auf Dauer laugt es aus, andere Lebensbereiche liegen brach. So sollte man rechtzeitig eine Änderung in den Blick und dann auch in Angriff nehmen, nach einer Zeit der Beanspruchung in einem Lebensbereich die Gewichte wieder verschieben und einen anderen Lebensbereich stärker zu seinem Recht kommen lassen.

Gemeint ist damit ein „dynamisches Gleichgewicht". Die Gewichtung der Lebensbereiche sollte sich im Zeitablauf verändern, damit – um im Bild zu bleiben – so etwas wie eine „Vielfelderwirtschaft" beackert wird, die für Ausgeglichenheit sorgt und im Ganzen auf Dauer weit mehr Ertrag bringt als jede Einseitigkeit. Eine „Vielfelderwirtschaft" ist auch deshalb sinnvoll, weil es Zeiten geben kann, in denen man in einem Lebensbereich eine „Missernte" erlebt. Diese ist besser zu verkraften, wenn noch andere Lebensbereiche bestellt worden sind, in denen man ernten kann. Das Leben „kippt" nicht gleich als Ganzes zur Seite, wenn einer der Lebensbereiche Probleme macht.

Übrigens zum Schluss für diejenigen, die beruflich stark eingespannt und angespannt sind: Wer jetzt von einer langen Auszeit träumt und meint, eine lange Zeit des Nichtstuns und des Urlaubmachens würde alles wieder in Ordnung bringen, kann sich täuschen. Eine Auszeit als solche mag manchmal sinnvoll sein, doch es gibt einerseits viele Menschen, die eine berufliche Herausforderung für ihr Wohlbefinden und ihre Zufriedenheit benötigen. Dieses Feld längerfristig brach liegen zu lassen, bringt dann keineswegs die erhoffte Lösung. Andererseits: Was sollen schon drei, vier Wochen Auszeit bewirken, wenn anschließend die gleiche Tretmühle wieder von vorne beginnt? Wenn man also gar nicht grundsätzlich an einer Änderung der Lebensverhältnisse interessiert ist oder eben übersieht, dass man wieder in das Hamsterrad hineinspringt, das bei allem Fleiß und allem Mühen einfach nicht gut tut?

Es sei noch einmal auf unsere Assistentin der Geschäftsleitung verwiesen. Carmen hat viel Hoffnung in den Urlaub gesetzt. Gewissermaßen überhöhte und überzogene Erwartungen für diese drei Wochen. So rasch können sich Erholungseffekte gar nicht einstellen, wenn weiß Gott wie lange davor Raubbau mit den Ressourcen betrieben wurde und sie in einem Ungleichgewicht gelebt hat. Diese nachdrückliche Hoffnung auf Erholung bedeutet eher Stress im Urlaub! Ein Urlaub, der geradezu abrupt begonnen hat, es blieb ihr noch nicht einmal ein Tag, um sich darauf einzustellen. Hektik und Druck bestimmten bis in den Abend hinein ihr Leben und es kreisten beständig und bereits lange vor dem Ende der Urlaubstage wieder (ungute) Gedanken an die Arbeit in ihrem Kopf herum. Es muss sich niemand wundern: Wer schon derart angeschlagen ist, kann darauf warten, bis Körper und Seele ihren Dienst verweigern.

Zum Schluss ein Witzchen, ein Aphorismus oder sonst ein kluger Spruch

„Wie lange arbeiten Sie schon hier?"
„Fast vierzig Jahre, Chef!"
„Völlig ausgeschlossen! Sie selbst sind doch noch nicht einmal fünfzig Jahre alt."
„Überstunden, Chef. Alles Überstunden!"

Motivation oder: Wenn's nur so einfach wäre, hätten wir ein paar Probleme weniger

Die Geschichte

Christoph Lorenzer kommt spät am Abend ganz begeistert von einem Motivationsseminar zurück. Geradezu euphorisch erzählt er seiner Frau den von einem Motivationsguru immer wieder betonten Glaubenssatz „Du kannst alles schaffen, wenn du nur willst." Christoph fühlt sich überaus motiviert, endlich das anzupacken, was ihm schon seit über drei Jahren durch den Kopf geht. Er ist beruflich gut etabliert und hat eine verantwortungsvolle Position als Bilanzbuchhalter inne, bemerkt aber, dass er nicht weiterkommt und sich Unzufriedenheit breitmacht. Schon lange liebäugelt er mit einem Fernkurs zum Internationalen Rechnungswesen, der von mehreren Hochschulen angeboten und mit einem Bachelor-Abschluss honoriert wird. Die Teilnahme an einem solchen Kurs macht Abend- und Wochenendarbeit über zwei Jahre notwendig, das Privatleben muss dann zurückstehen, zudem kostet die Teilnahme nicht nur eine Kleinigkeit. Und dann sind da noch die Prüfungen, die dem Vernehmen nach alles andere als einfach sein sollen und besonderer Anstrengung bedürfen. Oft genug hat er darüber nachgedacht, mit seiner Frau darüber gesprochen und mit Freunden diskutiert und das Für und Wider abgewogen.

Eigentlich hätte er sich am liebsten angemeldet, doch immer wieder zögerte er. Es kamen Bedenken auf, Fragen, ob sich die Mühe überhaupt lohne, spielten dann eine Rolle, zudem fürchtete er zu versagen und dann wäre sowieso alles umsonst gewesen. Auch die viele Lernzeit, die automatisch zu einer Reduzierung seiner Hobbys geführt hätte, und der Verzicht auf Freizeit und damit auf Erholungszeit ließen ihn bislang Abstand von der an und für sich guten Idee nehmen. Nachdem ihm aber vor einem halben Jahr ein Jüngerer bei einer Besetzung einer von ihm erhofften Position vorgezogen worden war und ihm von der Geschäftsleitung als Grund dafür genannt wurde, er habe eben keinen akademischen Abschluss, trieb ihn die Teilnahme an einem solchen Fernkurs mehr und mehr um. Doch er konnte sich bisher nicht den nötigen Ruck geben. Es gab Momente, da wollte er sich anmelden. Doch jedes Mal kamen ihm letztlich Bedenken, und so schob er die Entscheidung vor sich her. Als er vor nicht einmal drei Wochen auf ein Motivationsseminar in der Stadthalle seines Wohnortes mit einem bekannten Motivationstrainer aufmerksam wurde, besorgte er sich noch am gleichen Tag eine Eintrittskarte. Der Seminarabend verlief ganz hervorragend. Die Leute waren begeistert, der Trainier eröffnete Perspektiven, riss seine Zuhörer mit und seine Ratschläge verfehlten nicht die beabsichtigte Wirkung. Christoph Lorenzer fühlte sich in der Tat hoch motiviert. Schon am nächsten Tag meldete er sich bei einer Fernuniversität zum Bachelor-Kurs an. Keine zwei Wochen später erhielt er die ersten Materialien. Sein Studium konnte beginnen. Äußerst motiviert machte er sich an die Arbeit.

Die ersten beiden Monate klappte alles nahezu wunschgemäß. Dann schlichen sich erste Zweifel ein. Auch ließ die Energie der ersten Zeit nach. Er musste sich zum Lernen zwingen und irgendwann gab er bei der Entscheidung „Lernzeit oder Freizeit“ immer mehr zugunsten der Freizeit nach. Etwa nach einem halben Jahr war von der ursprünglichen Motivation so gut wie nichts übrig geblieben.

Tatsachen, Reflexionen, Anregungen

Wir haben es hier mit einer komplexen Alltagssituation zu tun, die weitgehend so oder so ähnlich bekannt sein dürfte. Irgendetwas treibt einen Menschen an. Vielleicht zögert er noch eine ganze Zeit lang, dann aber macht er den entscheidenden Schritt, packt zu und bringt das lange durchdachte Vorhaben auch voran. Manche schaffen den entscheidenden Schritt erst gar nicht, andere – wie Christoph Lorenzer – starten hervorragend, doch dann ist auf einmal die Luft raus, irgendwie verliert man die Lust, und was so euphorisch begann, findet ein unrühmliches Ende. Ob das nun das Erreichen eines Hochschulzertifikats, das regelmäßige Training in einem Fitnessstudio, das Erlernen eines Musikinstruments oder das Engagement in einem gemeinnützigen Verein ist (oder denken Sie nur an die zahleichen Versuche, endlich ein paar Pfunde abzunehmen) – es gibt unzählige Beispiele, für deren erfolgreiche Inangriffnahme und dauerhafte Umsetzung wir Menschen offenbar etwas benötigen, das uns antreibt, uns optimistisch in die Zukunft sehen lässt und die notwendige Energie und Ausdauer sichert, um Ziele zu erreichen. Schon an dieser Stelle sei erwähnt, es dreht sich nicht nur um das Phänomen „Motivation“. Es muss zumindest noch die Willenskraft hinzukommen, die in dem angeführten Guru-Spruch zum Ausdruck kommt, man kann alles schaffen, wenn man es nur will. Wenn das nur so einfach wäre! Mit derartigen „Weisheiten“ kann man sich allzu rasch in einer „Schuldfalle“ wiederfinden. Wenn es nämlich nicht klappt, gibt es schließlich einen Grund: Man hatte nicht genug Willenskraft. Es fehlte dann an dieser Willensstärke. Und dafür bin nun einmal ich selbst verantwortlich. Bevor solche Suggestionen zum Glaubens- und Überzeugungssatz werden, wollen wir uns doch etwas grundsätzlicher mit den Themen Motivation und Wille auseinandersetzen. Damit wird die ganze

Angelegenheit zwar nüchterner, jedoch realistischer und insoweit sicherlich hilfreicher.

Menschliches Verhalten beruht auf komplexen Vorgängen. Einfache Erklärungen gibt es in der Regel nicht. Mitunter staunt mancher Mensch über sein eigenes Verhalten, das er eigentlich ganz anders hätte an den Tag legen wollen. Fühlt sich zum Beispiel jemand zunächst noch sehr motiviert, eine schwierige Aufgabe zu übernehmen, kann es bei der konkreten Zuteilung überraschenderweise sein, dass sich dieser Mensch zurückhält. Vielleicht sind Ängste im Spiel oder Unpässlichkeiten, die gerade an diesem Tag Wirkung entfalten, oder Bedenken, die mit einem Mal durch den Kopf gehen. Zudem spielen Triebe und Instinkte eine Rolle, ebenso kommen Emotionen ins Spiel, wobei sich genügend Vorgänge, die sich in unserem Gehirn abspielen, durchaus auch unserem Bewusstsein entziehen. Wir können mit Verstand und Vernunft eine Entscheidung treffen und ein bestimmtes Verhalten zeigen wollen, wir können folglich abwägen, das Für und Wider bedenken, sorgfältig Rat und Empfehlungen einholen und – entscheiden und verhalten uns dann vielleicht doch ganz anders als wir es uns trotz intensiver Prüfung vorgenommen haben. Diese bedenkenswerten Hintergründe für menschliches Verhalten müssen gesehen und anerkannt werden. Im Folgenden verkürze ich die weiteren Ausführungen auf Motive, Motivation und Willensstärke.

Die heutige Motivationspsychologie versteht Verhalten als Wechselbeziehung zwischen einer Person und einer bestimmten Situation. Dabei wird angenommen, dass jeder Mensch Verhaltensdispositionen besitzt. Sie sind genetisch fundiert, können aber auch im Verlauf der Lerngeschichte eines Individuums ausgebildet werden. Man beschreibt diese Verhaltensdisposition als Motive und unterscheidet z. B. nach einem Leistungs-, Macht-, Aggressions-, Hilfeleistungs- und Anschlussmotiv. Grundsätzlich werden diese

Motive für jeden Menschen angenommen, sie sind nur jeweils in unterschiedlicher Ausprägung vorhanden. Entsprechend unterschiedlich fallen Verhaltensweisen bzw. Reaktionen aus, wenn bestimmte Situationen gegeben sind.

Schauen wir uns dies am Beispiel des Leistungsmotivs einmal genauer an. Allgemein sei zunächst dazu das sogenannte homoöstasische Motivationskonzept vorgestellt (Homoöstase = Aufrechterhaltung eines Gleichgewichtszustandes): Es geht von einem Mangelzustand beim Menschen aus, durch den ein Motiv oder mehrere Motive angeregt werden. Man kann es sich auch als Störung eines psychologischen Gleichgewichts vorstellen, wobei der Mensch bestrebt ist, dieses Ungleichgewicht wieder auszugleichen. Das zugrunde liegende Motiv veranlasst emotionale und kognitive Prozesse. Der Mensch ist motiviert, etwas zu tun, zu veranlassen oder zu vermeiden. Dieser Zustand wird als Motivation bezeichnet.

Das Leistungsmotiv soll uns zur Veranschaulichung der Komplexität des menschlichen Verhaltens dienen. Ein ausgeprägtes Leistungsmotiv bei einer Person lässt sich ablesen

- an der Tendenz, etwas so schnell und so gut wie möglich zu erledigen,
- am Bestreben, Hindernisse zu überwinden,
- am Versuch, hohe Standards zu erreichen,
- am Bemühen, sich auszuzeichnen,
- und dies auch in Konkurrenz mit anderen.

Nach dem sogenannten Risiko-Wahl-Modell kommen zwei Komponenten ins Spiel, die letztlich darüber entscheiden, welches Verhalten gezeigt wird. Liegt aufgrund des angeregten Leistungsmotivs eine Motivation vor, dann ist dies zunächst als Handlungsbereitschaft zu sehen. Ob diese in eine konkrete Handlung übergeht, hängt einerseits ab vom Anreiz der Aufgabe und von der subjektiv angenommenen Erfolgswahrscheinlichkeit. Dabei geht man von der Erkenntnis aus, dass das Leistungsmotiv in zwei Ausprägungen vorliegen kann: nämlich als erfolgszuversichtlich oder als misserfolgsmeidend. Wer erfolgsmotiviert ist, greift Aufgabenstellungen mit mittlerem Schwierigkeitsgrad lieber an als leichtere (sie üben wenig Anreiz aus, da Erfolg auch bei geringem Bemühen sehr wahrscheinlich und damit nicht viel Wert ist) oder als sehr schwierige (die Erfolgszuversicht wird von vornherein gedämpft, und wenn wenig Hoffnung auf Erfolg besteht, wird man kaum handeln). Wer dagegen eher misserfolgsorientiert ist, hat eine besonders hohe Motivation bei leichten Aufgaben (weil hier die Furcht vor Misserfolg nicht zum Tragen kommt) oder sehr schwierigen Aufgaben (es ist keine Schande, ganz schwierige Aufgaben nicht zu meistern, weshalb die Furcht vor Misserfolg wiederum keine so große Rolle spielt). Wenn Sie aber jemanden mit Misserfolgsorientierung eine Aufgabe mit mittlerem Schwierigkeitsgrad zuweisen, ist es sehr wahrscheinlich, dass die Person eine deutliche Vermeidungstendenz zeigt. Die vorhandene Furcht vor Misserfolg spielt nun für diese Menschen eine erhebliche Rolle. Anstatt mit Selbstvertrauen und Freude einer Aufgabe nachzukommen, wirkt sich eine vorweggenommene Betroffenheit oder eine vorweggenommene Scham im Falle eines Scheiterns aus. Solchen Menschen können Sie helfen, indem Sie starke Unterstützung anbieten, ihr Selbstvertrauen stabilisieren, wozu gutes Zureden, Mutmachen, die Anerkennung von Teilleistungen und das Vermeiden von kritischen Bemerkungen beitragen können.

Übrigens soll nicht unerwähnt bleiben, dass auch Neurohormone beim Wirksamwerden von Motiven eine Rolle spielen. Psychologische Phänomene haben in dieser Hinsicht biologische Hintergründe. So weiß man, dass beim Machtmotiv Testosteron und Norepinephrin im Spiel sind. Beim Leistungsmotiv hat Vasopressin Bedeutung und das Anschlussmotiv scheint über Dopamin beeinflusst zu sein.

Die Ausschüttung dieser Hormone hat eine belohnende Wirkung. Sie verstärkt die Tendenz zu gleichem oder ähnlichem Verhalten in ähnlichen Situationen. Die Intensität und Auslösbarkeit der Ausschüttung solcher Neurohormone machen Motivunterschiede und Unterschiede im gezeigten Verhalten mit aus.

An dieser Stelle ist noch die Unterscheidung nach intrinsischer und extrinsischer Motivation ins Spiel zu bringen. Wer intrinsisch motiviert ist, hat einen großen Vorteil. Man möchte etwas um seiner selbst willen erreichen. Neugierde und ein ausgeprägtes Interesse sind ausschlaggebend. Etwas wird angestrebt, ohne dass es anderer, „äußerer" Gründe bedarf. Wer extrinsisch motiviert ist, lässt sich nicht von der Sache selbst leiten. Man will Lehrer werden, nicht weil die pädagogische Aufgabe an sich der Reiz ist, sondern weil man gerne den Beamtenstatus und einige Wochen Sommerferien haben möchte. Oder eine Aufgabe wird erledigt, weil das erwartete Lob oder im Versagensfalle die erwartete Kritik des Vorgesetzten der eigentliche Auslöser sind. Eine derart extrinsische Motivation ist durchaus tragfähig, aber der intrinsisch Motivierte dürfte i. d. R. langfristiger und auch bei Rückschlägen nachdrücklicher seine Ziele verfolgen.

Es wurde bereits auf unbewusste Prozesse, die unser Verhalten bestimmen, hingewiesen. Die psychologische Forschung hat in diesem Zusammenhang eine Unterscheidung ausgemacht, die für die Sicherung einer seelischen Gesundheit von wesentlicher Bedeutung ist. So werden sogenannte basale Motive von motivationalen Selbstbildern unterschieden. Die erstgenannten sind Motive, die unser Verhalten unterhalb der Ebene bewusster Reflexionen beeinflussen. Basale Motive besitzen eine neurohormonal-affektive Grundlage und sind genetisch und früherfahrungsbedingt. Motivationale Selbstbilder hingegen sind später erworben, gewissermaßen „gelernt" und damit auf Erziehungs- und Sozialisationsprozesse zurückzuführen. Selbstbilder entstehen viel später als basale Motive. Eine „Gefahr“ ergibt sich, wenn die basalen Motive von dem motivationalen Selbstbild eines Menschen abweichen. Es kann sich eine sehr schwierige Situation ergeben, wenn durch das Selbstbild Ziele verfolgt werden, die nicht durch die basalen Motive gedeckt oder unterstützt sind. Man muss dann ständig willensgestützt agieren. Es macht keinen Spaß, man hat keine Freude, muss sich mehr und mehr anstrengen und sich energisch aufraffen. Ablenkungen werden gerne angenommen. Ist das Ziel nicht passend zu den basalen Motiven, so muss man sich nicht wundern, wenn nicht mit Zufriedenheit gearbeitet werden kann, die Arbeit selbst Mühe bereitet und die Gefahr des Aufgebens real wird.

Im Lichte derartiger Befunde wird deutlich, wie wichtig es für das Wohlbefinden ist, dass die verfolgten Ziele mit den eigenen Motiven nach Möglichkeit im Einklang stehen. Natürlich kann das nicht immer der Fall sein. Oft genug wird man auch ein Ziel anstreben, das nur nach und nach durch das Erreichen von Zwischenzielen realisiert werden kann. Die Zwischenziele sind dann nicht unbedingt das, worauf es einem ankommt. Sie motivieren nicht, und eine ordentliche Portion Willensstärke wird vonnöten sein, damit über diese letzten Endes das eigentliche (Ober-)Ziel erreicht wird. Wer z. B. Psychologie studiert, muss sich in den Anfangssemestern mit Statistik und damit mit ziemlich viel Mathematik plagen. Das motiviert manchen nur bedingt oder gar nicht, und nicht wenige sind dann überfordert und resignieren. Es wäre in solchen Fällen eine volitionale Verhaltenssteuerung notwendig, d. h. mit Willenskraft und Willensstärke müssen derartige Durststrecken ausgehalten und bewältigt werden. Nur – und das ist der Gefahrenmoment – diese Willensregulation ist nicht unerschöpflich, sie verbraucht sich, und es kann zur volitionalen Erschöpfung kommen. Menschen, bei denen basale Motive und motivationale Selbstbilder auseinanderklaffen, erleben sich wie Kämpfer, sie strengen sich ungemein an, verbrauchen Kräfte und Energien. Selbst wenn sie ihr Ziel erreichen, wundern sie sich, weshalb sich keine rechte Freude einstellen will und die hart erkämpfte Zielerreichung nicht in der erhofften Weise befriedigend ist – wenn nicht bereits vorher aufgrund des Ressourcenverschleißes sowieso resigniert wird oder gar eine Krankheit „zuschlägt“.

Das grundsätzliche Problem ist dabei, dass man zwar sein motivationales Selbstbild kennen kann, nicht aber unbedingt die basalen Motive, die, wie erwähnt, unbewusst verankert sind. Deshalb soll an dieser Stelle hilfsweise noch nach Wünschen und Bedürfnissen unterschieden und diese Unterscheidung in einen großen Rahmen der Lebensführung und Lebensgestaltung gestellt werden. Bedürfnisse, Wünsche und Motive stehen in einem Zusammenhang. Wer beispielsweise ein Anschlussmotiv besitzt, wird das Bedürfnis nach sozialer Anerkennung verspüren und sich Kontakte wünschen, die der Befriedigung dieses Bedürfnisses Rechnung tragen. So verständlich und nachvollziehbar dieser Sachverhalt ist, kann auch ein gegenteiliger Fall vorkommen, nämlich dass Wünsche vorhanden sind, die den eigentlichen Bedürfnissen des Menschen nicht entsprechen. Ist das der Fall, werden Ziele angestrebt, die gar nicht zu dem Menschen passen. Wenn dann noch viel Kampf und Krampf beim Bemühen um die Zielerreichung ins Spiel kommen, wird die Ernüchterung und auch Frustration trotz einer möglichen Zielerreichung kaum ausbleiben.

Eine kleine Geschichte lässt diese Umstände deutlicher erkennen: In einem Philosophieseminar stellt der Professor den Studenten und Studentinnen große Weckgläser zur Verfügung, ebenso unterschiedlich große Steine, vom richtigen Brocken bis zum Kieselstein, zudem bietet er eine Menge Sand an. Er gibt den Studierenden die irritierende Aufgabe, jeder solle sein Glas mit den Steinen und dem

Sand gerade so füllen, wie er es gerne möchte. Die jungen Leute verstehen zwar nicht, was das Ganze soll, sie machen sich aber an die Arbeit und befüllen auf ihre je eigene Weise die Gläser. Danach werden sie tatsächlich von ihrem Dozenten gefragt, welcher Sinn sich hinter dieser eigenartig erscheinenden Aufgabe verbirgt. Antworten werden gegeben, die Studierenden denken intensiv nach, doch schließlich muss der Professor selbst die zutreffende Erklärung geben: „Seht ihr", meint er, „die Steine und der Sand symbolisieren eure Themen im Leben. Das, womit ihr euch beschäftigt, was euch in Anspruch nimmt und euch auch Zeit kostet. Dabei hat jede und jeder große, gewichtige Themen. Dafür stehen die ganz großen Steine. Je kleiner diese sind, desto unbedeutender sind die Themen für eure Zufriedenheit und euer Glück. Nun gibt es Menschen, die ihr Leben sehr unachtsam verbringen. Sie achten nicht auf die Zeit, die vertan wird mit an und für sich unwichtigen Dingen, sie arbeiten sich im übertragenen Sinne mit dem Sand ab. Bedeutungslos, kein Beitrag für ein gutes Leben ist damit verbunden. Und jetzt schaut einmal, wie ihr eure Gläser befüllt habt. Sind auch die dicken, die großen Steine dabei? Oder habt ihr vor allem Sand eingefüllt? Stellt Euch das Weckglas als euer Leben vor. Und achtet sehr darauf, dass ihr den großen, den wichtigen Steinen in eurem Leben Platz einräumt. Verschwendet nicht allzu viel Zeit auf den Sand. Das sind Themen, die können den Menschen ungemein in Anspruch nehmen. Der Tag vergeht damit, die Wochen, Monate und Jahre. Nur um dann irgendwann festzustellen, dass die wirklich wichtigen Themen vernachlässigt wurden und man sich nicht für das Zeit genommen hat, was so ausschlaggebend gewesen wäre für Glück und Zufriedenheit. Verliert also niemals eure wichtigen Themen, die großen Steine, aus den Augen."

Diese Geschichte verweist zum einen auf Alltagsgeschehen, das einfach abläuft, den Menschen in Anspruch nimmt, erschöpfend sein kann, aber keinen Beitrag leistet für ein Wohlbefinden und für das, was der Mensch eigentlich benötigt. So vergeht die Zeit, man hat zwar die wirklich wichtigen Dinge im Hinterkopf, man spürt regelrecht die Versäumnisse und bemerkt, dass etwas fehlt. Aber im Kleinklein des Tagesgeschäfts, im immer weiter Dahinwursteln und geschäftigen Treiben, bleiben sie auf der Strecke. Bis es womöglich zu spät ist. Zum anderen spielt ein Nachdenken über die Frage, was ist wirklich wichtig im Leben, eine Rolle. Das Wichtige ist jeweils wieder individuell verschieden, eine allgemeine Antwort kann nicht gegeben werden. Der einzelne Mensch muss sich diese Frage beantworten.

Wer eher „blind" durchs Leben geht, wer sich keine Zeit zum Nachdenken nimmt, wer einfach so drauf loslebt und vielleicht so gar nicht nachdenken will, weil er zu Einsichten und Antworten kommen könnte, die vermeintlich gar nicht passen und nicht erwünscht sind, kann das für ihn grundsätzlich Bedeutsame im Leben verfehlen. An dieser Stelle kommt die Unterscheidung nach Wünschen und Bedürfnissen ins Spiel. Wer dabei nicht Acht gibt, dem können die Wünsche Streiche spielen. Gehen wir einmal von einem Mann aus, der unbedingt Chef werden will. Er wünscht sich das nachdrücklich und verbindet damit die Vorstellung, er würde dann respektiert werden, besäße Macht und würde seine Umgebung mit einer solchen Position beeindrucken. Seine Wunschvorstellungen treiben ihn an, er investiert ungemein, macht erhebliche Abstriche in seinem Privatleben, manches ist mühsam, aber letztlich kommt er voran und erreicht die Chefposition. Rasch muss er bemerken, dass der Stolz über das Erreichte nur kurze Zeit anhält, die Menschen gehen auf Distanz, er muss Entscheidungen treffen, die bei der Belegschaft nicht auf Beifall stoßen. Der erhoffte Respekt drückt sich eher als Angst vor seiner Macht aus und in seiner privaten Umgebung gibt es auch kaum jemanden, der nun sonderlich beeindruckt wäre. Es ist gar so, dass seine Beziehungen eher leiden, immer häufiger kommt er sich einsam vor. Sein Wunsch hat sich zwar erfüllt, aber seine eigentlichen Bedürfnisse werden nicht befriedigt. Unser Chef ist jemand, der gerne mit anderen zusammen ist, der sich sozial eingebunden fühlen möchte und die Nähe der Menschen schätzt. Die damit verbundenen Bedürfnisse können aufgrund der nun erreichten Position nicht gut befriedigt werden. Die Mitarbeiter halten Distanz, er wird in der Vorgesetztenrolle wahrgenommen, seine aus der Perspektive der Unternehmensleitung gefassten Beschlüsse bleiben unverständlich oder lösen gar Verärgerung aus. Da er, um den beruflichen Ansprüchen gerecht werden zu können, weiterhin Abstriche an sein Privatleben machen muss, erreicht er anstelle einer für seine Bedürfnisbefriedigung notwendigen sozialen Anerkennung eher eine soziale Isolierung. Glücklich kann er damit nicht werden. Die Dinge laufen folglich schief für ihn.

So geht es vielen, die ihre Wünsche und ihre Bedürfnisse nicht sorgsam abstimmen und dann „auf das falsche Pferd setzen". An dem beschriebenen Beispiel kann wiederum die Möglichkeit eines Auseinanderfallens von basalen Motiven und motivationalen Selbstbildern gesehen werden. Es sei abschließend der sehr individuelle Charakter von Motiven und Bedürfnissen unterstrichen. Es kann daher kein allgemeines Rezept empfohlen werden, um ungünstige Wege der Lebensführung zu vermeiden. Jeder einzelne muss sich mühen und bemühen, muss sich Zeit zum Nachdenken nehmen, sich manches vielleicht eingestehen, das auf den ersten Blick zurückgewiesen wird und in womöglich schmerzlichen Prozessen auch Abschied nehmen von Vorstellungen und Bildern, die man über sich und von sich selbst hat. Dazu benötigt man Mut und die Fähigkeit zur Selbstreflexion, die dann zu anderen Zielsetzungen und Verhaltensweisen führen kann.

Nehmen wir nach diesen Ausführungen wiederum Christoph Lorenzers Fall noch einmal in den Blick: Ein Leistungsmotiv hat sicherlich eine erhebliche Rolle gespielt. Er wollte vorankommen, sich sicherlich auch beweisen und nicht weitere Konkurrenten an sich vorbeiziehen sehen. Das Hochschulzertifikat vor Augen muss man sich als schönen Anreiz vorstellen. Dass dessen Erreichen nicht einfach sein würde, darüber war er sich im Klaren. Doch letztlich hat er die Mühe wohl unterschätzt. Überaus motiviert gestartet, erlahmte seine Energie. Wahrscheinlich haben andere Motive ihr Recht angemahnt. Bedürfnisse nach Ruhe und Freizeit und Erholung werden sich gemeldet und sich Ausdruck verliehen haben. Die sich verringernde Motivation hätte er mit Willenskraft ausgleichen können. Der Begriff verweist bereits auf den nicht zu unterschätzenden Faktor: Es ist Kraft notwendig. Man muss sich zusammenreißen, sich mahnen, etwas salopp formuliert „den inneren Schweinehund überwinden“. Das zehrt, es ist wie ein Kampf, und Christoph Lorenzer hat diesen Kampf schließlich aufgegeben. Es gibt Entwicklungen und Situationen im Leben eines Menschen, da muss man sich eingestehen, das Falsche angepackt zu haben. Etwas, das überfordert, das gar keine Freude macht, das einschränkt und das alles andere als zur Zufriedenheit beiträgt. Es ist dann besser, man gibt den „Kampf“ auf. Allzu rasch sollte das allerdings nicht gemacht werden. Vor allem nicht bei den ersten Schwierigkeiten oder wenn Widerstand aufkommt. „Die Flinte zu früh ins Korn werfen“ könnte langfristig negativ auf das Befinden des Menschen wirken. Nach Jahren oder Jahrzehnten kann ein unangenehmes Gefühl plagen: Warum habe ich damals nicht länger durchgehalten? Es gibt keine allgemeine Regel, wann man es genug sein lassen soll. Eine „Durststrecke“ sollte man sich einräumen. In dieser Zeit wird man das Gefühl haben, zu kämpfen. Alles ist anstrengend, man neigt rasch zur Frustration, kleine Hemmnisse oder Rückschläge werden dann aufgebauscht. Am liebsten würde man gleich alles hinwerfen. Morgens beim Aufstehen sind die Zweifel bereits präsent und abends beim Schlafengehen meldet das Gehirn „Gib' endlich auf. Es hat ja doch alles keinen Zweck". Solche Tage und Wochen empfindet der Mensch wirklich als einen „Kampf". Es ist eine Plackerei, die auch krank machen kann. Hier benötigt man ein Gespür für sich selbst. Unterstützung ist mehr als sinnvoll, sei es durch Gespräche mit dem Partner oder guten Bekannten, sei es durch eine Beratung oder ein Coaching mit professionell geschulten Menschen.

Schlecht ist ein sozialer Rückzug. Dieser Schritt wird aber angesichts der Probleme nicht selten unternommen. Man will nicht zugeben, dass es nicht (mehr) funktioniert, man geniert sich, ein mögliches Scheitern anzusprechen, zieht sich zurück und bleibt mit seinem Problem allein. So eine Verhaltensweise geht meistens nicht gut aus. Ein Sich-Öffnen und Aktiv-Werden sind die besseren Wege. Es ist alles andere als eine Schande, Hilfe in Anspruch zu nehmen. Es ist vielmehr ein Akt der Klugheit und zumindest die Eröffnung einer Chance, dass man wieder Licht am Ende des Tunnels sieht. Die Motivation kann wieder zurückkommen, die Willenskraft regelrecht wieder erwachen, und später wundert man sich eventuell über diese Krise, die fast einen wichtigen Lebensschritt verhindert hätte. Natürlich kann es auch anders kommen. Die Einsicht, es sein zu lassen, das Eingeständnis, es beim besten Willen nicht zu erreichen – so etwas ist auf der einen Seite schmerzhaft. Auf der anderen Seite kann es aber wie eine Befreiung wirken. Ein nicht angemessenes Ziel wird aufgegeben. Zeit, Energie und Kraft stehen wieder für anderes zur Verfügung. Man muss nicht mehr „kämpfen", braucht kein schlechtes Gewissen mehr zu haben und findet andere Möglichkeiten der Lebensführung, die mehr Zufriedenheit bieten.

Zum Schluss ein Witzchen, ein Aphorismus oder sonst ein kluger Spruch

„Beginne mit dem Notwendigen,
dann tue das Mögliche –
und plötzlich wirst du
das Unmögliche tun."

Franz von Assisi, Ordensgründer, 1181/1182–1226

Narzissmus oder: Wie man sich das Leben und vor allem das der anderen ziemlich schwer machen kann

Die Geschichte

Einem jungen, intelligenten Mann aus bestem Hause, dem das Studium leicht gefallen war, gelang in einer Unternehmensberatung eine Blitzarriere. Sein Aufstieg in die Vorstandsetagen war praktisch nicht aufzuhalten, hochkarätige Wirtschaftsführer förderten ihn. Alles schien bestens. Er brannte vor Ehrgeiz, sein Entschluss stand schon früh fest: Er wollte ganz an die Spitze. Bereits bei seinem Aufstieg genoss er die zunehmende Macht und wusste diese auch bestens zu nutzen. Noch bevor er die Dreißig erreichte, verfügte er bereits über einen eigenen Fahrer. Sein immer schon bemerkbarer Befehlston nahm schärfere Züge an. Er setzte sich ziemlich robust durch, stieß dabei aber nicht selten engste Freunde und Vertraute vor den Kopf. Wie selbstverständlich genoss er die Privilegien, die ihm seiner Meinung nach auf jeden Fall zustanden. Kritiker duldete er in seiner Umgebung immer weniger.

Als ein weiterer Karriereschritt ihn in ein bedeutendes Amt auf Verbandsebene führte, steigerte sich seine Selbstüberzeugung in ziemlich unangemessener Weise. Grob bürstete er Gegner ab, selbst seine bisherigen Weggefährten beschwerten sich über manch rüdes Verhalten. Ignoranz und Arroganz paarten sich bei ihm mehr und mehr. Allerdings konnte er außerordentliche Erfolge vorweisen, er galt als annähernd unverzichtbar. Mit den Jahren gab er sich immer selbstherrlicher. Sein Privatleben geriet hingegen in eine immer größer werdende Schieflage. Selbst seine Frau und sein Kind interessierten ihn nicht sonderlich. Seine Frau warf ihm mehrfach Gefühllosigkeit und Kälte vor. Er reagierte nicht darauf, wollte stattdessen präsent sein bei all den wichtigen Personen, denen er sich zugehörig fühlte.

Nahezu rastlos strebte er nun in noch höhere Ämter und Funktionen. Dem ordnete er vieles, auch seine Ehe unter. Für ihn völlig überraschend verließ ihn seine Frau in einer Nacht- und Nebelaktion. Mit ihrem Sohn zog sie in ein weit entferntes Bundesland zu einem anderen Mann. Unser Wirtschaftskapitän war zutiefst getroffen. Die Presse schlachtete das Ehedrama weidlich aus, schließlich gehörte er längst zu den Prominenten des Landes. Tief verletzt, geradezu verwundet, stürzte er sich noch mehr in die Arbeit. Seine Selbstüberzeugung schien nach außen nicht im Mindesten erschüttert. Zunehmend unduldsamer, herrisch und andere Menschen herabsetzend ging er seinen Weg weiter. Andere waren für ihn nur noch Werkzeuge auf dem Weg nach ganz oben. Er bediente sich dieser – wie er sie im vertrauten Kreis bezeichnete – Lakaien, die gefälligst zu spuren und ihm zu Diensten zu sein hatten. Schließlich konnte ihm seiner Meinung nach niemand das Wasser reichen. Wagte jemand Widerspruch, bedeutete das das Ende von dessen Karriere. Wer es an der nötigen Ehrerbietung fehlen ließ, der wurde versetzt und wunderte sich nicht selten, warum es mit der Laufbahn nicht mehr voranging. Seine Umgebung empfand ihn zwischenzeitlich als geradezu unerträglich. Aber seine öffentlichen Auftritte gestaltete er nach wie vor grandios. Er konnte die Menschen vereinnahmen, sie – die sie ihn nicht näher kannten – jubelten ihm zu. Er war ein gefragter Redner, selbst hochrangige Politiker rechneten es sich zur Ehre an, wenn er eine ihrer Einladungen annahm.

Die böse Wunde, die ihm seine Frau zugefügt hatte, hörte zwar nicht auf zu schmerzen. Aber davon wusste niemand etwas. Er nahm sich Frauen, die sich gerne in seinem

Licht sonnten, aber nach kurzer Zeit erkennen mussten, welcher wahre Charakter ihn auszeichnete. Eine dauerhaftere Beziehung ergab sich nicht mehr. Daran war er auch nicht interessiert. Ganz bewusst ließ er die „jungen Dinger", wie er sich auszudrücken pflegte, spüren, dass sie froh sein konnten, wenn er sie in seiner Nähe duldete.

Kurz vor dem fast schon greifbaren Höhepunkt seiner Karriere stürzte ihn eine Intrige seines engeren Bekanntenkreises vom Thron. Diese angeblichen Freunde hatten alle eine Rechnung mit ihm zu begleichen. Sein Gespür für Stimmungen war ihm schon längere Zeit abhandengekommen. Seine Selbstüberschätzung und seine Egozentrik haben ihn keinerlei Warnhinweise mehr wahrnehmen lassen. Als er stürzte, gab es niemanden, der ihm hätte helfen wollen. Viele, viele kamen aus der Deckung und zahlten ihm heim, wie er sie behandelt hatte. Nur sein Vermögen und das elterliche Unternehmen ließen ihn nicht vollends ins Bodenlose stürzen. Neben seinem Bruder leitet er heute dieses Unternehmen. Er hat seinen Kommandoton und seine verletzende Art nicht abgelegt und gilt in weiten Teilen der Belegschaft als verhasst. Als selbst wichtige und tüchtige Mitarbeiter das Unternehmen wegen ihm verließen, drohte ihm sein Bruder. Doch unser ehemals mächtiger Wirtschaftsboss sieht auch in ihm nur einen zweitklassigen Manager und würde ihn am liebsten aus der Firma drängen.

Weder mit seiner Frau noch mit seinem Sohn hat er noch Kontakt. Nach wie vor pflegt er wechselnde Liebschaften und will im Mittelpunkt stehen. Sein Geld und Vermögen ermöglichen ihm ein Leben auf großem Fuß. Dass es kaum jemand länger bei ihm aushält, ist ihm angeblich egal. Die Menschen neben ihm sind für ihn überwiegend Dummköpfe und Blödmänner, von denen ihm keiner das Wasser reichen kann.

„Auweia“ werden Sie angesichts eines solchen Menschen sagen. Sie müssen wissen, das Bild überzeichnet nichts. Es wäre ein Leichtes, das vorgestellte Leben und die skizzierten Verhaltensweisen noch drastischer zu beschreiben. Wir haben es mit großer Wahrscheinlichkeit mit einem ziemlich zerrütteten Menschen zu tun. Wer mit einem solchen Menschentypen Erfahrung sammeln durfte, wird voraussichtlich die Augen verdrehen. Es dürften alles andere als erbauliche Erfahrungen sein. Wer es mit einem ausgeprägten Narzissten zu tun hat, wird es schwer haben. Das Ertragen eines solcherart vom eigenen Ego geradezu besoffenen Menschen stellt eine ständige Herausforderung und Belastung dar. Es geht dabei nicht nur um ein wenig Überheblichkeit oder Selbstüberschätzung. Die Selbstdarstellung und Selbstinszenierung fallen penetrant aus, Aufmerksamkeit wird zum Objekt der Begierde. Die Einzigartigkeit wird gravierend überbetont und andere Menschen entsprechend behandelt.

Mit dem Begriff „Narzissmus“ verbindet sich die Vorstellung eines egozentrischen, selbstgefälligen und ausbeuterischen Menschen. Die Eingangsgeschichte verweist in ihrer Radikalität durchaus auf eine seelische Krankheit, voraussichtlich würde ein Arzt und Psychiater von einer narzisstischen Persönlichkeitsstörung sprechen. Der Begriff selbst geht auf den griechischen Mythos zurück, wonach sich ein Jüngling namens Narkissos in sein Spiegelbild verliebt hatte. Nach allgemeinem Verständnis ist Narzissmus eine Mischung aus Selbstverliebtheit, Selbstbezogenheit, Selbstüberschätzung und Selbstbewunderung. Entgegen der Wahrnehmung von außen sind das aber Menschen, deren Selbstwertgefühl gestört ist und die unter unspezifischen Ängsten bis hin zu Gefühlen einer inneren Leere und Niedergeschlagenheit leiden. Es dominieren mithin eher depressive Symptome. Hinter den oftmals beobachtbaren hochmütigen und arroganten Haltungen und Verhaltensweisen spielen häufig Neid und Minderwertigkeitskomplexe eine Rolle und es dürfte offenkundig sein, dass die Beziehungen zu anderen Menschen nicht selten sehr stark belastet sind.

Für unsere Zusammenhänge ist nicht die seelische Krankheit von Interesse, sondern die eher zeittypische egoistische Selbstverliebtheit. Wir leben in einer Kultur, die diese Selbstverliebtheit fördert. Leistung und Status sind maßgebliche Ziele, denen auch im sozialen Vergleich eine hohe Bedeutung zukommt. Die Medien tun ein Übriges. Selbstdarstellung ist angesagt. Der Mensch im Allgemeinen neigt sowieso eher nicht zur Bescheidenheit. Talkshows, Superstar-Sendungen und deren Moderatorinnen und Moderatoren praktizieren bis zum Erbrechen ein Auffallen um jeden Preis. Genutzt wird die wettbewerbsorientierte Gesellschaft, die dem, der Besonderes vorzuweisen hat, Beifall ohne Ende spendet. Bemerkt-Werden besitzt Dringlichkeitscharakter, und wenn dies dem Sprössling nicht ausreichend geling, schämen sich annähernd durchgeknallte Eltern nicht, Unmögliches möglich machen zu wollen. Das kann schon im Kleinkindalter beobachtet werden, wenn es darum geht, dass die Vierjährige möglichst bereits Englischunterricht erhält (natürlich alles rein spielerisch, versteht sich). Und kaum beginnt der sogenannte Ernst des Lebens, nämlich die Schule, rechnet man das eigen Fleisch und Blut allzu gerne und allzu rasch zur Gruppe der Hochbegabten, weshalb nur die Lehrer daran schuld sein können, wenn die Zensuren diesem Großartigkeitsbild nicht entsprechen.

Den Kindern wird ihre riesige Bedeutung und Großartigkeit vermittelt, indem sie beständig im Mittelpunkt stehen und von den Eltern sogar noch ins Klassenzimmer begleitet und bemuttert werden. „Helikoptereltern“ hat sich dafür als Begriff durchgesetzt. Alles kreist um den lieben

Nachwuchs. Kürzlich hat darauf ein Schulleiter im schwäbischen Cannstatt (zu Stuttgart gehörend) reagiert. Er hat in einem Brief die Eltern gebeten, doch ein wenig Abstand zu wahren und sich zurückzuhalten. Damit meinte er, die Väter oder Mütter sollten doch bitte ihre Zöglinge nicht bis vor die Schultür bringen oder fahren und sie schon gar nicht bis ins Klassenzimmer hinein begleiten. Man hat ihm das durchaus übel genommen. Er hat sich trotz des durch und durch berechtigten Anliegens erheblich in die Nesseln gesetzt. Was fällt auch einem Schulleiter ein, der Eltern kritisiert, die doch nur das Beste für Sohn und Tochter erreichen und sich dabei möglichst noch selbst gut darstellen wollen? Man kümmert sich schließlich, ist sehr besorgt und rückt seinen Nachwuchs ins rechte Licht! Also, was soll da so ein Schulleiterschreiben?!

Das Internet sorgt sodann für alles Übrige an Überheblichkeit und Selbstüberschätzung. Ein Schnappschuss von sich selbst, ein Selfie, ist das Mindeste, um seine Mitwelt zu beeindrucken. Man kann diese Selfies durchaus als perfekte Metapher für eine immer stärker sich gebärdende narzisstische Kultur interpretieren. Ichbezogenheit, selbstschmeichelnde Verzerrungen der Wahrheit, Erfolg, Darstellung der eigenen Großartigkeit, Selbstinszenierung und was man gerade wieder Tolles macht – all das soll von anderen bewundert werden. Unauffälligkeit und Bescheidenheit? Um Gottes willen! Wie langweilig! Das sind ja fast schon Untugenden geworden. Schaut mich lieber an, bewundert mich, nehmt – möglichst neidisch – Teil an meinem Erfolg – das sind die Devisen, die mein Ego befriedigen. Und wenn es dumm läuft, mich scheitern lassen. Nicht nur, weil ich die Bodenhaftung verliere, sondern weil ich die Wirklichkeit beschönige, weil ich ständig meiner Einzigartigkeit hinterherhechle, und weil ich natürlich auch die vielen anderen Selfies sehe, auf denen die Menschen feiern, glücklich, verliebt, fröhlich, erfolgreich und schön sind. Und ich? Der

Rest der Welt ist offenkundig besser dran. Wenn ich mich vergleiche, merke ich ein Zurückliegen, eine nicht zu überbietende Konkurrenz, ein gockelhaftes Federspreizen, dem ich nie und nimmer genügen kann. Im Hintergrund lauert möglicherweise bereits die Depression, denn das ist das letzte, was ich aushalten kann: meine eigene Durchschnittlichkeit, mein eigenes Unvermögen und das Eingeständnis, nicht der oder die Größte, Schönste, Stärkste und Beste zu sein.

Wir sollten vorsichtig sein und ein wenig bedachtsamer. Unsere Gesellschaft ist getrieben von Wachstumswahn, von Konsumrausch, von einem immer besser, immer höher, immer weiter. Ein Innehalten und Reflektieren, was vielleicht aus dem Ruder läuft und was mit der Zeit einfach ungesund sein wird, ist zumindest angebracht. Wenn wir diese Rennen mitmachen, laufen wir Gefahr, im wahrsten Sinne des Wortes gestörte Verhaltensweisen zu entwickeln. Wir werden dann zu Getriebenen, zu Süchtigen, die zwar im Sinne des Systems funktionieren, aber innerlich unausgeglichener und bestimmt nie zufrieden werden. Es sei also davor gewarnt, unbedingt Aufmerksamkeit erreichen zu wollen.

In den Nachmittags- und Vorabend-Doku-Soaps können Sie das Tag für Tag beobachten: Da machen sich Männer und Frauen vor aller Welt lächerlich, breiten intimste Details aus und waschen schmutzige Wäsche vor einem Millionenpublikum. Junge Frauen und Männer lassen sich beschimpfen von sogenannten Jurymitgliedern, bestehend aus oft genug nicht einmal zweitklassigen Popsängern oder eiskalt-maskenhaften ehemaligen Supermodels, nur um Deutschlands Superstar oder Topmodel zu werden. Wie krank ist die Gesellschaft, die das noch mit den notwendigen Einschaltquoten goutiert? Und wie sehr sind die Beteiligten einem Aufmerksamkeitssyndrom verfallen, das bestenfalls, wenn überhaupt, meistens nur einen Moment lang das bietet, wonach gegiert wird: einmal im Mittelpunkt zu stehen, wenigstens einmal aller Welt zu demonstrieren, wie überragend man doch ist und die Bühne ganz allein für sich zu haben.

Diesen Zwang zur Selbstinszenierung könnten wir aushebeln. Wir hätten die Macht. Es müsste nur der Ausschalter am Fernseher gedrückt werden. Stattdessen ergötzen wir uns vielmehr an der Blamage derjenigen, die doch so viel Hoffnung hegen und sich tatsächlich nur entblöden. Wer nach dem Ausscheiden Tränen weint und untröstlich in die Arme von sich eigentlich hämisch freuenden Konkurrenten fällt oder voller Wut mit dem Bein gegen die Tür tritt: Welches gute Gefühl haben wir da vor dem Fernseher? Ach, wie traurig! Und wir genießen aufgesetzt mitleidig die Niederlage, die das verrückte Spiel am Leben hält.

Überlegen Sie, ob ein solches Spiel mitgemacht werden muss. Vielleicht ist man doch bedeutsam, ohne dass man Aufmerksamkeit erregt oder durch abwegig-abartiges Verhalten auffällt? Sie müssen nicht neidisch auf die Prominenten sein, denen der rote Teppich vorbehalten ist. Schauen Sie sich einmal nicht nur die Vorderseite an. Diese glänzt immer. Kratzen Sie ein bisschen an dem Lack oder blicken Sie in den Hintergrund: In nicht wenigen Fällen werden Sie feststellen, es ist alles andere als Gold, was dort glänzt. Sie finden eher beschädigte Menschen, die vielleicht im Geld schwimmen und die doch die Bodenhaftung verloren haben und deren Lachen und Strahlen unverzüglich vorbei ist, wenn die Kamera nicht mehr auf das geschminkte Gesicht zeigt. Wie unnatürlich, wie wenig authentisch! Wie verbogen und angepasst, nur um ein Bild aufrechtzuerhalten, wofür bestimmt ungemeine Energie aufgewendet werden muss! Denken Sie nur einmal an die angeblich überglücklich verheiratet gewesene Heidi Klum. Für Topmodels zuständig pendelt sie zwischen den Kontinenten, wie unsereiner zwanzig Kilometer zur Arbeit fährt. Oder schauen Sie sich die Bilder der Kinder an, die für idyllische Fotos herhalten durften, genauso wie damals ihr Superstar-Ehemann. Welches Trugbild! Welche Scheinwelt! Nicht zwingend erstrebenswert.

Härte und Kälte dürften sich dahinter weitaus eher verbergen als liebevolle Wärme und schützend-tragfähige Beziehungen. Das viele Geld und das riesige Vermögen dienen dann wahrscheinlich als Puffer, um das Ganze auszuhalten. Und oft genug fehlt es früher oder später selbst an dieser Wirkung: Ob Elvis Presley, Michael Jackson, Amy Whinehouse oder Whitney Housten, die Liste ließe sich leichter Hand erweitern. Alle hatten buchstäblich (materiell) alles. Es hat nichts genutzt. Der ganze ungeheure Reichtum und der Aufmerksamkeit sichernde Prominentenstatus konnten eine Lebensüberdrüssigkeit nicht verhindern. Damit ich nicht missverstanden werde: Wer materiell sehr gut gestellt ist, wer in der vordersten Reihe steht und eine gewichtige Position im beruflich-gesellschaftlichen Leben einnimmt, darf all das zu schätzen wissen und sollte es unbedingt genießen können. Respekt und Anerkennung sind dann verdient, wenn das auf legalem und legitimem Weg erreicht wurde. Legitim heißt: nicht auf Kosten anderer oder auf Kosten der Umwelt, mit anständigen Mitteln und ohne Lug und Trug und ohne Leichen im Keller.

Natürlich benötigen wir den Antrieb zum Fortschritt. In gewissem Maße kann Narzissmus auch gesund sein. Gemeint ist damit ein Mensch, der von sich überzeugt ist und zu sich sagen kann, ich bin in Ordnung. Der dabei weiß, was er kann, aber auch weiß, was seine Fehler und Schwächen sind. Der diese auch zugeben kann und der, falls er Kritik erfährt, damit in einer sich weiterentwickelnden Weise umgeht, der andere nicht kleiner machen muss, nur um größer zu erscheinen. Ein solcher Mensch kann und soll natürlich ehrgeizig sein, er soll durchaus einen Willen zur Macht haben, er soll neugierig bleiben, sich weiterbilden und seine Ziele anstreben. Diese mögen auch mit einem äußeren Wachstum zu tun haben, wichtig ist aber, dass das innere Wachstum nicht vernachlässigt wird. Das sich dann auch auf die Verantwortung für die Umwelt und die Mitmenschen ausrichtet. Das Gefühl und das Gespür für andere und deren Sorgen und Nöte soll sich mehr und mehr entwickeln und sich ein Sich-Kümmern einstellen, wenn erkannt wird, dass Mitmenschen Hilfe und Unterstützung brauchen. Das verschafft mit Sicherheit weit mehr an beständiger Zufriedenheit als die Augenblicksbefriedigung egoistischen Strebens.

In diesem Zusammenhang muss auch die gerade erwähnte Macht genauer thematisiert werden. Wer es in der Politik oder im Management zu etwas bringen will, darf diese Dimension nicht vernachlässigen. Es wäre zu schön, um wahr zu sein: Aber ohne Macht wird man es nicht weit bringen. Führungskräfte benötigen folglich eine Spur Narzissmus. Sonst bleiben sie wahrscheinlich eher früher als später im Konkurrenzrennen auf der Strecke. Wettbewerb und Konkurrenz sind Systemkennzeichen der Wirtschaft und Politik. Alle Versuche, daran etwas zu ändern, sind kläglich gescheitert. Es sind zu beachtende Rahmenbedingungen. Führungspersönlichkeiten wollen bewundert werden, benötigen zumeist Statussymbole und haben oft einen Hang zur Selbstdarstellung, zumindest können sie sich in der Öffentlichkeit gut präsentieren. Sie mögen auch die Konkurrenz und Auseinandersetzung. Damit sind Umstände benannt, die von erheblicher Bedeutung für ein Vorankommen und die Sicherung des Überlebens im globalen Wettbewerb sind. Ohne ein Korrektiv kippen diese Umstände jedoch ins Leidvolle. Der Manager oder der Politiker, der nicht mehr zuhören kann, dem jegliche Empathie verloren gegangen ist, der andere Meinungen nur noch vom Tisch wischt und andere auch dann noch tritt, wenn diese schon am Boden liegen, der sich mit Ja-Sager-Kulturen umgibt und dem es an langfristiger, nachhaltiger Orientierung fehlt, schadet nicht nur den Menschen und der Umwelt, sondern auch sich selbst.

Auf dem Weg zur Macht oder in einer machtvollen Position muss es um einen *gesunden* Narzissmus gehen. Damit zeichnen sich ausreichend stabile Persönlichkeiten aus, die das eigene Handeln reflektieren und Werthaltungen vorleben, die langfristig der Unternehmung und der Umwelt dienen. Sie sind in der Lage, Unsicherheit zuzulassen und erweisen ihre Kompetenz auch im Zulassen von Kooperation sowie im Unterstützen von anderen Menschen und Teams und deren Potenzialentwicklung. So scheint mir Macht und die Ausübung von Macht legitimierbar. Das Handeln und Entscheiden besitzt dann immer auch einen Bezug zu einer Gemeinwohlorientierung. Das Gegenteil ist das Ekelpaket, das ein Unternehmen oder ein Parteiziel auf kurzfristigen Nach-mir-die-Sintflut-Erfolg trimmt. Kühle, am eigenen Profit interessierte Machtmenschen, denen das Schicksal von Menschen egal ist – das sind letztlich die Kaputtmacher eines sich auf humane Grundwerte ausgerichteten Demokratiesystems. Um unser eigenes Lebenswohl zu sichern, sollten wir daher bei allem Egoismus, der nun einmal gegeben ist, und allem Eigennutz, der nun einmal weitgehend das Leben bestimmt, innehalten können. Wir sollten uns ein Gespür und ein Gefühl für absonderlichen Entwicklungen bewahren. Dann sind wir auch in der Lage, Entwicklungen, die eine Tendenz zum Inhumanen haben oder die überwiegend eine Gemeinwohlorientierung verfehlen, eine eindeutige Absage zu erteilen. Wir müssen diese verirrenden Spiele nicht mitmachen. Wir müssen als ersten Schritt aufhören, uns daran zu ergötzen. Wenn das alles jedoch als Unterhaltungswert akzeptiert wird, rennen wir Wertlosem hinterher. Unser Leben wird dadurch bestimmt nicht reicher.

Zum Schluss ein Witzchen, ein Aphorismus oder sonst ein kluger Spruch

„Hallihallo Julia, Christoph hier!“
„Nett, dass du dich schon meldest. Findest mich gut, oder? Klar ist ja, als Gott mich schuf, sagte er: ‚Wow‘. Solltest du anderer Meinung sein, hast du vielleicht recht. Aber meine Auffassung ist die bessere und sowieso entscheidend. Und weißt du: Ich würde meine Fehler ja zugeben – wenn ich welche hätte. Ich habe eben von Natur aus Ausstrahlung. Dazu ein Lächeln und eine Intelligenz! Was kann ich dafür. Ich bin eben ein sympathischer Typ. Man muss mich einfach erleben. Aber genug von mir. Wie geht es dir eigentlich? Mir geht es jedenfalls super. Da könntest du dir gleich eine Scheibe abschneiden.“

Oxytocin oder: Neurobiologie und Hirnforschung erklären vieles, doch sollte für ein gutes Leben Philosophieren nicht vergessen werden

Die Geschichte

Die Fortschritte der Hirnforschung in den letzten Jahrzehnten sind geradezu atemberaubend. Es fließen ungemein Gelder in die entsprechende Forschung. Bücher, die auf neurobiologischer Basis die Seele und Psyche erklären, haben Hochkonjunktur. Das liest sich spannend und man glaubt, menschliches Verhalten endlich auf naturwissenschaftlicher Basis erklären zu können: Weshalb ein Mensch glücklich oder unglücklich ist, weshalb er vor Freude platzt oder aus Wut die Kontrolle verliert, wieso ihn Traurigkeit überfällt oder er hochmotiviert nahezu unlösbare Aufgaben in Angriff nimmt – alles erklärbar, wenn neben dem Aufbau und den Funktionen des Gehirns die Wirkung von Neuromodulatoren, Neuropeptiden und Neurohormonen verstanden wird. In der Tat sind die Erkenntnisfortschritte enorm. Die Forscher und Wissenschaftlicher wissen zwischenzeitlich um die Rolle, die Neurotransmitter spielen, so etwa Dopamin, Noradrenalin oder Serotonin. Sie werden auch Neuromodulatoren genannt, zu denen noch Acetylcholin gehört, die allesamt die Wirkung anderer Neurotransmitter verändern. Andere Moleküle beeinflussen ebenso neuronale Erregungsübertragungen. Sie werden als Neuropeptide und als Neurohormone zusammengefasst. Dazu gehört das Peptid Oxytocin, das im Körper zum Beispiel freigesetzt wird bei der Geburt eines Kindes, dem Saugen an der mütterlichen Brust oder der Berührung der Haut. Oxytocin fördert nicht nur mütterliches Fürsorgeverhalten, sondern hilft auch in Stresssituationen, weil es einen hemmenden Einfluss auf die Cortisolfreisetzung, einem Stresshormon, besitzt. Oxytocin verbessert darüber hinaus das Erkennen emotionaler Hinweise und fördert offenbar die Bereitschaft, Risiken bezüglich kooperativen und vertrauensvollen Verhaltens einzugehen. Zahlreiche Studien wiesen einiges mehr nach, genauso gilt das auch für Vasopressin, Glucocorticoide oder endogene Opioide. So wird es möglich, psychische Erkrankungen und Persönlichkeitsstörungen auf neurobiologischer Grundlage zu erklären. Ebenso können Persönlichkeitsmodelle konstruiert werden, die diese biologisch-chemischen Vorgänge im Zusammenspiel verschiedener Körperorgane und -funktionen, im Besonderen mit dem Gehirn und dessen unterschiedlichen Ebenen, in den Mittelpunkt stellen.

Die Philosophie fühlte sich dann auch massiv von den naturwissenschaftlichen Welterklärungen der Neurobiologen und Hirnforscher angegriffen. Unter einer historischen Perspektive besaß sie einmal das Monopol der Welterklärung. Doch hatten sich zunächst Mathematik und Naturwissenschaften von ihr mehr und mehr emanzipiert, was für sie eine erste ernsthafte Kränkung bedeutete, bekam sie dann um 1900 herum in der sich selbstständig machenden Psychologie einen weiteren Gegner. Experimentierende und philosophiefeindliche Psychologen grenzten sich entschieden ab und machten sich selbstständig. Beiden erwuchs, der Philosophie allerdings noch weitaus mehr als der Psychologie, mit dem Siegeszug der Naturwissenschaften in Form der modernen Hirnforschung, eine höchst irritierende Konkurrenz. Vor einigen Jahren brach zwischen Philosophen und Hirnforschern ein vehement geführter Streit über die Frage der Willensfreiheit des Menschen aus. Die Fortschritte der Hirnforschung, die vor allem auf dem Einsatz neuer Techniken wie bildgebenden Verfahren beruhen, die geistig-seelische Funktionen mit erstaunlicher Präzision Arealen der Hirnrinde zuordnen können, lassen die Philosophie manchmal wie abgehängt oder eine alte Oma erscheinen.

Jedoch: ganz so eindeutig ist es nicht und die Philosophie muss sich nicht verstecken. Denken Sie nur an das, was wir Bewusstsein nennen. Wie fühlt es sich denn an, wenn eine Wahrnehmung im Spiel ist, wenn ein Körpergefühl auftritt oder ein Gedanke aufkommt? Wie ist mir dann zumute? Dieses Zumute-Sein ist somatisch schwer zu erklären. Es lässt sich nicht als eine Eigenschaft biochemischer Vorgänge und elektromagnetischer Reizströme erklären. Es gibt folglich eine naturwissenschaftliche Erklärungslücke. Nun sollten darüber Philosophie und Hirnforschung nicht in Grabenkämpfe gehen. Widerstand von beiden Seiten würden eher Chancen auf weitere Erkenntnisse behindern oder verhindern. Eigentlich sollte kooperiert werden, um mit unterschiedlichen Methoden und verschiedener Perspektiven unser Leben zu erklären und vor allem Hilfestellung für eine gute Gestaltung dieses Lebens anzubieten.

Tatsachen, Reflexionen, Anregungen

Es soll nachfolgend jenseits von Neurobiologie und Hirnforschung unter verschiedenster Perspektive der Frage nachgegangen werden: Was ist das gute Leben? Erwarten Sie bitte keine abschließenden Antworten und auch nichts Vollständiges. Es geht „nur“ um Denkanstöße, um Impulse und Anregungen und um nicht mehr. Jede und jeder von uns ist in der Lage, aus den jeweils spezifischen Gegebenheiten und Umständen heraus darüber nachzudenken und gegebenenfalls Schlüsse zu ziehen und Konsequenzen abzuleiten.

Gehen wir zunächst einmal von einigen Schwierigkeiten aus, denen sich der Mensch ausgesetzt fühlt und die er nur schwerlich akzeptieren kann. Womit möglicherweise schon ein erster Fehler, zumindest ein Missverständnis in seiner Beziehung zur Welt, vorliegt, die ihm Glück, Freude und Zufriedenheit vermiesen können. So muss – wenn auch schmerzlich – anerkannt werden, wir haben selbst bei größter Umsicht und bei sorgfältigster Planung unser Leben nicht in der Hand. Ungewissheit zeichnet unsere Existenz aus. Alles Wünschen und Wollen, alles Streben und Mühen, alles Hoffen und Erwarten findet Grenzen oder gar ein Ende, wenn nicht berechenbare, nicht planbare, nicht vorhersehbare Umstände ins Spiel kommen. Pläne machen, versuchen, die Dinge im Griff halten, akribisches Berechnen: gut und recht. Das gibt Orientierung, hilft gegen Unsicherheit und verweist auf jeden Fall auf ein verantwortungsvolles Vorgehen. Aber wir können Unsicherheit nicht vollständig aufheben. Es bleibt immer eine Art Restangst, etwas könnte nicht funktionieren, nicht so kommen, nicht so klappen, wie wir es ersehnen.

Es gibt das Phänomen, dass manche Menschen auf der Stelle treten aus lauter Angst, die falsche Entscheidung zu treffen und den falschen Weg einzuschlagen. Unschlüssig, abwägend, die Argumente hin und her bewegend stehen sie wie vor einer verschlossenen Tür, die man doch nicht aufmachen will. Vergessen Sie nicht: Letztlich zählt nur das Handeln, sonst erfährt man nie, was sich hinter der Tür verbirgt. Handeln birgt allerdings Risiken. Abwarten und es nicht wagen oder sein lassen hingegen ist häufig ungefährlich, führt aber eben nicht weiter. Energie verpufft, Begeisterung erlischt, die Absicherungsmentalität hält unsere Angst unter Kontrolle. Wir sehen: Um in der Realität weiterzukommen und Entwicklungschancen wahrzunehmen, müssen wir Risiken eingehen, die schmerzliche Wirkungen haben können. Es wäre eine Illusion, hinter der Tür nur Gutes und das Erwünschte zu erwarten. Anders: hinter dem Horizont ist es nicht unbedingt besser. In diesem gesamten Zusammenhang ist Zeit das, was ein grundsätzliches Lebensgefühl ausmacht. Die Zeit ist nämlich die konkrete und unentrinnbare Form, in der sich unser Leben darstellt. Unsere Hoffnungen, unser Hasten, unser Begehren, unsere Enttäuschungen, unser Ehrgeiz, unser Streben, unsere Panik – all das sind Funktionen der Zeit. Unser Ehrgeiz drangsaliert uns wegen der endlichen Frist, nach deren Ablauf wir nicht mehr zeigen können, was in uns steckt oder was in einer bestimmten Situation möglich wäre. Die Hoffnung auf die große Liebe, die dann nicht kommt oder die nicht erwidert wird, lässt uns im Zeitablauf verzweifeln und leiden. Wir verlieren sie, weil wir älter werden und die Umstände sich ändern. Wir hoffen auf den beruflichen Aufstieg, tun viel für die ersehnte Beförderung und müssen irgendwann bemerken, dass alles keinen Wert hatte und wir älter, vielleicht zu alt geworden sind, um das Berufsziel doch noch zu erreichen. Die Zeit begleitet uns auf Schritt und Tritt und zeigt uns im Kleinen Tag für Tag, dass es viele kleine Tode gibt, bevor tatsächlich abschließend alles vorbei ist. Das mag sich gar nicht gut anhören. Man sollte sich aber nichts vormachen und diese Bedingungen unseres Lebens anerkennen. Es besteht deshalb noch lange kein Grund zum Resignieren oder zu einer fatalen Einstellung. Das gute Leben muss nicht nur als bloße Idee im Raum stehen. Es zu realisieren setzt einiges voraus. Doch haben wir dafür gar nicht so wenige Möglichkeiten.

Zwei dieser Möglichkeiten drehen sich um Ehrfurcht und um die Art und Weise, wie wir uns zur Welt in Beziehung setzen. Diese Weltbeziehung und damit verbunden, die – wie der Soziologe Hartmut Rosa dazu sagt – Resonanzachsen, sind grundlegend. Ein Gedankenspiel soll uns deren Bedeutung vor Augen führen: Ilse Wagner und Maja Zimmermann sind beide 40 Jahre alt, verheiratet und haben jeweils zwei Kinder im Alter von 13 und 7 Jahren. Ihre Ehen sind stabil, die Ehemänner beruflich erfolgreich. Sie leben in wirtschaftlich gesicherten Verhältnissen, sind beide mit einem halben Lehrauftrag als Lehrerinnen an Gymnasien tätig und haben keine wirklichen Sorgen. Beide betrachten wir, als läge alles identisch vor. Beide korrigieren also am Spätnachmittag Klassenarbeiten, die durchschnittlich ausfallen. Ilse ärgert sich darüber, sie hat mehr erwartet. Maja hingegen freut sich, die meisten Schülerinnen und Schüler haben ganz ordentliche Noten erreicht. Dann kommen die pubertierenden Töchter heim. Sie gehen grußlos in ihr Zimmer, worüber sich Ilses Mutter gleich aufregt und mit ihrer Tochter einen Streit anfängt. Maja klopft dagegen nach einer Weile an die Tür ihrer Tochter und fragt, ob es ihr nicht gut gehe und dass es nett wäre, wenn sie zumindest ein „Guten Abend" sagen könnte. Sie lächelt dabei liebe- und verständnisvoll. Eine Stunde später werden die beiden Frauen von ihren Männern angerufen, die geschäftlich aufgehalten worden sind und nicht pünktlich zum Abendessen daheim sein können. Maja nimmt es gelassen, so ist das eben in einer führenden Managementposition. Ilse dagegen bläst mächtig die Backen auf und meckert am Telefon. Als sie später im Fernsehen einen Krimi anschauen, bitten ihre Söhne jeweils um Hilfe bei der Lösung einer Hausaufgabe. Maja unterbricht das Fernsehen, tadelt sanft ihren Nachwuchs, weil er so spät erst die Hausaufgaben erledigt und setzt sich dann mit ihm eine Viertelstunde zusammen. Danach kehrt sie zum Krimi zurück. Ilse regt sich über die Unterbrechung auf. Sie schimpft mit ihrem Sohn, weil um diese Zeit die Hausaufgaben längstens erledigt sein sollten. Missmutig hilft sie ihm eine Viertelstunde lang bei den Lösungen. Anschließend ist ihr die Lust am Fernsehen vergangen.

Dieses Gedankenexperiment zeigt, wie die beiden doch überaus unterschiedlich zur Welt stehen. Auch wenn alles gleich ist, sich der Tagesablauf und die Geschehnisse nicht unterscheiden, interpretieren und agieren die beiden doch so verschieden. Es sind schlichtweg andere Weltverhältnisse oder andere Weltbeziehungen, die deren Lebensqualität bestimmen. Man kann auch etwas trivial sagen, selbst wenn alles reichlich vorhanden ist, was zu einem guten Leben notwendig erscheint, ist der Mensch immer noch in der Lage, sein Glück mit Füßen zu treten. Aber auch anders herum wird ein Schuh daraus: Selbst wenn widrige und alles andere als optimale Umstände gegeben sind, kann der Mensch seinem Leben noch viel Gutes abgewinnen und das Schöne und Wertvolle sehen, das ihm trotz allem doch beschieden ist. Es soll jetzt keinesfalls um ein Besänftigen und Beschönigen gehen und so getan werden, als ob Rückschläge, Niederlagen, Widrigkeiten und Verluste einfach weggesteckt gehören und irgendwie oder irgendwo noch Gutes erkannt werden könnte. Ganz so simpel wollen wir es nicht halten. Jedoch: Schauen wir uns Maja und Ilse an, bemerken wir Unterschiede im Verständnis, in der Art der Großzügigkeit und Toleranz, im Maß der Abwehr und in der Form der Leichtigkeit des Annehmens von Gegebenheiten. Man muss bestimmt nicht lange überlegen, wer von beiden einen gelungenen bzw. misslungenen Tag hinter sich bringt. So unterschiedlich die beiden Charaktere und Persönlichkeiten bei sonst allem Gleichen auch sind, so deutlich nehmen wir deren Beziehungen, gewissermaßen deren Draht zur Welt unter einer speziellen Perspektive in den Blick. Eine Voraussetzung für ein gutes, ein gelingendes Leben ist, dass man das Leben liebt. Oder besser: wenn wir die Menschen, die Aufgaben, die Dinge, die Werkzeuge, die Räume und all das, was uns als „Welt" begegnet, lieben. Und sollte „Liebe" in mancherlei Hinsicht übertrieben erscheinen, dann ist es vielleicht angezeigt, von Respekt, Anerkennung und Wertschätzung zu sprechen. Wenn diese anderen Menschen entgegengebracht werden, stellt sich zwar nicht immer, aber sicherlich oft genug, Resonanz ein. Der Mensch bekommt dann Liebe oder Respekt, Anerkennung und Wertschätzung zurück. Er fühlt sich angenommen, aufgenommen und aufgehoben in dieser Welt.

Dafür, dass diese Resonanzachsen von Mensch zu Mensch intakt sind und intakt bleiben, kann der Einzelne sehr viel tun. Es gibt Handlungskomponenten, die ausgeprägte Resonanzkiller sind. Wettbewerb, scharfe Konkurrenz und das Mitmachen einer ständigen Beschleunigung bis hin zum Akzeptieren dessen, was ein anderer Soziologe, der US-Amerikaner Richard Sennett, als „flexiblen Menschen" beschreibt, sind Kaputtmacher und erzeugen eher Angst. Angst davor, abgehängt zu werden, nicht mehr mithalten zu können, immer mehr leisten und über jeden Stock, der hingehalten wird, springen zu müssen, nur um in dem großen Hamsterrad immer weiter rastlos zu hetzen und allem und jedem zu beweisen, welch großartiger Held man ist. Man übersieht bei diesem Wettrennen, dass das eigene Lebensglück vom Glück anderer Personen mit abhängt. Glück geht nie in der nur je eigenen Lebensqualität auf. Es ist längstens nachgewiesen (offenbar hat es sich aber noch nicht besonders umfänglich herumgesprochen), welche Bedürfnisse das Glücksempfinden maßgeblich beeinflussen. Vor allem Gesundheit und soziale Bindungen sind die zu wertschätzenden Elemente. Dazu gehört ebenso das Bedürfnis nach sozialer Anerkennung, d.h. Zugehörigkeit zu und die Annahme durch andere, muss für ein gutes Leben gestillt werden. Mit eigener Tätigkeit für andere oder anderes (z.B. Tiere, Natur) kann dann Lebenssinn gestiftet werden. Eine Sinnerfahrung ist mit der Empathie zugunsten des Wohlergehens anderer verbunden. Ein Engagement für andere, ohne dass dieses auch nur einen Cent einbringt, ist wertvoll und unterstützt das eigene Lebensglück. Diese gelebte Solidarität mit Kranken, Armen, Schwachen und Hilfebedürftigen und der damit praktizierte Gemeinsinn sind von höchster Werthaltigkeit und geben Kraft für unser eigenes Selbst. Toleranz, Mitleid und Einfühlungsvermögen sind die Fundamente für dieses Engagement. Genau damit entgeht man der Vereinzelung, der Orientierungslosigkeit, der Oberflächlichkeit und der Instabilität zwischenmenschlicher Beziehungen und kann das übliche Hamsterrad verlassen, um vielleicht „kleinere Räder" zu drehen, die einerseits nichts an Geld, Macht und Herrschaft bringen und andererseits doch sehr viel zu einem guten Leben beitragen.

In diesem Zusammenhang soll auf alle Fälle noch etwas ins Spiel gebracht werden, das möglicherweise religiös anmutet. Das darf es durchaus, doch ist es auch ohne Religionsanbindung bedeutungsvoll: Ehrfurcht. Ehrfurcht ist das Gegenteil von Respektlosigkeit, Gleichgültigkeit, Hohn und auch das Gegenteil von Neid. Wer ehrfürchtig (keineswegs ängstlich!) durchs Leben geht, hat ein Fundament, das trägt: Es ist die Tatsache und die damit verbundene Dankbarkeit, dass man sein Leben geschenkt bekommen hat. Ehrfurcht umfasst neben dieser Dankbarkeit auch Bewunderung. Bewunderung für die Schöpfung, die es zu pflegen und zu erhalten gilt. Bewunderung für die Schönheiten dieser Welt, die allerdings nichts mit den Modelschönheiten oder der aufgesetzten und oft genug verlogenen Glitzerwelt der Stars zu tun haben. Für im Glauben verhaftete Menschen kann das auch Ehrfurcht vor Gott bedeuten. Das ist bestimmt nichts Unvernünftiges. Glauben und Vernunft schließen sich nicht grundsätzlich aus. Ehrfrucht vor Gott, vor der Schöpfung, vor dem Leben erdet den Menschen. Er findet darüber zu einem wertvollen Gleichgewicht, das Gerechtigkeit einschließt. Es verhindert ein Denken, das den Lebenssinn in der Anhäufung von Konsumgütern ausmacht, in im Konkurrenzkampf erreichten Karrierefortschritten und im Ausleben jeglicher Gelüste, bei denen es kein Tabu mehr zu geben scheint. Globale Märkte, die keine Rücksicht nehmen auf die natürliche Umwelt, die Ungleichheit und Ausbeutung zementieren, und unser Leben immer mehr beschleunigen, bis wir buchstäblich unter die Räder kommen, haben das Korrektiv der Ehrfurcht dringend nötig. Die Eindimensionalität einer durch und durch neoliberalistischen Gesellschaft, deren Beschleunigung Rhythmus und Takt von menschlichem, tierischen und pflanzlichem Leben behindern und zerstören und die eine maßgebliche Komponente der Zeitkrise darstellt, erzeugt für die meisten vor allem psychischen Druck.

Das ist auch ein Grund dafür, dass Arbeitszeit und Freizeit, die eigentlich Erholungszeit sein sollte, ineinander übergehen und kaum mehr zu trennen sind. Die Arbeit nimmt man mit in den Feierabend, wobei dieser Begriff fast wie ein schlechter Witz klingt. Es gibt nichts zu feiern, vielmehr muss weitergeackert werden, selbstverständlich auch am Wochenende, wozu gehört, dass man allzeit erreichbar ist. E-Mails werden dann nachts um ein Uhr versandt in der Erwartung, dass sie morgens gleich bearbeitet werden. Und wenn das Handy noch vor Arbeitsbeginn klingelt und man in dieses unablässig hineinquatscht, ist das kaum ein lustiges Phänomen. Fahren Sie einmal am frühen Morgen zum Beispiel mit einem ICE von Stuttgart nach Frankfurt. Wenn Sie sich ein wenig Distanz zu den Verrücktheiten des Lebens bewahrt haben, können Sie die irre Entwicklung betrachten: Eingeschaltete Laptops, in die noch vor halb sieben hineingehämmert wird, im ganzen Großraumwagen wird verhandelt, diskutiert, taktiert, befohlen – wen wundert es, dass diese Menschen unruhig schlafen. Jedes Zeitfenster ist eine durch Leistungsdruck umrahmte Arbeitszeit geworden.

Wundern Sie sich angesichts dieser Entwicklungen, dass die Seele darüber krank wird? Burnout kann jedenfalls als Beschleunigungs- und Leistungskrankheit gesehen werden. Was kann helfen, der Hektik wenigstens immer wieder einmal zu entgehen, abzubremsen und zu entschleunigen? Es gibt ein technisches Phänomen, das gar keine schlechten Hinweise bietet. Die Deutsche Bahn, durchaus bekannt für Unpünktlichkeit, hat eine ganze Zeit lang die Züge mit Höchstgeschwindigkeit fahren lassen und die Umsteigezeiten knapp kalkuliert. Um ganz schnell ans Ziel zu kommen und – ziemlich verrückt – um Zeit zu sparen. Seit Momo wissen wir, das mit dem Zeitsparen funktioniert nicht und geht auch nicht. Die Bahn machte insoweit die schmerzhafte Erfahrung sehr häufiger Unpünktlichkeit und die Anschlusszüge waren im wahrsten Sinne des Wortes schon abgefahren. Zeitverluste, die der Reisende wegen seiner gleichfalls engen Terminplanung kaum aushielt. Anstatt dass die Stunde Wartezeit zu einem Verweilen, zum Lesen, zu einer gemütlichen Tasse Kaffee genutzt worden wäre. Ein dauerndes „auf die Uhr schauen“, eine Stunde lang Verärgerung, Schimpfen und ein Stressmachen und vor lauter Frustration noch irgendetwas Ungesundes in sich hineinstopfen. Die Bahn hat dann doch etwas gelernt, ist also ein wenig klüger geworden. Sie fährt zwischenzeitlich auch langsamer und die Anschlusszeiten sind teilweise großzügiger geworden. Und siehe da: Sich Zeit zu lassen kann nicht nur Druck herausnehmen, sondern wirkt vortrefflich gegen das Gehetzt-Sein. Anders: sich Zeit zu lassen spart immens viel Zeit. Dieses Zeitsparen ist etwas gänzlich anderes als das, was man mit Höchstgeschwindigkeit und minimaler Taktung erreichen will. Wir sollten folglich (ein Stück weit) umdenken.

Wer Zeitmanagementseminare besucht und Tipps für eine effizientere und effektivere Zeitnutzung versprochen bekommt, erhält das Gegenteil dessen, was er erhofft. Ziel ist es bei diesen Unsinnsseminaren nämlich, in noch kürzerer Zeit noch mehr Dinge erledigen zu können. Was ebenso zu mehr Stress führt wie die im selben Seminar angepriesenen „schnellen Entspannungstricks“, die in der Regel wieder unter Druck setzen, d. h. alles andere als zur Entspannung beitragen und den Stress weiter steigern. Irre, oder etwa nicht?

Der erste Schritt, um davon wegzukommen, ist – so trivial sich das anhören vermag –, Zeit für echte Ruhepausen einzuplanen. Dazu gehört eine Überprüfung der Arbeitszeit mit seinen persönlichen Vorlieben, für die unbedingt Zeit eingeplant gehört, wenn Lebenszufriedenheit angestrebt wird.

Zweitens muss man sich in diesen Ruhepausen vor Augen führen, was Muße heißt. Man wird dann anerkennen, dass ein randvoll gestopfter Terminkalender nur vordergründig das Gefühl vermittelt, man würde keine Zeit vertrödeln, sondern diese nutzen. Hintergründig geht wertvolle Lebenszeit kaputt. Muße hat nichts mit vertrödeln zu tun. Muße ist ein Genießen ohne Grund, nur für Körper und Seele ist Zeit reserviert, Erholzeit, Entspannungszeit, die nicht nur die äußeren Bedingungen vorübergehend nicht mehr akzeptiert und gut sein lässt, sondern zu einer inneren Haltung beiträgt, die Müßiggang gerade nicht als den Anfang allen Lasters einschätzt.

Der dritte Schritt ist, wenn die Erfahrung dieser genussvollen Ruhe gemacht worden ist, diese sorgsam zu pflegen. Damit verbinden kann man die Beantwortung der Frage: Wann ist es eigentlich für mich genug? Genug mit arbeiten, genug mit hetzen, genug mit Überstunden, genug mit noch mehr Geld verdienen, genug mit einem noch PS-stärkeren Auto, genug mit noch einem weiteren Kleid oder Anzug, mit denen beim nächsten Meeting oder der nächsten Party beeindruckt werden soll.

Ruheräume und Zeiten der Stille müssen in unserer Gesellschaft sicherlich nicht selten erkämpft werden. Umsonst gibt es sie nicht, man muss einen Preis bezahlen. Wägen Sie den Preis ab vor der entscheidenden Frage für ein gutes Leben: Wann ist es eigentlich für mich genug?

Zum Schluss ein Witzchen, ein Aphorismus oder ein sonst kluger Satz

„Alles Unglück der Menschen kommt von einem Einzigen – dass sie es nämlich nicht verstehen, in Ruhe in einem Zimmer zu bleiben."

Blaise Pascal, französischer Mathematiker, Physiker und Philosoph, 1623–1662

Pläne oder: Was soll man machen mit seiner Lebenszeit? – Von Lebenszielen und wie man sich selbst sabotieren kann

Die Geschichte

Maike und Roman haben sich während ihres Studiums an einer großen süddeutschen Universität kennengelernt. Trotz erheblicher Unterschiede in ihren Lebensweisen und Einstellungen haben sie sich verliebt und sind nun seit fast fünfundzwanzig Jahren verheiratet. Maike studierte Sprachen und Geschichte, Roman absolvierte ein betriebswirtschaftliches Studium mit stark mathematischen Akzenten und war bereits im Studium von Organisationsfragen und Projektmanagement fasziniert. So musste es nicht verwundern, dass er als Projektmanager Karriere machte, wobei er die damit einhergehenden Fähigkeiten auch im Privatleben anwandte. Zielformulierungen, Meilensteindefinitionen und exakte Einzelschritte zum Erreichen dieser Etappenziele einschließlich der ihm notwendig erscheinenden Zeitvorgaben nahmen Ausmaße an, über die sich seine Frau mehr und mehr lustig machen konnte. Maike nahm vieles lockerer, ließ die Dinge auf sich zukommen und dem Geschehen seinen Lauf. Sie wunderte sich zwar immer wieder einmal, weshalb manches nicht wie erhofft funktionierte und musste sich hin und wieder den Vorwurf anhören, sie lebe in den Tag hinein und wäre besser beraten, ihr Leben mit klaren Zielvorstellungen besser in den Griff zu bekommen. Zum Streit kam es allerdings mit Roman, als dieser die Feier zu seinem fünfzigsten Geburtstag plante. Akribisch stellte er zunächst einen Ablaufplan auf, den er zigmal korrigierte, an neue Ideen anpasste und Abende und Wochenenden lang eine Perfektion an den Tag legte, die seiner Frau letztlich zu viel wurde. Völlig verständnislos reagierte er, als Maike erklärte: „Wir haben noch gut drei Monate Zeit bis zu deinem Geburtstag. Reservieren wir doch einfach beim Italiener den Nebenraum, laden alle diejenigen ein, die du dabei haben möchtest, das geht am einfachsten per E-Mail, und ist ruckzuck passiert. Jeder soll essen und trinken, was er will und dann genießen wir die Feier und fertig. Wir feiern einfach und machen uns keinen Kopf, ob eine blaue oder rote oder gelbe Einladungskarte das Richtige wäre, ob wir sie vier oder zehn Wochen vor der Feier versenden, ob auf den Tischen Rosen oder Tulpen stehen sollen, ob vorab ein Stehempfang stattfinden soll und weiß Gott, was noch. Wir laden einfach ein, feiern, sind fröhlich und wem's nicht passt, der soll wegbleiben. Was soll denn da die ganze Planung? Es ist ein Geburtstagsfest und kein Staatsakt! Ein Anruf im Lokal und reservieren. Eine E-Mail schreiben und versenden an all diejenigen, die wir dabei haben wollen. Das ist alles, fertig! Dafür benötige ich keine zwei Stunden und du wirst sehen, die meisten freuen sich, und wir haben einen super Abend." Roman fühlte sich ziemlich missverstanden. Ein Wort gab das andere. Der Streit artete dann ins Grundsätzliche aus.

„Ich bin jetzt demnächst Fünfzig. Da wird der Flaschenhals enger. Verstehst du? Da muss man sorgfältig überlegen, was noch kommen soll und wie das zu erreichen ist, bevor es zu spät ist. Du solltest endlich auch beginnen, dir mehr Gedanken zu machen. Ein Jahr noch und du bist ebenfalls Fünfzig. Ohne Ziele und Pläne lässt du Tag für Tag vorübergehen und wunderst dich, weshalb nicht das geschieht, was du gern möchtest."

„Hast du jetzt die Krise? Weil du Fünfzig bist? Macht dir das zu schaffen? Mein Gott, man kann das Leben nicht exakt planen und meinen, man hätte alles im Griff. Kapier einfach, dass es Überraschungen gibt, auch ungute, und dass man neugierig sein kann auf das, was kommt, ohne immer gleich ein Plänchen zu machen und möglichst alles steuern zu wollen. Das klappt sowieso nicht."

„Man kann sehr wohl steuern! Dafür muss man sich Zeit nehmen. Sonst fragst du dich irgendwann, war das schon alles? Weil du null Ahnung hattest, wo du eigentlich hin wolltest. Kein Ziel, kein Plan, kein Nichts. Was willst du denn erreichen, bis du zum Beispiel Sechzig bist? Wenn du dir keine Gedanken machst, gehen die nächsten zehn Jahre vorbei und du wunderst dich dann über die verlorene Zeit."

„Natürlich mache ich mir Gedanken. Aber bei dir ist das schon zwanghaft. Oberziele definieren, Unter- und Zwischenziele, Zeitvorgaben, Kontrollpunkte, Überarbeitung, Anpassung und so weiter und so weiter. Jede Woche sitzt du da, machst Pläne hier, korrigierst da, definierst dort. Das mag ja im Unternehmen richtig sein. Aber doch bitte nicht im Privaten. Wenigstens nicht in dem Umfang und der Strenge. Leb' einfach. Freu' dich an der freien Zeit und sieh, was auf dich zukommt."

„Das ist doch dumm. Wenn ich nicht ein Ziel festlege, weiß ich nicht, wohin die Reise geht. Das ist so, als würde ich auf einem Hauptbahnhof einfach in einen der viele Züge steigen und mich dann wundern, wo ich ankomme. Dort wollte ich nie hin, dort gefällt es mir nicht und die ganze Reise war dann ziemlich sinnlos. Ohne Zielvorgabe und einen Plan, wie ich das Ziel erreiche, vertue ich wertvolle Lebenszeit. Und wenn du nicht weißt, was du willst, ist das wie ein Stochern im Nebel. Tag für Tag geht vorbei und nichts passiert."

„Es ist doch nicht so, dass ich mir keine Gedanken mache. Aber mein Leben ist kein Projekt. Ich will Offenheit, will mich nicht selbst in Fesseln legen, will Überraschendes zulassen, und ja, ich will mir die Neugierde erhalten, was noch kommt. Ungeplant, ohne dass ich irgendetwas unbedingt im Griff haben muss."

Die beiden fanden an diesem Tag keinen gemeinsamen Nenner mehr. Zu grundsätzlich waren ihre Positionen, und sie reagierten verständnislos aufeinander. Die Auseinandersetzung drehte sich allerdings um ein für uns Menschen sehr grundsätzliches und bedeutendes Thema. Wollen wir uns diesem einmal genauer widmen.

Tatsachen, Reflexionen, Anregungen

Der Anfang soll mit zwei Zitaten gemacht werden. So ist der Spruch des amerikanischen Regisseurs und Schauspielers Woody Allen bekannt, der erklärt hat: *„Wenn du Gott zum Lachen bringen willst, dann erzähl ihm von deinen Plänen."*

Dagegen gar nicht zum Schmunzeln ist die wohl von Bertolt Brecht eher bitter vorgetragene Auffassung in seiner „Ballade von der Unzulänglichkeit menschlichen Strebens":

„Ja, mach nur einen Plan!
Sei nur ein großes Licht!
Und mach dann noch 'nen zweiten Plan.
Gehn tun sie beide nicht."

Beide machen sich mehr oder weniger lustig über Pläne. Wenn diese Auffassungen für bare Münze genommen werden, müsste der Mensch nicht weiter überlegen. Die Sache hätte sich gewissermaßen erledigt. Jedoch: Damit würde das Kind mit dem Bade ausgeschüttet. So sehr an Allens und Brechts Behauptungen auch mehr als ein Körnchen oder deren zwei Wahrheit ist, womit vor allem auf ein Problem aufmerksam gemacht wird, so fahrlässig wäre es, sich von diesen Auffassungen grundsätzlich leiten zu lassen. Das Problem: Wir haben – und sei unser Ziel noch so sorgfältig überlegt und abgewogen und ein nicht weniger durchdachter Plan dafür gemacht – eben keineswegs alles im Griff oder anders ausgedrückt: Wie perfekt das Planen und die Zielsetzung auch immer ausfallen, es gibt keine Sicherheit und Garantie. Wir müssen Unsicherheit akzeptieren lernen. Wir müssen eine Distanz zu einem möglichen Machbarkeitswahn gewinnen und uns Klarheit darüber verschaffen, dass sowohl Faktoren, die in uns und bei uns selbst zu suchen sind, als auch Faktoren, die von außen kommen und die wir mitunter in keiner Weise beeinflussen können, auch die feinste und engmaschigste Planung, die noch jede Kleinigkeit irgendwie mitbedacht hat, durcheinander und zu Fall bringen können. Wir können hochmotiviert und besonders optimistisch gestimmt sein, alles in uns ist aufbereitet, alle Voraussetzungen bis hin zu einem erheblichen Maß an notwendiger Selbstdisziplin ist gegeben und all diesem zum Trotz stoßen wir bei der Konkretisierung von Schritten auf Realitäten, die zwischen uns und dem Ziel liegen. Vielleicht intrigiert jemand gegen unsere Absichten, ein uns nicht wohlgesonnener Vorgesetzter boykottiert unser Bemühen um Beförderung, von einem Tag zum anderen ändern sich bisher für sicher gehaltene Rahmenbedingungen, womöglich lässt uns die Erkrankung eines Familienmitglieds gar keine Zeit mehr für ein Im-Blick-Halten des Ziels, wir selbst können ebenso krank und zurückgeworfen werden, eventuell sind im Hintergrund, den wir nicht übersehen können, bereits von anderen Entscheidungen getroffen worden, die all unsere Planung zur Makulatur machen. Es gibt so viele äußere Umstände, die einwirken können und die wir wahrlich nicht im Griff haben.

Schauen wir auf das, was wir (möglicherweise) beeinflussen können, also auf die internen Faktoren. Manche machen bereits bei der Zielformulierung Fehler. Man bleibt im Vagen und Oberflächlichen, wenn zum Beispiel festgelegt wird, „Ich muss mich mehr anstrengen, dann schaffe ich die Prüfung“. Ebenso ist es ziemlich unkonkret, wenn als Ziel ausgegeben wird, „Ich verbessere meine Beziehungen in meinem beruflichen Umfeld“. Je konkreter und präziser die Zielformulierung ausfällt, umso besser kann die Frage beantwortet werden: Was muss ich tun, um das Ziel zu erreichen? Damit ist häufig genug eine zweite Fehlerquelle verbunden. Einerseits unterschätzen manche Menschen, was nun zu tun ist. Man ignoriert dann die Anstrengung, die für eine Zielerreichung unabdingbar ist. Der Zeit- und Energieaufwand wird viel zu wenig beachtet, damit ist gleichzeitig oft genug ein Verzicht verbunden. Verzicht auf das gute Pizzaessen mit Freunden, Verzicht auf die Wochenendparty, Verzicht auf das Ausschlafen am Wochenende. Und wahrscheinlich überschätzen wir nicht selten angesichts des hehren Zieles, das uns als solches durchaus in Euphorie versetzen kann, unsere Fähigkeiten, betreiben Schönfärberei und hoffen irgendwie darauf, dass es zu guter Letzt schon klappen wird.

Wie ausgeprägt ist meine Motivation? Gerade dann, wenn einmal etwas nicht klappt oder wenn Rückschläge kommen? Bringe ich die notwendige (Selbst-)Disziplin auf und besitze ich das unabdingbar notwendige Durchhaltevermögen und eine Willensstärke, die mich auch dann nicht im Stich lässt, wenn Schwierigkeiten auftreten? Der Mensch sollte angesichts dieser Fragen sehr ehrlich zu sich selbst sein. Die Selbstüberschätzer unter uns werden ansonsten immer ziemlich begeistert starten und recht rasch frustriert aufgeben. Wenn wir uns Ziele setzen und damit Herausforderungen annehmen wollen, sollte die richtige Dosierung und das rechte Maß eine Rolle spielen. Erreichbare Ziele, durchaus verbunden mit einer hohen Messlatte, aber eben nicht derart überzogen, dass von vornherein unrealistische Vorstellungen dominieren, ist die erste Voraussetzung, damit nicht über kurz oder lang alles in einer deprimierenden Frustration endet. Gleichzeitig muss man sich darüber im

Klaren sein, Anstrengungsbereitschaft und Ausdauer sind weitere notwendige Fundamente, um letztlich erfolgreich sein zu können, wenn es um das Erreichen anspruchsvoller, aber durchaus realistischer Ziele geht.

Ebenso muss ein gewisses Maß an Optimismus vorhanden sein, denn ohne eine Überzeugung im Sinne von „Das packe ich" wird jede Motivation und jeder Ehrgeiz torpediert. Soweit diese Rahmenbedingungen jedoch gegeben sind, ist eine gute Chance eröffnet. Wer dabei noch die erwähnte Selbstdisziplin aufzubringen vermag, für den ist die Zielerreichung sicherlich möglich. Selbstdisziplin sehe ich dabei unmittelbar verknüpft mit einer Hartnäckigkeit und der Fähigkeit, auf manches zu verzichten und manches sein zu lassen, was auf dem Weg zur Zielerreichung hinderlich sein könnte. Ich kann mir nicht eine Weltreise, die zigtausend Euro kosten wird und die ich ansparen muss, vornehmen und gleichzeitig mein Geld für alles Mögliche ausgeben. D.h. womöglich muss ich auf einen herkömmlichen Sommer- und Winterurlaub verzichten, genauso wie ich mir – obwohl ich davon träume – nicht den neuesten PKW mit noch mehr PS und Lederausstattung anschaffen kann, und vielleicht tut es die bisherige Küche ja auch noch ein paar Jahre, weshalb diese Modernisierung ebenfalls unterbleibt. Und wahrscheinlich muss ich mir eine Nebenbeschäftigung suchen, um das nötige Kleingeld zusammenzubringen, was aber bedeutet, dass z.B. ein oder zwei Abende oder ein Samstag für ein oder zwei Jahre „geopfert" werden müssen.

Wie schwierig das Aufbringen dieser Selbstdisziplin ist, erkennt man an einem einfachen Beispiel, das millionenfach bereits versucht worden ist und auch in Zukunft noch oft genug versucht werden wird. Gemeint ist ein Abnehm- und Fitnessprogramm. Alle möglichen Diäten werden dazu durchs Land getrieben und die meisten, die sich als Ziel gesetzt haben, ein paar Pfunde endlich zu verlieren, wissen ein Liedchen davon zu singen, welche enorme Anstrengung und welcher Verzicht damit verbunden sind. Es muss dann eben auf zucker- und fetthaltige Nahrung verzichtet werden, der bequeme Feierabend auf der Couch mit zwei, drei Bierchen und einer Packung Chips ist genauso verboten wie das Schlemmen am Wochenende im allzu gern aufgesuchten Restaurant, anstatt irgendeinen schönen Film im Fernsehen oder Kino anzuschauen, weist der Weg in Richtung Fitnessstudio, das vor allem Schweiß und Schwitzen verheißt. Das ist kein Spaß mehr, zumindest nicht für Anfänger, und insoweit muss es nicht verwundern, wenn das Ziel, endlich ein wenig ranker und schlanker durch die Welt zu gehen, nicht erreicht wird.

Wenn an dieser Stelle die Rede von Spaß ins Spiel kommt, kann auf einen weiteren Umstand hingewiesen werden, der eine wichtige Rahmenbedingung für das Erreichen eines Zieles ausmacht: Angesprochen wurde bereits ein Mindestmaß an Optimismus, das dafür sorgt, dass man „dranbleibt" und Ausdauer hat. Die Mühen und Anstrengungen und das Verzichten werden dann vor allem weiter abgesichert, wenn man das mit Lust und Leidenschaft tut. Der Mensch muss „Feuer fangen". Man kann abschreckend denken, etwa derart, wie furchtbar doch ein Abend im Fitnessstudio im Vergleich zum bequemen Fernsehsessel ist. Damit hat man schon verloren. Denken Sie in diesem Fall nicht einmal mehr nach, was es bedeutet, fünf bis zehn überflüssige Pfunde loszuwerden. Eine andere „Denke", die zu Lust und Leidenschaft führen kann, ist die Vorstellung, wie es denn wäre, wenn ich beim nächsten Hosen- oder Kleiderkauf zumindest eine Nummer kleiner, vielleicht gar zwei anprobieren kann und nichts mehr aus den Nähten platzt. Oder ich komme nicht mehr ins Schnaufen, wenn ich bis ins fünfte Stockwerk, wo sich die Chefetage befindet, hinaufspaziere. Natürlich kann ich weiterhin den Aufzug nutzen – eine bequeme Sache, die mich nicht ins Schwitzen bringt. Aber zu Fuß über all die Stufen ins fünfte Stockwerk ebenfalls ohne Schwitzen zu gelangen und völlig normal zu atmen – wie wäre das denn? Wenn diese Bilder im Kopf sind, kann man schon etwas Lust bekommen. Und je öfter das praktiziert wird, desto deutlicher werden die Fortschritte, und umso lustvoller bleibt der Mensch an der Sache dran.

Bei diesem Punkt ist es an der Zeit für eine grundsätzliche Überlegung: Lust, Leidenschaft oder – etwas einfacher – Freude machen in Kombination mit Selbstdisziplin, Hartnäckigkeit, Willensstärke und Motivation eine große Chance aus. Was bisher fast übergangen wurde, ist jedoch die entscheidende Frage, was ist wirklich mein Ziel? Es lohnt sich unbedingt zu prüfen: Was will ich tatsächlich erreichen? Was ist mein Ziel? Manchmal machen wir uns dabei etwas vor. Wir setzen im übertragenen Sinne auf das falsche Pferd. Wie bemerkt man aber, dass ein falsches Ziel ins Auge gefasst wurde? Dass es besser wäre, das Pferd wieder abzusatteln und sich zuzugestehen „abzusteigen“. Ein deutliches Merkmal ist eine abhanden gekommene Freude. Etwas macht keinen Spaß mehr. Mühe und Last stehen im Vordergrund. Wenn dann auf dem Weg zum Ziel noch Erschöpfung hinzukommt, gar eine innere Leere und das Stellen der Sinnfrage („Was soll das Ganze überhaupt?“), dann sollte man ehrlich Bilanz ziehen und neu entscheiden. Die genannten Symptome verweisen deutlich auf einen (zu) hohen Energieverbrauch, auf einen Krafteinsatz, der in keinem Verhältnis mehr zum Ertrag steht und einer Lebenszufriedenheit nicht dienlich ist. Bitte nicht missverstehen: Es geht nicht um eine Hoppla-Hopp-Entscheidung, weil man sich einmal nicht gut fühlt, weil man sich einmal zusammenreißen muss oder sich Erfolge nicht schnell genug einstellen. Es geht um eine längerfristige Durststrecke, ein ständiges Kämpfen, kein Vorwärtskommen und einen immer ausgeprägteren inneren Widerstand, der Lust und Freude wahrlich verleidet.

An dieser Stelle möchte ich zu weiteren grundsätzlichen Überlegungen kommen, die bereits im Eingangsbeispiel von Maike und Roman eine Rolle spielen. Wir haben nun einmal eine limitierte Existenz. Die Lebenszeit, die uns gegönnt ist, kann mehr als schwierig verlaufen. Es ist ein bloßes gedankliches Konstrukt, dass es einfach immer gut gehen soll oder man gar glücklich ist. Leben heißt mitunter durchhalten, auch wenn uns und um uns herum viel Ungutes geschieht. Aber es gibt durchaus einige Grundregeln, die beherzigt werden können, wenn es darum geht, was wir mit unserer Lebenszeit machen sollen. So ist es zum Beispiel vermessen, das Leben ohne Rückschläge bewältigen zu wollen. Eine solche Überzeugung wäre ziemlich irrational, eben weil der Mensch schlicht nicht alles im Griff hat und er lieber lernen sollte, Kräfte zu mobilisieren, wenn etwas schiefläuft oder das Schicksal Kummer bereitet. Man muss akzeptieren lernen: Es gibt Grenzen, die ich nicht überschreiten kann, außer vielleicht um den hohen Preis meiner Gesundheit.

Etwas anders und mit einem Bild ausgedrückt: Es wird Winter werden. Das wissen wir alle. Dann kommt die Kälte, und nahezu automatisch gehen die Temperaturen in den Keller. Gegen dieses Kälter-Werden kann der Mensch durchaus im übertragenen Sinne etwas tun. Schließlich zieht man nicht umsonst warme Kleidung an, um einem solchen Wetter zu trotzen, und dann kann man sogar das eiskalte Winterwetter schätzen. Oder eben: Falls man die Kälte des Winters fürchtet, sollte die Zeit davor und deren Schönheit gesehen werden. Wer den Winter nicht gern hat, sollte die Schönheit des Herbstes solange wie möglich auskosten. Noch ganz oberflächlich, jedoch mit einem sehr ernsthaften Kern klingt zunächst dazu einmal George Santayanas (spanischer Philosoph und Literaturkritiker, maßgeblich bestimmend für einen „Kritischen Realismus"; 1863 bis 1952) Überzeugung: „Das einzige Mittel gegen Geburt und Tod besteht darin, die Zeit dazwischen zu nutzen." Nur wie und womit?

Wenn man sich mit Lebensplänen und Lebenszielen befasst, sollten vorab die grundlegenden moralisch-ethischen, sozialen und religiösen Glaubenssätze überlegt und darüber nachgedacht werden. Ohne das eigene Glaubenssystem richtig zu kennen, steht eine Lebenszielbestimmung und Lebenszielplanung auf tönernen Füßen. Ein religiöser Mensch mit einem Bezug zu einem christlichen Gott des Neuen Testaments wird anders „aufgestellt" sein als ein Atheist, der eventuell ein pessimistisches Menschenbild besitzt und deutlich einem Sozialdarwinismus zuneigt. Was richtig und falsch ist, was gut oder schlecht ist, kann an dieser Stelle nicht entschieden werden. Der Mensch bewegt sich auf einem spekulativen Feld, das meiste ist unbeweisbar und oft genug nicht rational begründbar. Objektives Wissen und objektive Erkenntnisfähigkeit kann es bei diesem grundlegenden Fundament unserer Lebensführung nicht geben. Es ist aber ebenso grundlegend, darüber zu reflektieren, weil man nur so die Konsequenzen seines Glaubens- und Wertesystems erkennen kann. Ein Leben und Handeln, das diesem zuwiderläuft, wird Probleme bereiten und dürfte letztlich häufig eher zum Scheitern führen.

Wer zum Beispiel der Überzeugung ist, jeder sei seines Glückes Schmied und es herrsche ein Konkurrenzkampf unter den Menschen, bei dem der Bessere oder Stärkere obsiegen wird, kann kaum staatliche Sozialleistungen und Unterstützungssysteme gut heißen und dafür eintreten. Wer das religiöse Gebot der Nächstenliebe als Maxime seines Lebens anerkennt und Empathie und Fürsorge für wichtig hält, wird sich hingegen kaum für eine steile Karriere in einem Konzernunternehmen anbieten. Der damit verbundene Konkurrenzkampf kann voraussichtlich nicht bestanden werden, weil immer wieder gegen Grundüberzeugungen auf dem Weg nach oben gehandelt werden müsste. Soweit man sich Rechenschaft über die Axiome seiner Grundüberzeugungen und seines Glaubenssystems abgelegt hat, kann man sich die beiden entscheidenden Fragen stellen: „Wozu bin ich hier?" Und: „Was will ich hier?" Diese Fragen und deren Beantwortung sind für eine Sinngebung ausschlaggebend. Diese wiederum ist Voraussetzung für eine Lebenszufriedenheit, weil man dann weiß, wohin man möchte und wozu man etwas tut.

Nun kennen Sie vielleicht auch das Phänomen, dass nicht wenige Menschen zunächst ziemlich überfordert sind, wenn sie über ihre Lebensziele entscheiden sollen und dann diesen zugeordnete Pläne entwerfen sollen. Berücksichtigt werden müssen zwei Dinge, damit es nicht zu verwirrend wird: Erstens sollte nicht ein globales Ziel benannt werden, sondern man sollte nach verschiedenen relevanten Lebensbereichen aufteilen. Für folgende Bereiche können Ziele formuliert werden (nicht vollständig): Familie/Partnerschaft; Beruf/Karriere; Hobbys/Freizeit; Glaube/Spirituelles. Zweitens droht jetzt ein Fehler, den es zu vermeiden gilt. Oft genug beginnt der Mensch mit kurzfristigen Zielen. Das, was in der unmittelbar nächsten Zeit ansteht, brennt irgendwie unter den Nägeln und rückt daher in der Vordergrund. Kurzfristige Ziele sind nur Etappenziele und haben sich auf dem langen Weg zu den langfristigen Zielen unterzuordnen. Eine erste Grundsatzentscheidung über ein langfristiges, d. h. über ein Lebensziel zu treffen, fällt vielen Menschen schwer. Erst, wenn man gewissermaßen „das Oberziel" kennt, findet man Maßstäbe für die Unter- oder Etappenziele. Zudem bemerkt man dann, ob etwas Wunschdenken ist, man also irrationale Ziele anstrebt.

Machen wir ein Beispiel: Ich möchte ein ganzes Jahr Australien und Neuseeland entdecken und dann Argentinien, Peru und Chile und auf jeden Fall noch eine Weltumseglung mitmachen. Das können Oberziele sein und deren Realisierung muss gut geplant werden. Nehmen wir den Durchschnittsverdiener mit Familie. Er muss für einen Sparplan sorgen und ziemlich gut planen, wie er ein Jahr lang aus seinem Job aussteigen kann, ohne die wirtschaftliche Grundlage seiner Familie zu gefährden. Etliche Unterziele sind folglich zu planen. Jedoch: Vielleicht wird deutlich, dass eine solche Reise einfach unrealistisch ist. Es kann z.B. familiär und finanziell nicht funktionieren und eine berufliche Auszeit liegt im Bereich des Illusorischen. Möglicherweise sind es viel zu viele Ziele, Beschränkung tut Not und man überschätzt die eigenen Möglichkeiten und Fähigkeiten. Der notwendige Zeit- und Energieverbrauch auf dem Weg zur Zielerreichung wird erkannt und erweist sich schon als Warnsignal. Wenn Zeit- und Energieverbrauch nicht realistisch geplant werden, ist Dauerstress und auf jeden Fall zu guter Letzt ein Scheitern vorprogrammiert. Der gesamte Weg wird zu einem Kampf und Krampf, die Überforderung und die Misserfolgserlebnisse werden sich negativ auf die Gesundheit auswirken.

Ein reflexionsbereiter Mensch wird sich bei zu vielen oder widersprüchlichen Zielen entscheiden. Man kann auf einzelne Ziele komplett verzichten oder man „schraubt" sie herunter. Sie können noch so viel planen und versuchen, diese Pläne umzusetzen: Wenn es sich um irrationale Ziele, um Wunschdenken, um ein grundlegendes Überschätzen der Möglichkeiten geht, tun Sie sich nichts Gutes. Sie haben nicht nur ausgiebig emotionalen Stress und erreichen genau das nicht, was uns doch antreibt: Lebenszufriedenheit und irgendwann sagen können, ein „erfülltes", ein „gutes" Leben gelebt zu haben. Mit Bezug auf unsere Reise- und Auszeitbeispiele: Wie wäre es, die Weltumsegelung definitiv zu streichen. D.h. natürlich: verzichten lernen! Für manche von uns ist das extrem schwierig. Doch weiter: Dafür in vier Jahren einen vierwöchigen Urlaub in Südamerika planen und weitere drei Jahre später, wenn der Eintritt in den Ruhestand erreicht ist, dann zwei Monate lang Australien und Neuseeland entdecken.

Zusammenfassend: Ziele können auf jeden Fall anspruchsvoll formuliert sein, sie müssen jedoch grundsätzlich erreichbar sein und zu den moralischen, kulturellen, sozialen und religiösen Normen einer Person passen und sich auch nicht gegenseitig ausschließen, blockieren oder sabotieren. Schwierig wird es vor allem für den Sicherheitsdenker, den Kurzfristhedonisten und den Null-Verzicht-Denker: Der Sicherheitsdenker ist derjenige, der zwingend eine Garantie wünscht, dass es gut geht. Wenn das nicht gegeben ist, wartet er lieber ab und tut gar nichts. Bis eben der Zug abgefahren ist. Er wird sehr unzufrieden auf sein Leben blicken. Der Kurzfristhedonist will den augenblicklichen Genuss, bloß nicht verzichten und gar Vorleistungen auf eine unsichere Zukunft bieten. Man muss sehen, dass der heute realisierte Genuss möglicherweise teuer erkauft wird. Der reizvolle Seitensprung mit dem Ausleben der Lust heute hat dann als Preis eventuell den dauerhaften Verlust des Partners. Und der Null-Verzicht-Denker kann sich nicht entscheiden. Eine Entscheidung bedeutet in der Regel den Ausschluss einer Alternative. Das kann er nicht akzeptieren. Er gerät entweder ins Maßlose oder zumindest erscheint ein solcher Menschentyp häufig als unbeständig und flatterhaft. Aus der Befürchtung heraus, etwas zu verpassen, kann aber nun einmal keine Zufriedenheit erwachsen.

Zum Schluss ein Witzchen, ein Aphorismus oder sonst ein kluger Spruch

„Pläne machen und Vorsätze fassen bringt viel gute Empfindungen mit sich, und wer die Kraft hätte, sein ganzes Leben lang nichts als ein Pläne-Schmiedender zu sein, wäre ein sehr glücklicher Mensch: aber er wird sich gelegentlich von dieser Tätigkeit ausruhen müssen, dadurch, daß er einen Plan ausführt – und da kommt der Ärger und die Ernüchterung."

Friedrich Nietzsche, deutscher klassischer Philologe und Philosoph, 1844–1900

Quacksalberei oder: Mit den Dummen treibt man die Welt um und verdient sich dabei eine goldene Nase

Die Geschichte

Zufällig fiel mir während einer Bahnfahrt ein Verlagsprospekt in die Hände. Er war grafisch ansprechend und geschickt gestaltet. Für einen der vielen Titel wurde direkt auf der Umschlagseite erfrischend klug geworben. Der Prospekt motivierte auf jeden Fall zum Durchblättern. Die Bücher des Verlags versprachen die Lösung für weiß Gott was für Probleme, die mich oder andere mehr oder weniger stark plagen, wobei sogleich bereits in den Untertiteln die Lösungen angeboten wurden. Oder soll ich besser von Erlösung reden? Es scheint in diesem Verlag niemand auch nur mit der Wimper gezuckt zu haben, all diese Buchtitel einer geneigten Öffentlichkeit werbewirksam zu präsentieren. Das geradezu simple Strickmuster: Man nehme eine Abkürzung von drei Buchstaben, verberge dahinter einen englischsprachigen Begriff, der sowieso und überhaupt den allerwenigsten bekannt sein dürfte, aber die Suggestion greift. Als Betroffener hofft man auf die Großartigkeit der möglichen Heilungs- und Genesungsprozesse. Bisherige Defizite im Verhalten oder sonstige, dem Menschen widerfahrende Leiden können leichter Hand überwunden werden. Am besten empfiehlt sich der Kauf sämtlicher dieser Wunderwerke, womit die Bettlektüre für einige Wochen sichergestellt wäre.

Es handelt sich um Titel wie „Burnout passé mit EFT“ oder „Schlank ohne Diät mit EFT“ oder „Vom Rauchen frei mit EFT“ oder „Diabetes behandeln mit EFT“ oder „Erfolg und Erfüllung mit EFT“ oder „EFT macht Beziehungen“. EFT scheint ein Wundermittel zu sein. Die Abkürzung steht für Emotional Freedom Techniques. Wer sich darauf einlässt, scheint nach den optimistisch formulierten Buchtiteln einen gar wundersamen Problemlöser für etliche Lebenslagen zu besitzen. Ich könnte auch etwas gehässig formulieren: Wer's glaubt, wird selig. Immerhin kann bekanntlich der Glaube Berge versetzen. Ein Placebo-Effekt könnte durchaus eine Rolle spielen. Doch ich vermute, Sie werden es mit einer Fata Morgana zu tun haben und der Berg entpuppt sich als Sumpflandschaft, die ein Vorankommen so gut wie unmöglich macht.

Wer Werke einer Oberflächlichkeits- oder auch der Schundliteratur durcharbeitet, müsste ja an und für sich „Erleuchtung“ erfahren. Es bedarf dann keines Arztes mehr, Psychotherapeuten und Psychologen sind grundsätzlich entbehrlich, Medikamente überflüssig, denn die Lektüre von 100 bis 200 Seiten entfaltet derart erbauliche Wirkung, dass ein Depressiver zum jubelnden Spring-ins-Feld wird, ein Magenkranker „reinhauen“ kann, was er will, und ein Rückenkranker zum Kugelstoßer und Weitspringer wird. Alles wird gut, und zwar ohne große Mühe und Anstrengung. Ein wenig lesen, gerne im Halbschlaf und Dämmerzustand – schon gelangt der Mensch zu einer wundersamen Verwandlung.

Tatsachen, Reflexionen, Anregungen

Quacksalberei oder Scharlatanerie begegnet uns überall. Es gibt Menschen, die darauf reagieren, die sich fasziniert auf die Themen einlassen und die Hoffnung haben, endlich den Stein der Weisen gefunden zu haben. Daran ist nichts Verwerfliches, aber schlimm wird es, wenn dafür viel Geld verlangt oder man in eine Abhängigkeit hineingezwungen wird. Fünfzehn bis fünfundzwanzig Euro für ein lächerliches Buch mögen noch angehen. Schmerzhaft wird es dann, wenn irgendwelche selbst ernannten Meister oder Gurus Menschen für sich einnehmen und ihnen völlig überteuerte Kurse anbieten, die zwar Hilfestellung nachdrücklich versprechen, aber ausschließlich der Mehrung des ökonomischen Wohlstandes und Reichtums seiner Erfinder dienen. Es gibt für diese Heilungs- und Heilsversprechen einen eigenen Markt. Menschen, die sich in Krisensituationen befinden, die wirklich an einer Krankheit leiden, der mit der herkömmlichen ärztlichen Kunst und Medizin nur schwer oder gar nicht beizukommen ist, sind getragen von der Hoffnung, endlich Hilfe und Unterstützung zu erfahren. Sie gehen, wenn noch eine eher labile Gemütsverfassung hinzukommt, allzu gerne auf diese durch und durch unseriösen Angebote ein. Ein Wochenendseminar kann dann rasch in die Tausende gehen oder man verpflichtet sich zu langwierigen Kursen, die nur dazu führen, weitere höhere Bewusstseinsstufen erlangen zu wollen, was zusätzliche Kosten verursachen würde. Abgesehen von der beschämenden Manipulation der Menschen ist die Bereicherung für eine geradezu groteske Gegenleistung anzumerken. Mit der Hoffnung dieser Menschen wird ein böses Spiel betrieben, die in der überwiegenden Mehrzahl zu massiven Enttäuschungen führen dürfte. Zumindest hat man *für nichts* viel Geld verloren, wenn es ganz schiefläuft, verliert man vielleicht gar sich selbst. Manipulation wird dann zu einer Art Gehirnwäsche. Verstand und Vernunft werden quasi ausgeschaltet und der Mensch wird zu einer Marionette von mehr oder weniger Kriminellen.

Nun ist damit eine Dimension von angeblichen Heilsbringern angesprochen, die etwas Extremes an sich haben. Das sollte übrigens immer als Warnhinweis gesehen werden. Menschen, Vereinigungen, Institutionen, die menschliches Dasein und Handeln extrem prägen wollen, was oft einhergeht mit einem „Das-Blaue-vom-Himmel-Versprechen“, sollte man auf Distanz halten. Derartige Illusionisten und Scharlatane führen in der Regel eher ins Unglück als in das so ersehnte und erhoffte Glück. Vorsicht also, lassen Sie sich nicht missbrauchen. Ungute Lebenslagen oder regelrechte Lebensprobleme lassen sich auf diese Art nicht lösen.

Nun gehört auch dieses Buch im weitesten Sinne zur Gattung der Ratgeberliteratur, und insoweit könnte ich mir selbst den Ast absägen, auf dem ich sitze. Damit gerade das nicht geschieht, habe ich bereits bisher – und das wird auch in den nachfolgenden Abschnitten ebenso immer wieder eine Rolle spielen – gezeigt und angemerkt, wie schwierig es sein kann, Empfehlungen und Ratschläge *umzusetzen*, den Weg vom Wissen zum Handeln zu gehen. So etwas hat seinen Preis. Wer glaubt, das ginge ohne Anstrengung, ohne Disziplin und ohne die Fähigkeit zur Selbstreflexion mit dann für das weitere Verhalten zu ziehenden Konsequenzen über die Bühne, täuscht sich im Regelfall. Das Stichwort „Quacksalberei“ bezieht sich auf eine Sorte Ratgeberliteratur, die mit Warmbadeworten und zukunftsbegeisternden Imperativen die Herstellung von Lebensglück suggeriert. Die dabei nicht nur oberflächlich informiert, sondern entweder bewusst irreführend oder doch zumindest maßgebliche Aspekte unseres Menschseins ignorierend daherkommt. Es ist eine kritiklose Literatur, die nicht hilft und vor allem auch die Auswüchse unseres kapitalistischen Systems noch unterstützt. Derartige Glücks- und Selbstmanagementratgeber machen das Glück und Wohlbefinden nämlich zu einer Sache der bloßen Einstellung. Positives Denken, gute Laune, Spaß im Konkurrenz- und Selektionsprozess, Unsicherheit als Fortschritt – das wird gepredigt und ungeniert dem Menschen vor Augen geführt, der angeblich selbst Schuld hat, wenn bei ihm z. B. der Karriereschritt nicht funktioniert. Wer nach dem Niederschlag nicht mehr aufsteht, habe die

Zeichen der Zeit nicht verstanden und sei auch sonst eine Jammerfigur, der offenbar Flexibilität und Eigenverantwortung abgehe. Es heißt dann z. B.: „Sie entscheiden sich selbst für Ihre Stimmung“ oder „Wer sich aufs Positive konzentriert, findet jeden Tag Gründe für gute Laune. Sie haben die Wahl!“

Der Gipfel für derartige Erweckungsprosa sei nicht vorenthalten. In einem dieser abstrusen Werke heißt es, Sicherheit und Zufriedenheit mit dem Ist-Zustand seien Leistungskiller. Das passt wiederum „exzellent“ zu dem Bild, das der Chef des für Frohsinn bekannten Unternehmens Google gezeichnet hat. Eric Schmidt meinte nämlich einmal, der optimale Angestellte müsse im besten Sinne überarbeitet sein, nur dann zeige sich seine „Passion“. An dieser Stelle sei schon einmal auf das nächste Kapitel „Resilienz“ verwiesen, bei dem es um einen Film mit dem Titel „Work Hard – Play Hard“ gehen wird. Schöne neue Welt, kann ich da nur sagen. Wer sich auf dieses „Spiel“, das in dem Film allen Ernstes vorgestellt wird, einlässt, lebt eher gefährlich als gut. Man begreift dann mancherlei äußere Umstände nicht mehr als das, was sie in Wirklichkeit sind: nämlich eine Zumutung für den Menschen. Sie werden vielmehr in einen idiotischen Enthusiasmus umgewandelt, der Dauerverfügbarkeit, ständiges Konkurrenzdenken und Kampf und Krampf hochleben lässt, und in keiner Weise mehr anerkennen will, welche Werte tragfähig sind für ein menschliches Miteinander: Solidarität, Altruismus, Sicherheit und Wertschätzung.

Es soll nun nicht verfallen werden in ein anderes Extrem. Es geht nicht um das Vorgaukeln eines Gut-Menschen-Daseins, dem allzu rasch eine realistische Basis fehlen kann. Es möge aber darüber nachgedacht werden, welches Denken uns von jenen, die von eben diesem System ungemein profitieren, beigebracht werden soll. Manchmal kommt mir das alles vor wie das Angebot eines Religionsersatzes. Weil der Druck, das ungemeine Leistungsdenken, der ständige soziale Vergleich irgendwie ausgehalten werden müssen. Also bedarf es einer Sinngebung, damit Unsicherheit und letztlich auch Angst ausgehalten werden können. Nach außen zeigt man Heiterkeit und gute Laune und antwortet auf an Zumutungen grenzende Arbeitsaufträge noch mit einem „Sehr gerne". Schließlich ist die Vorstellung vom Menschen als Mängelwesen alles andere als zeitgemäß. Wer das nicht kapiert oder sich beklagt oder gar schwermütig wird, dem fehlt es angeblich an der richtigen Einstellung. An der soll man gefälligst drehen in Richtung Fortschrittsgläubigkeit und Zukunftsbegeisterung. Wem das nicht gelingt, ist selber schuld. Selbstverantwortung ist das Schlagwort der Stunde. Dass die Verhältnisse – und diese sind von Menschen mit ganz spezifischen Interessen gemacht und bestimmt – einem schlecht bekommen können, darf gar nicht erst ins Blickfeld geraten. Selbstkritik ist angesagt, und wer dazu nicht in der Lage ist, erhält ein nicht unbedingt bestelltes Feedback, das Unzulänglichkeiten und Defizite festhält und wofür man noch Dankeschön sagen darf. Widerspruch oder Querdenken, womit ein Infragestellen der bestehenden Verhältnisse einhergehen kann, sind weder erwünscht noch als soziale und intellektuelle Kompetenzen geschätzt.

Alles in allem: Man muss nicht zum Rebell werden oder gar zur Revolution aufrufen. Es genügt das Bewahren einer kritischen Distanz, ein Vermeiden eines bloßen Hinterherlaufens gängiger Herrschaftsmeinungen. Und bei allen extremen Ausschlägen das Wissen, dass das rechte Maß die Kardinaltugend sein sollte, die langfristig ein gutes Leben ermöglicht. Ohne Manipulation, ohne kurzfristige und vor allem flüchtige Euphorieerlebnisse, ohne die Verlogenheit überdrehter Heilsversprechungen, ohne finanziell überfordernde Ansprüche. Und ohne die Gefahr einer Selbstausbeutung, die zu nichts führt außer womöglich genau dorthin, wo man unbedingt nicht hinwollte: zur eigenen Gesundheitsgefährdung.

Zum Schluss ein Witzchen, ein Aphorismus oder sonst ein kluger Spruch

„Der Mangel an Urteilskraft ist eigentlich das, was man Dummheit nennt, und einem solchen Gebrechen ist leider gar nicht abzuhelfen."

(Immanuel Kant, deutscher Philosoph, 1724–1804)

Resilienz oder: Was ein gutes Leben in herausfordernden, gar bedrohlichen Umwelten befördert

Die Geschichte

Was dem Menschen in seinem beruflichen Umfeld abverlangt wird, können Sie in dem Film „Work Hard – Play Hard“ neunzig Minuten lang ansehen. Voraussichtlich dürften nur wenige unbeeindruckt den Kinosaal (oder Fernsehsessel) verlassen. Die meisten haben zumindest ein ungutes Gefühl; ein Teil wird sich denken „total meschugge, was da abgeht“. Worum geht es? Es geht z. B. um einen Manager, der in der Deutschlandzentrale eines der weltgrößten Konsumgüterkonzerne zum Mikrofon greift und in dem gläsernen Firmengebäude die Mitarbeiter über die Ziele informiert: „Wir wissen, *was* wir erreichen wollen, wir wissen auch, *wie* wir es erreichen wollen: mit einer Kultur, einem Spirit und einer Mega-Wachstumsmentalität.“ Die Mitarbeiter stehen in dieser Anfangsszene des Films in den Gängen, später darf man einige davon beim Teamtraining im Hochseilgarten betrachten. Dort rufen sie Sätze wie „Ich werde demnächst noch mehr arbeiten, um mein Team noch besser unterstützen zu können!“ Wenn dann eine Managerin ins Spiel kommt, die in langen Meetings den Leuten erklärt, das Unternehmen müsse schlanker, produktiver, effizienter werden, um in einer der folgenden Szenen ohne mit der Wimper zu zucken in die Kamera zu sprechen: „Meine Vision ist, diesen kulturellen Wandel nachhaltig in die DNA jedes einzelnen Mitarbeiters zu verpflanzen“, bleibt wahrscheinlich auch manch abgebrühtem Zeitgenossen der Mund offen stehen.

Damit die Mitarbeiter keine persönlichen Dinge in den Büros ansammeln, die schließlich vom Arbeiten ablenken, ist der Konzern auf ein „Non-territoriales Arbeitskonzept“ verfallen, was so viel heißt wie das Buchen eines anderen Schreibtisches an jedem Morgen. Es gibt keine festen Büros. Wie in einem Hotel checkt man in ein Zimmer ein. Immer von neuem.

Grandios ist, dass es keine menschlichen „Schwächen“ mehr gibt. Dazu sagt man jetzt „Entwicklungsfelder“. Die Beraterin einer nicht weniger bekannten Unternehmensberatungsfirma führt in diesem Zusammenhang Potenzialanalysen bei den Mitarbeiterinnen und Mitarbeitern durch. Fragt zu diesem Zweck nach Privat- und Berufsleben, analysiert Auftreten und Körpersprache und bemüht sich, menschliche Eigenschaften, die nicht so sind, wie der Markt es verlangt, zu beseitigen. Angesichts dieser Bilder und Handlungen kann eine zart besaitete Seele an bemitleidenswerte Kreaturen denken, ein Kapitalismuskritiker wird seine Vorwürfe gegenüber diesem System grundlegend bestätigt finden. Aber: dieser Film beobachtet nur. Er stellt die Welt der Assessment-Center, Growth-Initiatives und Change-Agendas so dar, wie sie ist. Die Menschen schreien nicht auf, es gibt keine Rebellion, keine Klagen. Was wir da sehen, scheint offenbar normal zu sein. Entscheiden Sie selbst, ob ihnen diese (Berufs-)Welt gefällt.

Tatsachen, Reflexionen, Anregungen

Es lässt sich eine Strategie angesichts solcher beruflicher Umgebungen feststellen. Um ein solches System auszuhalten, muss der Mensch fit gemacht werden. Nur so kann angeblich der deutliche Anstieg der Krankmeldungen und der Trend zu immer mehr psychischen Erkrankungen gebremst werden. Es wird seit Jahren immer offensichtlicher: Die Gefährdung der psychischen Gesundheit ist ein zentrales Problem unserer Gesellschaft und unseres Gesundheitssystems. Und wenn Sie sich den Film „Work Hard – Play Hard“ anschauen, werden Sie nicht mehr über die dafür verantwortlichen Ursachen nachdenken müssen. Manche Entwicklungen in unserem System kann man nur als pervers umschreiben (denken Sie an das mit vollem Ernst vorgetragene DNA-Argument der oben zitierten Managerin). Selbst wenn eine derartige Einstellung ein besonders kranker und krankmachender Gedanke ist, gibt es in beruflichen Umwelten vieles, das erschöpft. Eine Antwort bzw. Gegenmaßnahme dazu ist seit einigen Jahren die Stärkung eines betrieblichen Gesundheitsmanagements (BGM). Es ist noch keine fünfzehn Jahre her, da galt Gesundheit als Privatsache, oder man konnte in einer Unternehmung auf Arbeitsschutzgesetzte verweisen, denen schließlich Rechnung getragen wurde. Hier sind wir zwischenzeitlich doch deutlich weiter vorangekommen. Zahlreiche Unternehmen sind bereits mehr als erste Schritte gegangen, um über eine verlässliche Diagnostik konkrete Maßnahmen zu einer Gesundheitssorge zu entwickeln und anzubieten. Ein Knackpunkt für deren Annahme und Wirksamkeit ist allerdings das Vorbildverhalten und Ernstnehmen durch die Chefetage. Führungskräften kommt eine entscheidende Rolle bei der Gesundheitsförderung zu. Sie müssen vorleben, worauf es dabei ankommt. Daran hapert es anscheinend nicht nur vereinzelt. Aber immerhin: Fortschritte sind unverkennbar.

Ein ernst gemeintes betriebliches Gesundheitsmanagement setzt nicht nur auf eine sporadische Rückenschulung oder ein einmaliges Angebot eines Entspannungskurses. Das wäre viel zu wenig und nicht mehr als ein Feigenblatt. Arbeitsprozesse, Führungsverhalten, organisationale Wirklichkeiten müssen in den Blick genommen und auf ihre möglicherweise krankmachenden Wirkungen analysiert werden, um dann in einem nächsten Schritt konkrete Maßnahmen zu Verbesserungen einzuleiten.

Interessant ist in diesem Zusammenhang das Auftauchen des Begriffes „Resilienz“ und das damit verbundene Suggerieren, man könne so nebenbei seine Widerstandskraft stärken und somit eine gesunde Selbstführung erreichen. Vor einigen Jahren noch spielte der Begriff fast nur eine Rolle in der Materialforschung und in der Kindertraumatologie. Resilienz leitet sich aus dem Englischen „resilience“ ab und bedeutet „Spannkraft“, „Elastizität“ oder auch „Widerstandsfähigkeit“. Übertragen auf den Menschen ist damit die Fähigkeit gemeint, erfolgreich mit belastenden Umständen und negativen Stressfolgen umgehen zu können. Entscheidend ist nach den Ergebnissen der Resilienzforschung, dass diese Widerstandsfähigkeit nicht angeboren ist, sondern diese sich in einem Interaktionsprozess zwischen Individuum und Umwelt entwickelt. Der Bezugspunkt – das muss ganz deutlich hervorgehoben werden – sind Forschungen, die sich auf das (Klein-)Kindalter beziehen. Die Frage, welche Risiko- bzw. Schutzfaktoren die psychische Gesundheit beeinflussen, haben alle bedeutenden Längsschnittstudien auf einschneidende Erlebnisse und Erfahrungen im Kindesalter bezogen (Scheidung der Eltern, chronische Armut, psychische Erkrankung der Eltern, Gewalt und Disharmonie in der Familie).

Sehr verdient gemacht hat sich dabei die amerikanische Entwicklungspsychologin Emmy Werner. Sie hat von Ende der 1950er-Jahre an die Entwicklung von Kindern aus überaus schwierigen Verhältnissen auf der hawaiianischen Insel Kauai untersucht und über Jahre beobachtet. Ein Teil dieser Kinder entwickelte sich völlig normal und führte ein gutes Leben. Das Entscheidende für eine derart günstige Entwicklung schien der stabile Bezug zu wenigstens einer Vertrauensperson zu sein: eine Person, die an den Menschen glaubt, ihm vertraut und ihn unterstützt, weshalb offenbar soziale Beziehungen eine der wichtigsten Ressourcen für eine seelische Widerstandskraft sind. Daraus hat sich in der Zwischenzeit ein Resilienzkonzept ergeben, das auch für Erwachsene den Fokus ausrichtet auf die Bewältigung von Sorgen und die damit verbundenen Ressourcen und Schutzfaktoren. Es wird unterstellt, man könne „Resilienz“ quasi lernen, was jedoch ein Einfachstkonzept darstellen dürfte. Tatsächlich ist es komplexer und nicht ohne Anstrengung erreichbar.

Nachfolgend soll daher im Hinblick auf Beruf und Arbeitswelt zunächst einmal aufgedeckt werden, *was* uns erschöpft. Um dann Ressourcen und Maßnahmen anzusprechen, die Schutzfaktoren ausmachen und zu einer aktiven Bewältigung der Herausforderungen und Zumutungen und damit zu einem guten Leben beitragen können. Festzuhalten ist aber bereits an dieser Stelle: Wenn die Widrigkeiten aus strukturellen Problemen resultieren, ist diesen mit Resilienz nur schwer beizukommen. Der Einzelne kann dann wenig bis nichts tun und es wäre vermessen, ihm gewissermaßen die Schuld zuzuschieben, weil er nicht in der Lage ist, diesen Zumutungen zu widerstehen. Das heißt, Resilienz stellt keine Zauberformel dar. Die Resilienzforschung arbeitet bei weitem seriöser als es die zahlreichen Ratgeber oder (Manager-)Seminare zu diesem Stichwort der Stunde vermuten lassen. Der Resilienz-Hype treibt sonderbare Blüten, und es sei ausdrücklich vor dieser Resilienz-Begeisterung gewarnt. Nicht umsonst erklärt einer der Wissenschaftler des Deutschen Resilienz-Zentrums in Mainz, Raffael Kalisch: „Wir müssen erst einmal die Grundlagen richtig klären.“ Auch wenn diese Ausführungen manche (überladenen) Erwartungen dämpfen werden, müssen sie genannt und nicht ignoriert werden.

Beginnen wir einmal mit den weitverbreiteten Grundgefühlen in modernen Arbeitswelten. Die zunehmende Komplexität, die Arbeitsverdichtung (der einzelne muss mehr Arbeit in derselben Zeit erledigen), die Flexibilitätsanforderungen und der Wandel ohne Ende (denken Sie an den Film über den Lebensmittelkonzern) und eine oft genug bemerkbare Ressourcenknappheit bestimmen die durch den Kopf gehenden Gedanken und diese verleihen sich Ausdruck: „Jetzt bin ich heute wieder zu fast nichts gekommen", „Für das Wesentliche hatte ich keine Zeit", „Ich hetze nur von einem zum anderen", „Ich muss nur noch schnell ..." Damit sind ungute Gefühle verbunden, weshalb man nach naheliegenden Lösungsversuchen sucht und damit erst recht einem Irrtum unterliegt. Steht der Mensch bereits unter Strom, spürt er den Druck, hetzt er und kämpft geradezu bei der Bewältigung seines Berufsalltags, ist die erwähnte „Ich muss ..."-Rhetorik nicht nur ein deutliches Symptom dafür, dass etwas aus dem Ruder läuft, sondern auch eine Art Beruhigungsversuch zum Aushalten der Situation. Bei genauer Betrachtung ist das allerdings eine Selbstverheizung und keine zunächst als sinnvoll erachtete Verhaltensweise. Diese kann auf Dauer genauso wenig gut gehen, wie die Vernachlässigung des Privatlebens zugunsten des Beruflichen. Eine solche Monokultur entfaltet verheerende Wirkung, wenn in diesen Berufsaufgaben etwas aus dem Ruder läuft.

Im übertragenen Sinne können Sie sich einen Landwirt vorstellen, der seine Äcker nur mit einer Frucht bestellt. Tritt nun ein Schädling auf, ist die gesamte Investition dahin. Es gibt keinen Ausgleich oder etwas, was diesen Verlust kompensieren kann. Alles nur auf die berufliche Karte zu setzen, d.h. den Vierzehn-Stunden-Tag zu pflegen in dem Irrglauben, nun stehe ausreichend Zeit zur Verfügung, wird früher oder später ins Auge gehen. Vorsicht also, wenn man vieles oder gar alles andere brach liegen lässt. Eine „Vielfelderwirtschaft" bietet weitaus mehr Schutz als eine Monokultur.

Eine andere der üblichen Reaktionsweisen richtet sich auf Zeitmanagement aus. Dazu können ganze Seminare besucht werden. Wenn es nur darum geht, auch noch den letzten Rest an freien Minuten effektiv zu verplanen, wenn es nur um das Erstellen und Abarbeiten von To-do-Listen geht, legt sich der Mensch ein derart enges Korsett an, dass ihm irgendwann die Luft wegbleibt. Dieses brutale Zeitmanagement ersetzt Rhythmus durch Taktung, es nimmt dem Menschen Pufferzeiten, die ihm Luft und Verschnaufen ermöglichen, z. B. in Form der Pause und den damit verbundenen entlastenden Kommunikationsmöglichkeiten. Diese gehören zu einem gesunden Arbeitsrhythmus, sie geben neue Energie und beruhigen bei nervlicher Überreizung. Die Erosion der Kaffeepausen in manchen Unternehmen führt keineswegs zur Erledigung von mehr Arbeit oder zu qualitativ besserer Arbeit. Im Gegenteil verschwindet dadurch ein wichtiges „Schmiermittel" für eine gesunde Arbeitsausübung und niemand muss sich wundern, wenn exakt das Gegenteil anstelle des erhofften Mehrs erreicht wird. Taktung ist lebensfeindlich, sie führt zu einem Trommel- und Dauerfeuer von Arbeit mit dem überraschenden Ergebnis, dass diese kein Ende nimmt. Es kommt zu einem vordergründig absurden Ergebnis: Trotz vierzehnstündigem Arbeitstag ist der zu bewältigende Berg an Aufgaben nicht wirklich weniger geworden.

Es gibt eine Reihe weiterer Reaktionsweisen, die zumeist nicht das bringen, was als große Hoffnung am Horizont steht. So arbeitet man mit ungedeckten Schecks, wenn man glaubt, dass eines Tages alles besser wird. Es geht dann nur noch um dieses eine Projekt, nur noch dieses Problem, das gelöst werden muss, nur noch hart arbeiten bis zum nächsten Urlaub, dann ist es geschafft. Viele haben die übermenschliche Überzeugung, ich schaffe das alles, das haue ich weg, ich bin die Superfrau oder Superman. Oder sie lügen sich in die Tasche, indem sie sich suggerieren, wenn das dann klappt, geht es mir gut. Oder wenn man sich trotz Leidensdruck noch bestärkt, indem man sich sagt, irgendwie macht es mir ja auch Spaß. Keine Lösung bieten häufig die ins Auge gefassten Kompensationsbedürfnisse, deren Befriedigung mit einem Wellnesswochenende den Fortschritt oder zumindest den Ausgleich versprechen. „Tun Sie sich mal etwas Gutes“, lautet die bekannte Floskel dafür. Das wirkt dann wie ein Produktversprechen im Sinne von „Ich nehme dir etwas ab, damit du leistungsfähig bleibst“. Es handelt sich um ein sehr instrumentelles Verständnis einer Hilfestellung, die offenbar von außen kommt: Darf es noch ein bisschen Wellness sein? Die Erwartung hierzu ist weitaus größer als die tatsächlich erreichbare Wirkung. Diese zwei oder drei Tage bringen es nicht, wenn ich nicht im Alltag fürsorglich mit mir umgehe. Und spätestens an dieser Stelle bemerken Sie, es gibt keine einfachen Lösungen.

Aber Lösungen gibt es auf jeden Fall. Noch ein wenig allgemein formuliert geht es um Kerndimensionen beruflicher Resilienz. Diese setzen die Fähigkeit voraus, die eigenen Ressourcen so einzusetzen, dass erstens die Grundbedürfnisse des Menschen mittelfristig befriedigt werden und dass zweitens sich die eigenen Ressourcen erneuern bzw. wachsen. Was muss man sich konkreter darunter vorstellen?

Vorneweg: Eine hohe Arbeitsbelastung, herausfordernde Arbeitssituationen, auch Erfolgsdruck wirken nicht direkt auf die Gesundheit. Sondern – wie im Kapitel zu den Grundbedürfnissen schon herausgearbeitet – es muss immer zugleich auf die Grundbedürfnisse Bezug genommen werden. Wenn diese im Arbeits- und Berufskontext zumindest mittelfristig befriedigt werden, entfaltet eine auch quantitativ umfassende und qualitativ hohe Arbeitsleistung keine gesundheitsgefährdende Wirkung. Es kann folglich überhaupt nicht um eine Abwertung von Arbeit, Karrierestreben und beruflichem Vorankommen gehen. Mit all dem sind für den Menschen unter Umständen wichtige Ziele verbunden, die für eine Bedürfnisbefriedigung unabdingbar sein können. Deswegen ist es äußerst wichtig, seine Grundbedürfnisse in den Blick zu nehmen und diese einer Inventur zu unterziehen. Befriedigte Grundbedürfnisse sind die Basis seelischer Gesundheit. Und nach Klaus Grawe geht es beim Menschen um vier Grundbedürfnisse: Orientierung und Kontrolle, soziales Eingebunden-Sein, Selbstwertschutz und Selbstwerterhöhung sowie Lust bzw. Unlustvermeidung. Diese Grundbedürfnisse dürfen nicht außer Acht gelassen werden. Sie können wie Energiespeicher gesehen werden, die eine bestimmte Mindestfüllmenge haben müssen. Sie müssen allerdings nicht jeden Tag und ständig befriedigt werden, aber in einer mittelfristigen Perspektive immer wieder zum Zuge kommen. Wer hier nachlässig verfährt und sich selbst vernachlässigt, entwickelt häufig zunächst körperliche Symptome, die Anlass zur Sorge geben. Bei dem einen sind es Rückenprobleme, bei der anderen Kopfschmerzen und beim dritten meldet sich der Magenschmerz und bei der vierten ängstigen Herzschmerzen in Form eines unangenehmen Drucks im Brustkorb. Nehmen Sie diese nonverbalen Signale ernst. Dahinter verbergen sich psychosomatische Reaktionen, denn der Körper weiß und meldet es zumeist zuerst, wenn etwas nicht stimmt.

Der Gang zum Arzt bringt jedoch nicht die Lösung, der Schmerz bleibt oder kehrt alsbald zurück. Man laboriert nur an Symptomen herum und vernachlässigt die Seele, die sich langsam erschöpft. Nicht umsonst spricht der französische Soziologe Alain Ehrenberg von dem „erschöpften Selbst“ beim modernen Menschen, der das rechte Maß verloren hat und psychisch krank wird. Schauen wir uns Hilfen an, die wirklich weiterführen, die aber ihren Preis haben. Jeder Mensch muss sich daraufhin prüfen, welchen Preis er zu zahlen bereit ist. Wie erwähnt: Es gibt keine einfachen Lösungen, aber jeder hat die Schlüssel zumindest ein gutes Stück weit für eine Änderung in der Hand. Schlüssel, mit denen die Türen aufgeschlossen werden können. Zwänge und Ängste verhindern das. Es könnte ja ziemlich kalt durchziehen oder hinter der bislang verschlossenen Tür wartet nicht gleich der paradiesische Zustand, sondern ein steiniger Weg, der erst einmal überhaupt nicht vielversprechend erscheint. Herausforderungen sind oft genug damit verbunden. Dabei muss man wissen: Flow stellt sich auch nicht in der zweiten Geigenstunde ein! Damit ist gemeint, dass es der Übung bedarf, dass fleißig und oft genug diszipliniert vorgegangen werden muss, und dass es nicht einfach ein Geschenk gibt, schon gar keines, das mühelos in den Schoß fällt. Wir fallen deshalb häufig allzu rasch in vertraute, aber für uns ungut wirkende Verhaltensmuster zurück. Zuerst einmal sind Verhaltensänderungen ernüchternd, schon gar nicht rasch erfüllend. Die Verheißungen auf ein besseres Leben sind eben mühsam zu erreichen und der Weg dahin ist nicht selten spannungsreich. Aber wie heißt es so griffig: Wer es gar nicht erst versucht, hat schon verloren. In aller Deutlichkeit: Sowohl beim Festhalten am Bisherigen als auch bei einer Veränderung muss ich einen Preis bezahlen!

Zu fragen ist, in welchem Verhältnis Investitionen im Berufs- und Privatleben zu den „Erträgen" stehen. Hier geht es um das Beachten der schon erwähnten Vielfelderwirtschaft, weil die Grundbedürfnisse mit Sicherheit nicht nur in einer beruflichen Umwelt befriedigt werden. Und es geht um die Beantwortung der Frage, was stecke ich hinein (an Kraft, an Energie, an Zeit, an Nerven) und was bekomme ich zurück! Ziehen Sie eine ehrliche und objektive Bilanz. Wenn das, was Sie an Kraft und Energie zurückbekommen (hier geht es um die Befriedigung der Grundbedürfnisse) nicht im Verhältnis zu Ihrer Investition steht, sollten Sie sich grundsätzlich Gedanken machen, ob Sie die Situation nicht besser aufgeben und verlassen.

Solche Überlegungen gehen einher mit Ängsten. Man gibt etwas auf, man lässt los, die Zukunft erscheint ungewiss, und wer loslässt, verliert womöglich den Halt. Prüfen Sie auf jeden Fall in diesem Zusammenhang die Stäbe des Käfigs, in dem Sie sich eventuell befinden. Die Stäbe können immer auch selbstgezimmert sein (Angst, Bedürfnisse nach Anerkennung, Sicherheit, Zugehörigkeit). Die Käfigtür muss jedenfalls nicht um jeden Preis zu bleiben. Entfernen Sie einen oder zwei Stäbe, schon kann es einen Ausgang geben ohne das gesamte Leben auf den Kopf zu stellen. Jeder Mensch hat einen Spielraum und Freiheitsgrade. Man muss sich bewusst entscheiden, das kann Ihnen niemand abnehmen. Eine Orientierung bieten aber die Werte, die Sie für sich gelten lassen. Werte können in unserem Zusammenhang als gewählte Richtungen verstanden werden, so wie ein Straßenschild den Weg nach links, rechts oder geradeaus anzeigt. Diese Richtungen sind nicht von außen vorgegeben, sie sind meine Entscheidungen. Wenn Sie Ihren Werten entgegenleben, wird es über kurz oder lang alles andere als erbaulich. Eine Befriedigung der Grundbedürfnisse ist damit nicht zu erreichen. Was für Sie von Bedeutung ist, können Sie in der Antwort auf eine entscheidende Frage finden, falls es Ihnen nicht sowieso schon bewusst ist: *Wenn keiner wüsste, dass ich an der Verwirklichung dieser Werte arbeite, würde ich es trotzdem tun?* Nicht ganz einfach, oder? Aber lohnenswert, darüber nachzudenken.

Resilienz kann unter der Perspektive einer Stressentstehung bzw. Stressvermeidung auch die Fähigkeit umfassen, mehr Aufwärts- als Abwärtsspiralen zu erzeugen. Ein Leben ohne Stress wird niemand hinbekommen. Entscheidend ist die Frage, wie ich damit umgehe. Auch dabei ist wiederum eine individuelle Dimension zu akzeptieren. Machen wir ein Beispiel: Nach einem anstrengenden Arbeitstag können wir uns aufs Sofa bei laufendem Fernseher setzen, zwei, drei Flaschen Bier oder ein paar Gläser Wein trinken und ordentlich futtern. Hört sich schon einmal sehr unschön an, ist aber für etliche Menschen ein Verhaltensmuster und vertraute Realität. In der Mehrzahl der Fälle wird damit aber eine Abwärtsspirale (Verlustspirale) in Gang gesetzt. Zwar mag es im Augenblick befriedigend sein, in dieser Weise Ruhe zu finden. Doch die ungesunde Ernährung wird ihren Tribut fordern. Ein Gegensteuern zu den im Tagesablauf vorgekommenen Anforderungen und Zumutungen sieht anders aus. Eine Aufwärtsspirale (Gewinnspirale) und damit das Schaffen eines Ausgleichs und die Chance auf eine Rückgewinnung der Energie wäre beispielsweise mit dem Weg ins Fitnessstudio oder in den Wald verbunden. Dabei muss man sich nicht schwitzend malträtieren. Leichter Sport, ein gut dosiertes Herz-Kreislauf-Training und etwas Krafttraining erfüllen ihren hervorragenden Zweck nicht nur für unsere körperliche Verfassung, sondern auch für unser seelisches Gleichgewicht. So ein Sportabend muss auch nicht täglich verwirklicht werden, es bedarf keiner Selbstkasteiung. Auch ein Kneipenabend, ein Zusammensitzen in freundschaftlicher Runde mit guter Kommunikation, erfüllt ein Aufladen der Energiespeicher.

Es gibt viele weitere Möglichkeiten für Gewinnspiralen. Das Stichwort Rhythmus ist bereits ins Spiel gebracht worden. Es soll an dieser Stelle ergänzt werden um Rituale. So simpel es sich auch anhören mag: Wer am Abend in die Dusche steigt und ein besonderes wohlriechendes Duschgel benutzt, sich mit der notwendigen Zeit sorgfältig pflegt, rhythmisiert damit seinen Tagesablauf, „fährt damit herunter", gönnt sich etwas, worauf man sich schon Stunden zuvor freuen kann und befolgt gleichzeitig ein Ritual. Jemand der immer am Montagabend einen kleinen Blumenstrauß kauft, zu dem immer gleichen Blumenladen geht und daheim die Blumen sorgfältig in eine Vase stellt, besitzt ebenfalls ein Ritual, das sehr viel mehr ist als ein Routinevorgang. Rituale haben nicht nur einen instrumentellen Charakter, sondern vermitteln einen symbolischen Mehrwert.

Resilienz umfasst weiter die Frage, wo liegen meine Freiheitsgrade? Karlheinz Geißler hat den Hintergrund dieser Frage sehr gut verdeutlicht: „Der Freiheitsspielraum unserer Existenz besteht zu einem gewichtigen Teil darin, immer wieder entscheiden zu dürfen, wann, wo und wie man zu spät kommt." Wer ziemlich oder völlig fremdbestimmt ist, hat kaum oder keine Chance zur Wahrnehmung von Freiheit. Ein solcher Spielraum macht aber einen Teil einer gesunden Lebensführung aus. Spiel- und Freiheitsräume verweisen auf eine immerhin in Teilen bestehende Unabhängigkeit, auf Entscheidungsbefugnisse und auf ein Maß an Selbstbestimmung. All das ist unabdingbar für eine Sinnerfahrung und insofern grundlegend für die psychische Stabilität. Prüfen Sie Ihre Freiheitsgrade, gegebenenfalls versuchen Sie diese zu erweitern. Das dürfte Widerstand hervorrufen, auch bei Ihnen selbst; das Maß an Unabhängigkeit muss nicht selten eingeübt werden. Fragen Sie sich zum Beispiel: Gibt es heute einen guten Grund, nach Hause zu gehen? Falls Sie bejahen, realisieren Sie den Nachhauseweg. Zumindest das ein oder andere Mal. Denn Sie wissen ja: Die langfristige Vernachlässigung außerberuflicher Lebenswelten zieht immer eine berufliche Destabilisierung und Abhängigkeit nach sich. Die Antworten auf nachfolgende Fragen geben Ihnen die notwendige Kenntnis und Bewusstheit über Ihre Freiheitsgrade:

- Wo und wann komme ich (nicht) zu spät?
- Wem oder was werde ich heute (nicht) gerecht?
- In wen oder in was investiere ich (nicht) meine Energie?

Und abschließend steht dann die Frage: *Will ich von meiner Freiheit tatsächlich Gebrauch machen und den Preis dafür bezahlen?* D.h. Sie müssen wahrscheinlich ein (kalkulierbares) Risiko eingehen. Das fühlt sich nicht unbedingt angenehm an. Hilfreich kann dabei ein Ausmalen der Situation sein, die erreicht werden soll: Was erwartet mich und welche Version meiner Selbst kann verwirklicht werden?

Damit zu dem einschneidendsten Schritt, der keinesfalls zwingend ist, aber doch auch das Ergebnis der Beantwortung sein kann: Resilienz heißt nämlich auch zu fragen, wann ist es genug oder wann muss ich gehen? Es kann sein, man hat auf das falsche Pferd gesetzt. So sehr man sich auch bemüht, es kommt kaum oder keine Energie zurück. Fehlinvestitionen würde das die Betriebswirtschaftslehre nennen. Davor sind wir Menschen nicht gefeit. Bevor man sich total erschöpft, sich verausgabt, sich ausnutzen lässt und seine Energiespeicher leerlaufen sieht: Es geht um die harte Entscheidung aufzuhören. Damit ist auf jeden Fall der Schmerz verbunden, nichts erreicht und Energie verschwendet zu haben. Man steckt so etwas nicht von heute auf morgen weg. Ja, man muss sich mit sich selbst versöhnen, damit kein dauerhafter Leidensdruck entsteht und das Gefühl des Versagens das Leben vergällt. Wahrlich keine einfache Aufgabe! Auch dazu gibt es eine Volksweisheit, die leitend sein kann: Lieber ein Ende mit Schrecken als ein Schrecken ohne Ende. Vor diesem Hintergrund können Sie Ihre Situation prüfen und dann entscheiden, was das Bessere für Sie ist.

Zum Schluss ein Witzchen, ein Aphorismus oder sonst ein kluger Spruch

„Wenn alles gegen dich zu laufen scheint, erinnere dich daran, dass das Flugzeug gegen den Wind abhebt, nicht mit ihm."

Henry Ford, Gründer des Automobilherstellers Ford Motor Company, 1863–1947

Sinn oder: „Wer ein Warum zu leben weiß, erträgt fast jedes Wie."[1]

Die Geschichte

Im dunkelsten Kapitel der deutschen Geschichte überschlugen sich Unbarmherzigkeit, Gnadenlosigkeit und mörderische Perversion. Die Vernichtung von angeblich lebensunwertem Leben zeitigte unfassbare Ausmaße und unendliches Leid. Millionenfach wurden Menschen von Nationalsozialisten umgebracht. Ein systematisches Morden in den Konzentrations- und Vernichtungslagern war jahrelang an der schrecklichen Tagesordnung und diejenigen, die überlebten oder im letzten Augenblick befreit und gerettet wurden, waren halb verhungert, oft gebrochen an Leib und Seele und nicht wenige litten dermaßen brutal an den ihnen zugefügten Ungeheuerlichkeiten, dass sie gar Selbstmord begingen, weil sie die Qualen, die sich in ihren Köpfen und Seelen abspielten, nicht mehr aushielten.

Andererseits gab es Überlebende, die die Schrecken verarbeiten und ein „normales" und gutes Leben führen konnten und in ihrem Lebensalltag zurechtkamen. Einer dieser Menschen mit einem unglaublichen Lebenswillen, der alle seine Familienmitglieder in den Vernichtungslagern der Nazis verloren hatte (sein Vater, seine Mutter, sein Bruder und seine Frau wurden ermordet), war Viktor Frankl (1905–1997). Er war ein österreichischer Jude, der Jahrzehntelang ungemein engagiert als Professor gearbeitet und mit der von ihm begründeten Logotherapie und Existenz-

---

1 Friedrich Nietzsche

analyse zur Bereicherung vieler Menschen beigetragen hat. Auch Frankl stellte sich die Frage, weshalb manche Menschen furchtbare Erfahrungen verarbeiten und ihr Leben trotz leidvollster Erfahrungen mit Freude führen können und es wiederum andere gibt, die an den erfahrenen traumatischen Ereignissen zerbrechen.

In seinem umfangreichen Bemühen um Klärung fand er dafür neben anderem die ungemeine Bedeutung eines Sinns, den ein Mensch haben muss, heraus. Seine Eindrücke und Erfahrungen in den Konzentrationslagern verarbeitete er in dem Buch „… trotzdem Ja zum Leben sagen". Wer seinem Leben einen Sinn geben kann, wer davon überzeugt ist, dass dieses eine Leben einen Sinn stiften kann, verfügt offenbar über ein Fundament, das eine psychische Stabilität, eine Ausgeglichenheit und letztlich eine Zufriedenheit sichert. Es wird dann ein sinnvolles Leben gelebt, so dass sogar derartige Extreme, wie sie verbrecherisch im Dritten Reich zuhauf vorkamen, ausgehalten und im wahrsten Sinne des Wortes überlebt werden konnten.

Verbrecherische oder kriminelle Zumutungen sind in westlichen Gesellschaften heutzutage eher selten. Die beruflichen Zumutungen oder auch schon die Herausforderungen können allerdings auf Dauer auch zermürben und krankmachen. So war das z. B. bei einem Sozialarbeiter, der irgendwann immer öfter betont hat, es habe ja alles keinen Sinn. Dieser engagierte Mensch arbeitete etliche Jahre als Streetworker, kümmerte sich intensiv um diejenigen, die auf der Straße lebten oder sonst wie in dieser herrlichen Konsumgesellschaft gestrauchelt waren und ihr Leben ohne Alkohol und sonstiges Rauschgift nicht oder kaum aushielten. Er ackerte sich ab, bot Chancen, wollte helfen und hoffte bei den Hilfsbedürftigen auf günstige Entwicklungen durch die entsprechende Unterstützung. Aber die Enttäuschungen blieben nicht aus. Als sie vermehrt vorkamen, kam es erstmals zu dem Gedanken „Das ist doch sinnlos". Bis diese vier Worte die Herrschaft in seinem Urteilen und Denken übernommen hatten, verging einige Zeit. Zeit, in der er investiert und in der er sich Mühe gemacht hatte. Doch immer wieder zeigte sich, es nutzte nichts. So sehr er helfen wollte, so enttäuschend verliefen seine Bemühungen. Bis er eben nicht nur sporadisch, nicht nur ab und zu, sondern immer wieder und schließlich dauernd feststellte, das hat doch alles keinen Sinn. An einem Morgen schleppte er sich in sein Büro. Zwei Tage zuvor hatte sich eine der jungen Frauen, die er betreute, zu Tode gespritzt. Er drehte noch den Schlüssel im Türschloss um, danach war er unfähig, die Bürotür zu öffnen. Mit gesenktem Kopf stand er da, es verging eine Minute, er verharrte nur. Im Nachhinein konnte er nicht sagen, was er gedacht hatte oder was ihm durch den Kopf ging. Auf einmal brach er in Tränen aus. Er weinte hemmungslos. Ein Mitarbeiter, der ihm helfen wollte, musste machtlos mit ansehen, wie sein Kollege zu Boden ging. Das Gesicht in den Händen vergraben weinte er auf dem Boden sitzend weiter, bis keine Tränen mehr flossen. Ein achtwöchiger Klinikaufenthalt folgte. Danach nahm er sich eine mehrmonatige Auszeit. In seinen Beruf als Sozialarbeiter kehrte er nicht mehr zurück.

Tatsachen, Reflexionen, Anregungen

Diese Geschichte von dem Sozialarbeiter soll nicht anrührend pathetisch oder mitleiderregend sein. Sie zeigt vielmehr den Zusammenbruch eines mit Idealen ausgestatteten Menschen, der mit viel Energie- und Krafteinsatz gearbeitet hat, dem Rückschläge und Niederschläge widerfuhren, der nach und nach in eine resignative Haltung hineinrutschte und dem schließlich jeglicher Sinn seiner Tätigkeit abhandengekommen war. Ein Einzelfall? Nur ein selten vorkommendes Beispiel? – Bestimmt nicht. Das langsame Einschleichen von Sinnlosigkeit, das immer weiter ausgreifende Denken, es sei alles sinnlos, ist ein weit verbreitetes Phänomen. Es gehört zum Menschen, dass er auf der Suche nach Sinn ist und wohl dem, der seinen Lebenssinn gefunden hat oder immerhin dem, was er tut, einen Sinn verleihen kann. Friedrich Nietzsche ist sicherlich kein unproblematischer Philosoph, doch seine zu Beginn dieses Abschnittes zitierten Worte beinhalten eine Kernbotschaft für ein gutes Leben. Das Problem ist allerdings, sein „Warum" zu kennen bzw. ob man auf der Suche nach einer Sinnstiftung fündig wird. Es gibt Menschen, denen dieser Sinn unmittelbar vor Augen steht. Sie müssen sich keinen Kopf machen. Fast wie angeboren mag es erscheinen. Sie haben das Glück, dass das tragfähige Fundament einfach gegeben ist. Viele anderen ringen um den Sinn ihres Lebens, zweifeln, verzweifeln gar und mühen sich tagein und tagaus.

Die Frage nach dem Sinn ist individuell. Deshalb kann nicht einfach von außen, z. B. in einer Therapie oder durch Ratgeber, Sinn „gegeben" oder vermittelt werden. Man kann bestenfalls die Suche unterstützen. Sinn verleihen kann nur der Mensch sich selbst. Dabei – und hierzu sei noch einmal ein Bezug zu Viktor Frankl hergestellt – gilt es, das Leben als Ganzes zu akzeptieren. Eine solche Sicht schließt Leid und Not ein. Beides gehört zum Leben. Wahrlich kein schönes Thema, eher eines, das gerne verdrängt wird. Leid und Not können aber über den Menschen hereinbrechen, manchmal selbst verschuldet, oft genug überraschend und ohne eigenes Zutun. Das Ertragen und Aushalten in Würde ist dann eine Leistung des Menschen, womit eine Basis gegeben sein kann, das an und für sich Sinnlose auszuhalten und – so irritierend es sich anhören mag – die Idee an ein gutes Leben nicht zu verlieren und diese mit Tapferkeit trotz der erfahrenen Ungeheuerlichkeiten weiter zu verfolgen.

Dieser Glaube an ein gutes Leben inmitten widrigster Umstände findet sich in Albert Camus' Interpretation der

Geschichte des Sisyphos. Sisyphos, eine Figur der griechischen Mythologie, hat sich dem Tod widersetzt und Frevel begangen. Dafür wird er geradezu brutal bestraft. Er muss für immer einen Felsblock einen Berg mühevoll hochstemmen. Tagein, tagaus. Eine auf den ersten Blick sinnlose, furchtbare Tätigkeit, eine einzige Quälerei. Der Begriff „Sisyphosarbeit“ ist vor diesem Hintergrund längst zu einem geflügelten Wort für eine sinnlose und dabei schwere Tätigkeit ohne absehbares Ende geworden. In seinem Werk „Der Mythos des Sisyphos“ setzt sich der französische Schriftsteller und Philosoph Camus (1913–1960) mit dem Absurden des menschlichen Lebens auseinander. Ihm geht es um die Spannung zwischen Sinnwidrigkeit und der Sehnsucht nach einem Sinn. Camus kommt zu dem Schluss, dass man sich Sisyphos als glücklichen Menschen vorstellen muss. Damit erreicht er eine völlig neue Perspektive auf eine an und für sich durch und durch pessimistisch zu sehende Situation. Sisyphos nimmt nämlich sein Schicksal an. Die an und für sich gegebene Sinnlosigkeit verwandelt er in Selbstverwirklichung. „Sein Schicksal gehört ihm“ und „Sein Fels ist seine Sache“ stellt Camus heraus und gelangt zu der Behauptung „Der Kampf gegen den Gipfel vermag ein Menschenherz auszufüllen.“ Im Übrigen, wenn der Fels mit größter Mühe und Anstrengung fast nach oben gebracht wurde, ist dessen Zurückrollen keineswegs ohne Sinn. In dieser Zeit ist Sisyphos befreit. Keine Quälerei, kein Schmerz. Und immerhin sichert ihm der Fels sein Leben. Denn hierfür ist er vom Todesgott Thanatos, dem er getrotzt hat, ja immerhin entlassen worden. Zu einem Leben, das zwar absurd und ungemein mühselig erscheinen mag, das aber gelebt werden kann! Er hätte auch mit dem Verbleib im Todesreich bestraft werden können.

Im Prinzip weist diese Interpretation auf die Aufforderung hin, dass der Mensch seinem eigenen Leben selbst Sinn verleiht. Das werden Sie eventuell als nicht zufriedenstellende Antwort empfinden. Jedoch scheint mir, dass kaum jemand um diese Aufgabe herumzukommen vermag. An dieser Stelle scheint mir wiederum ein Bezug zum Burnout-Phänomen angezeigt. Oft genug steckt ein unglaubliches Maß an Selbstverausgabung und ein Idealismus, der an der Wirklichkeit verzweifelt, dahinter. Daneben oder auch parallel kann sich ein weiterer Risikofaktor nach und nach entfalten und böse Wirkungen zeitigen: wenn dem Menschen der Sinn abhandenkommt. Die Arbeit erscheint sinnlos oder die dauernden Streitigkeiten in der Partnerschaft oder das nicht anerkannte Engagement im Verein und was es noch alles geben kann, bei dem Menschen merken, dass sie ihre Ideale nicht mit der Wirklichkeit in Deckung bringen können. Nun mag es im Anschluss an Sisyphos ein hilfreiches Instrument geben: Die Frage lautet, wie viel Sinn wir wirklich z. B. in unserer Arbeit suchen müssen. Wie wäre es, ein Ereignis, einen Sachverhalt, ein Geschehen oder auch Menschen aus einem veränderten Blickwinkel zu betrachten und sich dadurch alternative Verhaltensmöglichkeiten zu eröffnen? Diese „Umschalttechnik" stammt ursprünglich aus der systemischen Familientherapie und nennt sich „Reframing" (im weitesten Sinne mit „Neurahmung" übersetzbar). Dieser gedankliche Switch kann immunisieren gegen Voreingenommenheiten, Fehl- und Falscheinschätzungen und kann Niedergeschlagenheit und Verzagtheit verhindern. Eine andere Perspektive auf die Wirklichkeit ist dafür vonnöten, die sich auf die Einstellung auswirkt. Dann gibt es die Chance, Absurdes im Leben zu akzeptieren und in dieses Leben zu integrieren. Sisyphos scheint genau das gelungen zu sein. Eine Leistung, wahrhaftig. Aber eine, die sich lohnen kann.

Vielleicht mag auch Nachfolgendes trivial erscheinen. Aber im Anschluss an den Mythos von Sisyphos kann die Frage gestellt werden, wofür es sich zu leben lohnt. Und die Antwort kann dann recht einfach ausfallen: für das Leben!

Wem das zu wenig erscheint, dem kann noch ein weiterer Schritt empfohlen werden: Wofür lohnt es sich zu leben? Damit das Leben genutzt wird, um menschliche Werte zu erzeugen. Wir Menschen sind durchaus mit allerlei Ungereimtheiten, manchmal sogar mit Bösem, ausgestattet. Das menschlich allzu Menschliche erweist sich an Neid, Eifersucht, Lug und Trug. Bevor jedoch ein nur pessimistisches Menschenbild gezeichnet wird, sei auf eine ganz andere Seite unseres Menschseins verwiesen: Wir tragen genauso das Gute und das Schöne in uns. Und was vielfach nachgewiesen und bewiesen ist: Wenn wir anderen helfen, sie unterstützen, selbstlos Arbeit für Schwächere, Kranke, Leidende leisten, wozu auch ein Engagement für Umwelt und Tiere gehört, fühlen wir uns gut. Ein Sich-Engagieren, ohne Erwartung eines Gewinns oder einer Beförderung oder eines Vermögensgewinns, d. h. ein altruistisches Verhalten, um es anderen ein wenig leichter und erträglicher zu machen, beflügelt den Menschen und ist ihm insofern maßgeblicher Lohn. Bevor jemand an einem angeblich sinnlosen Leben verzweifelt, sich gar das Leben nehmen will, frage er sich, was er für andere tun kann. Und das Spektrum an Möglichkeiten ist ungemein groß. Wer ziemlich verzagt auf ein angeblich gescheitertes Leben blickt, wen der Lebensmut verlässt und wer so gar keine Perspektive auf die Frage, was soll das Ganze denn überhaupt, hat, der möge sich zum Beispiel als Entwicklungshelfer oder als Sterbegebleiter in einem Hospiz zur Verfügung stellen. Er möge hinausgehen in eine im wahrsten Sinne „andere" Welt. Die Möglichkeit, anderen zu helfen, gibt es immer. Schon unter diesem Aspekt ist jedes Leben doch sinnvoll! Und manche werden kaum glauben können, welche Freude damit verbunden sein kann! Sie können in den genannten und etlichen anderen Aufgabenfeldern und Herausforderungen einen Wert erzeugen, der sich letztlich zurückführen lässt auf das, wonach jeder Mensch strebt: die Liebe.

Mit diesen Überlegungen möchte ich eine Verbindung herstellen zwischen Sinn, Werten und Glück. Das, was einen Menschen antreibt, was der Anstrengung und dem Bemühen wert ist, sollte jeder für sich sehr grundlegend reflektieren. Vor dem Hintergrund der verschiedenen Glücksmöglichkeiten ist das von Bedeutung. So gibt es etwa das *Wohlfühlglück*, das sich aufgrund angenehmer Erfahrungen einstellt: sei es das Glas Wein auf dem Balkon, sei es das gute Gespräch auf einer Party. Zumeist sind diese Glückserfahrungen flüchtig. Es kann auch das *Zufallsglück* geben. Der berühmte Sechser im Lotto mag ein extremes Beispiel sein, aber gerade das beschreibt die Situation deutlich. Kein Mensch weiß etwas darüber, welche Lottozahlen nun am Wochenende gezogen werden. Wenn diese mit den auf meinem Lottozettel angekreuzten übereinstimmen, dann ist das der pure Zufall, den kein Mensch beeinflussen kann. Davon wird das wertevermittelnde Glück abgegrenzt: *Werteglück* ist ein überdauerndes, tiefes und erfüllendes Glück, das von Menschen erreicht werden kann, die ihre wirklichen Motive und ihre Lebensgründe kennen und sich von diesen leiten lassen. Die Chance auf dieses wirkliche Glück hat jeder. Unabhängig von Reichtum, Macht, Status und Einfluss kann man sein Leben an Werten orientieren, die es bedeutungsvoll machen. Werden Sie sich im Klaren über Ihre Werte und leben Sie diesen gemäß. Das macht Ihr Leben für Sie selbst, aber auch für andere bedeutungsvoller. Mit dem sich darüber einstellenden wertevermittelnden Glück wird dem Leben wirklich Sinn verliehen.

Die Wertefrage hängt also mit der Sinnfrage eng zusammen. Diesen Zusammenhang hat bereits 1792 Friedrich Daniel Schleiermacher mit seiner Schrift „Wert des Lebens“ vorgetragen. Er wollte schon damals für das Dasein des Individuums die Frage geklärt wissen, warum und mit welchen Zielen es lebt. Und es gibt dazu wieder eine kritische Anmerkung. Menschen, die nach absoluten Sinnformeln suchen, die eine Position des „Alles oder nichts“ einnehmen, dürften an der Sinnfrage scheitern. Die Erkenntnis, dass unser Leben niemals alles gibt, muss man sich vor Augen führen. Was wir erreichen, wonach wir streben, wofür wir uns einsetzen: häufig wird es nur Stückwerk bleiben. Nicht selten unvollkommen oder unvollendet. Aber sind nicht sogar die wunderbarsten Sinfonien der berühmtesten Musiker ausdrücklich die „Unvollendeten“? Der Mensch muss seine Grenzen erkennen und akzeptieren, dass Misserfolge zu jedem Leben gehören. Wenn er unter diesen leidet, wenn er seine Begrenztheit nicht zu akzeptieren vermag, ist die Saat zum Unglücklich-Werden ausgestreut. Unvollkommenes, Unvollendetes gehört zu unserem Mensch-Sein. Auch ein Misserfolg kann – letztlich – das Leben bereichern. Falls sich gegen diese Behauptung Widerstand regen mag, kann ergänzend noch der Hinweis auf die durch einen Misserfolg sich einstellende Chance gegeben werden: nämlich die der Erkenntnis der Begrenztheit eigener Begabungen und Möglichkeiten. Sich darauf zu besinnen, macht ein Lebenswissen aus, das einen Teil des Fundaments für ein Werteglück liefert. Die eigenen Werte bewahren und sie soweit wie möglich verwirklichen, machen das Leben mit Sicherheit sinnvoll.

Nun haben Sie bestimmt bemerkt, es gibt bei der Frage nach dem Sinn Berührungspunkte zur Resilienzforschung. Sie hebt schließlich auf die Beantwortung der Frage ab, wie Menschen gegenüber Risiken und Zumutungen widerstandsfähig gemacht werden können. Und gerade haben wir schließlich auf das Burnout-Phänomen verweisen können. Ganz besonders bietet sich weiterführend an dieser Stelle das Salutogenesekonzept von Aaron Antonovsky an, das nicht nur eine Nähe, sondern auch einen Überschneidungsbereich zum Resilienzansatz besitzt und das Gefühl der Kohärenz als entscheidende personale Ressource herausstellt. Worum geht es bei diesem Salutogenesekonzept genauer?

Das Konzept, das ein Modell der Gesundheitswissenschaft abbildet, geht auf den israelischen Medizinsoziologen Aaron Antonovsky (1923–1994) zurück. Er fragte als einer der ersten nach den Entstehungs- und Erhaltungsbedingungen von Gesundheit und entwickelte seinen Ansatz ausdrücklich gegen die einseitige Sichtweise der Pathogenese, die Krankheiten diagnostiziert und natürlich auch heilen will. Wie aber vermeidet man das Entstehen von Krankheit oder – ins Positive gewendet – was trägt zur Entstehung und dem Erhalt von Gesundheit bei? Die Antworten Antonovskys und seiner Nachfolger können für den modernen Menschen überaus zielführend sein, wobei gerade das Gefühl der Sinnhaftigkeit („sense of meaningfulness") eine bedeutende Rolle spielt. Um Verständnis für Antonovskys Modell zu schaffen, sei das Bild eines guten Schwimmers gewählt. Ich kann fragen: Was macht den Menschen zu einem guten Schwimmer? Stellen wir uns dazu das Leben als einen Fluss vor. Manchmal fließt das Wasser gemächlich vor sich hin, mitunter schäumt es, weil es angesichts eines Gefälles in der Landschaft hinabstürzt, der Fluss kann dann reißend werden, um irgendwann wieder in eher geordneten Bahnen eine schöne Landschaft zu durchfließen. Falls Sie Smetanas „Die Moldau" kennen, haben Sie solch einen Fluss nicht nur vor Augen, sondern sogar im Gehör. Zudem: Immer wieder kommt es zu Abbiegungen, manchmal in zwei, drei Richtungen. Nun muss der Schwimmer wählen. Bleibt er im Hauptstrom und damit weiter geradeaus oder nimmt er den rechten oder linken Seitenarm und verändert die Richtung? Vertrautes lässt er dann womöglich hinter sich und gerät in unbekanntes Gelände. Man spricht nicht umsonst vom „Fluss des Lebens". Wie bei einem Fluss gibt es sie: die ruhigen, eher harmonischen Zeiten, mitunter vielleicht eintönig oder gar langweilig. Dann

Überraschendes. Im Guten wie im Schlechten. Leben, das sich überschlägt, Zeit, die nur so dahinrennt, es geht alles furchtbar schnell, der Strom der Zeit reißt einen mit. In eiskaltes Wasser wird man ab und zu hineingeworfen. Und wollen nicht wenige irgendwann einmal ihrem Leben eine neue Richtung geben? Ein guter Schwimmer wird in diesem Fluss des Lebens zurechtkommen. Es wird Zeiten geben, da muss er sich entscheiden, dann solche, in denen er ungeheuer viel Kraft und Energie benötigt, eventuell muss er gegen Wellen, die über ihm zusammenschlagen, ankämpfen, er teilt sich dann seine Kräfte ein, wenn er in ruhigeres Fahrwasser gerät und genießen kann. Wenn er nicht herausgefordert ist, einfach so dahingleiten oder auch einmal ausruht und nichts tut. Wir haben nun schon vieles bis zu diesem Abschnitt vorgestellt und beschrieben, wie man zum guten Schwimmer werden kann oder es auf Dauer bleibt. Ergänzend wird nun das mit einbezogen, was von Antonovskys Modell hilfreich zur Verfügung gestellt wird.

Ich muss im Fluss des Lebens gut schwimmen lernen. Das geht und kommt nicht von alleine zustande. Es bedarf Anstrengung, vielleicht manchmal sogar „Kampf", um gesund zu bleiben oder zu werden (diesen „Kampf" verlieren wir natürlich irgendwann, Antonovsky bezieht die Endlichkeit unseres Daseins und unserer Existenz mit ein). Das Kohärenzgefühl, das in seiner Bedeutung bereits auf Zusammenhalt und Stimmigkeit hinweist, ist getragen von der zentralen Kategorie des Vertrauens. Es geht um ein Vertrauen darauf, dass ich es irgendwie hinbekomme und dass das, was ich tue, sich doch irgendwie lohnt. Dieses „sich lohnen" meint nun nicht Geld oder Geld verdienen. Dahinter steht die Sinnfrage. Es muss sich lohnen verweist auf Sinnhaftigkeit, mithin auf die Beantwortung der zentralen Frage: „Warum und wofür mache ich etwas?" Wenn ich mich auf die Welt einlasse oder – etwas simpler und eingeschränkter ausgedrückt – mich im Beruf, im Verein, in der

Kirche, in der Familie usw. engagiere, umschließt das Kohärenzgefühl drei Kategorien: Es geht erstens um Verstehbarkeit, d.h. der Mensch muss die Verhältnisse durchschauen können und wissen, was er macht und wie gerade dieses Machen einzuordnen ist in einen Gesamtzusammenhang. Wer sich nur als ein Rädchen im großen Räderwerk empfindet, das man sowieso nicht durchschaut, dem fehlt es an Verstehen und damit bereits an der ersten Voraussetzung für das Kohärenzgefühl. Zweitens muss Handbarkeit gewährleistet sein, d.h. der Mensch muss in Aktivität kommen und das in einem Gestaltungsraum, den er selbst mitbestimmen kann. Es bedarf somit eines Freiraumes, gerade auch im Arbeitsleben. Denjenigen, die als Führungskräfte einen starken Drang zur Kontrolle entwickeln und möglichst detailliert vorschreiben wollen, wie die Arbeiten zu verrichten sind, sei ins Stammbuch geschrieben: Überregulierung ist ein Frontalangriff gegen Arbeitsfreude. Und schließlich (!) bedarf es drittens einer Bedeutsamkeit, womit die grundlegend Wirkung entfaltende Sinnfrage gemeint ist. Es ist nach allen Forschungsergebnissen ganz eindeutig. Wenn das Sinnempfinden positiv beantwortet werden kann, ist ein maßgebliches Fundament für Zufriedenheit und Wohlbefinden gegeben. Wenn zum Beispiel Ihre Arbeit und Ihr Beruf eine für Sie sinnstiftende Funktion umfasst, speisen Sie Ihre Psyche mit Energie, Sie fühlen sich vital. Wenn Menschen eine Arbeit verrichten, die sie als sinnlos oder zweifelhaft empfinden, müssen sie ständig gegen ihre inneren Überzeugungen ankämpfen. Diese emotionale Dissonanz, d.h. wenn Sie sich nach außen anders geben als es Ihrer inneren Gefühlswelt entspricht, belastet auf Dauer. Der Mensch verliert darüber zunehmend Energie, der Weg in die Krankheit ist vorgezeichnet. Stellen Sie sich die Fragen:

- Was tue ich?
- Wie wichtig und bedeutsam ist das, was ich tue?

- Wird die Wichtigkeit und Bedeutsamkeit, die ich in meinem Tun sehe, auch von anderen wahrgenommen?

Sinnstiftung kann schon damit beginnen, dass man sich bewusst Zeit nimmt, über das, was man tut und über die damit verbundenen Ereignisse des eigenen Lebens nachzudenken. Wer über sein Tun nachdenkt und ihm Bedeutsamkeit verleihen kann, hat die Chance, trotz vieler arbeitsbedingter Stressoren voller Energie zu bleiben. Bei der Sinnstiftung geht es nicht nur um eine bloße Wahrnehmung, sondern auch um eine Aktivität. Man denkt nicht nur über die Ereignisse nach, sondern redet darüber oder handelt und steuert darüber bewusst sein Leben. Es lohnt sehr, diese Ressource Sinnstiftung aktiv anzugehen. Sie puffert Stressoren ab, hilft dabei, wertschöpfend zu arbeiten und unterstützt die Vitalität des Menschen.

Zum Schluss ein Witzchen, ein Aphorismus oder sonst ein kluger Spruch

„Niemand hat vom Leben etwas Ordentliches gelernt, solange er nicht weiß, dass jeder Tag Gerichtstag ist."

Ralph W. Emerson, US-amerikanischer Geistlicher, Philosoph und Essayist, 1803–1882

Tod oder: Worüber viele Menschen lieber nicht nachdenken wollen

Die Geschichte

„Stell dir vor, jeden Morgen stellt dir eine Bank 86.400 € auf deinem Konto zur Verfügung. Du kannst den gesamten Betrag an einem Tag ausgeben. Allerdings kannst du nichts sparen; was du nicht ausgegeben hast, verfällt. Aber jeden Morgen, wenn du erwachst, eröffnet dir die Bank ein neues Konto mit neuen 86.400 € für den kommenden Tag. Außerdem kann die Bank das Konto jederzeit ohne Vorwarnung schließen. Sie kann sagen: Das Spiel ist aus. Was würdest du tun?

Dieses Spiel ist Realität: Jeder von uns hat so eine magische Bank: die Zeit. Jeden Morgen bekommen wir 86.400 Sekunden Leben für einen Tag geschenkt. Was wir an diesem Tag nicht gelebt haben, ist verloren, für immer verloren. Aber jeden Morgen beginnt sich das Konto neu zu füllen. Also, was machst du mit deinem täglichen 86.400 Sekunden?"

(Text nach Marc Levy)

Tatsachen, Reflexionen, Anregungen

Vielleicht haben Sie bei dem schwerwiegenden Stichwort „Tod" eine gänzlich andere Geschichte erwartet. Etwas Trauriges, etwas, das zu Tränen rührt. Oder etwas Schreckliches, das jemandem widerfahren ist. Oder eventuell etwas, von dem Sie lieber gar nichts hören wollen. An und für sich habe ich mich im Vergleich dazu für einen schönen

Text entschieden. Oder besser: Für einen gewichtigen Inhalt. Und dieser hat ganz bestimmt etwas mit dem Stichwort „Tod“ zu tun. Allein ein Satz kann und sollte sehr nachdenklich machen: „Außerdem kann die Bank das Konto jederzeit ohne Vorwarnung schließen“. Danach heißt es eigentlich knallhart weiter: „Sie kann sagen: Das Spiel ist aus.“ Das beschreibt doch auf jeden Fall ziemlich unharmonisch, was wir gern verdrängen. Wir haben unsere Jahrzehnte, Jahre, Monate, Wochen und Tage. Im Durchschnitt stehen uns achtzig Jahre zur Verfügung. Wer denkt schon mit zwanzig, vierzig und selbst mit sechzig Jahren darüber nach, dass das das Durchschnittsalter ist und man den nächsten Morgen vielleicht nicht mehr erlebt? Wer von Ihnen hat nicht schon zumindest einmal vom Tod eines Bekannten gehört und man konnte die Nachricht kaum glauben. So unwirklich, so unglaublich erschien dieser endgültige Umstand. Schließlich hat man erst vor zwei Tagen mit diesem Menschen noch gesprochen, war mit ihm beim Essen oder hat mit ihm gemeinsam Sport betrieben oder doch erst gestern noch mit ihm telefoniert. Jetzt hat ein Autounfall oder ein plötzlicher Herztod alles auf den Kopf gestellt. Wenn es sich gar um einen nahen Angehörigen, ein Familienmitglied handelt, dann ist das eine ungeheuerlich schmerzhafte Erfahrung. Den Partner, den man morgens noch ins Büro verabschiedet hat oder – da fällt selbst das Aufschreiben schwer – ein Kind, das man noch zur Schule begleitet hat und das nicht mehr heimkommt. Man könnte angesichts der Widerwärtigkeiten, die einem das Schicksal zufügen kann, in Depressionen versinken. Ist das ein Grund, weshalb wir nicht gerne über den Tod nachdenken wollen? Weil das so schmerzhaft und niederschmetternd sein kann? Weil damit ein Angriff auf alles, was wir erträumen, erhoffen und wünschen, stattfindet? Weil wir es als unwahrscheinliche Zumutung empfinden, dass es etwas gibt, das wir nicht im Griff haben, das wir nicht steuern können und das uns, wenn es so weit ist, keine Chance mehr lässt? Klar sollte sein: Das Leben ändert sich in einem Augenblick. Diese Wahrheit vor Augen geführt, kann demütig, aber bestimmt nicht mutlos machen. Im Gegenteil: Schaue man auf die täglichen 86.400 Sekunden. Diese sind wirklich ein Geschenk. Und nun mache etwas daraus! Es müssen nicht Höhepunkte, Sensationen, euphorische Überschläge sein. Nicht der Lottogewinn, nicht das Liebesabenteuer, nicht die unverhoffte Beförderung, die so unglaublich glücklich machen können. Für den Moment, für eine (häufig allzu rasch) vorübergehende Zeit. Das „normale" Leben, durchaus manchmal und vielleicht öfter als es manchem lieb ist, mit Mühe und Anstrengung, ist mit Rückschlägen und Niederlagen verbunden. Aber der nächste Tag, der – so er kommt und dann wieder 86.400 Punkte bietet – bedeutet wieder etwas Ähnliches wie ein gut gefülltes Konto. Ich kann dieses Zeitkonto verschwenden: indem ich klage, meckere und motze. Indem ich mit meinen Rückschlägen oder Niederlagen hadere, darüber griesgrämig und gar aggressiv werde. Oder indem ich resigniere, mich im übertragenen Sinne „fallen lasse" und lustlos und unmotiviert die Stunden verstreichen lasse. Dass wir uns richtig verstehen: Es gibt Ereignisse und Umstände, die verleiden dem Menschen in der Tat die gute Laune oder die Freude. Selbstverständlich kann dann nicht einfach lustig und fröhlich weitergemacht werden. Der Mensch benötigt Zeit, sich damit auseinanderzusetzen. Er muss trauern. Er muss Abschied nehmen: von Träumen, von Hoffnungen, von Wünschen, die sich nie erfüllen werden. Abschiednehmen tut auf jeden Fall weh. Das sollte zugelassen werden. Man muss Derartiges verarbeiten. Individuell dürfte es verschieden sein, wie lange man benötigt, um wieder das Licht am Ende des Tunnels zu sehen oder den Silberstreifen am Horizont. Man muss sehen, welche Verschwendung betrieben wird. Wie nutzlos mit einem gut gefüllten Zeitkonto umgegangen wird. Nach einer Phase des Verarbeitens, des Abschiednehmens und des Loslassens sollte das Angebot des Lebens wieder geschätzt werden. Soweit erst gar nichts Problematisches vorkommt, müsste man die Zeit, die zur Verfügung steht, erst recht zu schätzen wissen.

Elias Canetti sagt: „Der Tod ist ein Skandal." Indem er stirbt, gerät der Mensch an eine Grenze. Für den modernen Menschen, der so gerne alles beherrschen und im Griff haben will, ist das kaum auszuhalten. Nichts kränkt den Menschen wohl so sehr wie seine Sterblichkeit. Der Mensch wird noch nicht einmal gefragt. Er klammert sich an das Leben und kann letztlich doch nichts ausrichten. Wie erniedrigend! Das hat zudem entschieden etwas mit Angst zu tun. Wir haben, zumindest in der westlichen Welt, Sicherheiten erreicht, die es vor Jahrzehnten keinesfalls gab. Wohlstand, Lebensqualität, Gesundheit und medizinische Versorgung: Alles ist ziemlich zum Besten bestellt. Doch es bleibt die ungeheure Kränkung – die Sterblichkeitsquote liegt nach wie vor bei 100 Prozent! Diese Tatsache läuft dem Traum des Menschen, unsterblich zu sein, radikal entgegen. Eine gigantische Industrie hat sich sogar herausgebildet und etabliert, weil sie auf die Hoffnung von Menschen setzen kann, die glauben, die Medizin würde irgendwann einen Weg finden, einen Körper wiederzubeleben. Es werden heutzutage bereits Milliarden mit dem Einfrieren von toten Körpern, Eizellen und dem Blut Neugeborener verdient. Menschen, die ihren Körper bei minus 196 Grad Celsius einfrieren lassen, nennt man Kryoniker. Der Begriff kommt von dem griechischen Wort Kryos, das Frost oder Eiseskälte bedeutet. Kryoniker hoffen auf ein zweites Leben in einer fernen Zukunft. Sie hoffen auf technische und medizinische Fortschritte, die die Gesetze des Lebens außer Kraft setzen. Ob Derartiges jemals zutreffen wird? Eine Garantie gibt es bestimmt nicht, doch weist der Sachverhalt überdeutlich auf die Urangst des Menschen hin.

Vielleicht ist diese trotz der Sicherheiten deshalb ausgeprägter wie in früheren Zeiten, weil der moderne Mensch gleichzeitig in der Mehrheit den Jenseitsglauben verloren hat. Wenn Religion und die damit verbundenen Hoffnungen auf eine unsterbliche Seele und auf eine Auferstehung keine Rolle mehr spielen, dann will dieser Mensch wenigstens umso intensiver und länger leben. Und es sei die These gewagt, dass sich aus dieser verdrängten Todesangst manche zeitgeistige Pathologie erklärt: Ruhmsucht, Hyperaktivität, Arbeitswut, Perfektionismus und durchaus auch der Hang zu endloser sozialer „Vernetzung". All das kann gelesen und interpretiert werden als womöglich unbewusste Versuche, sich gegen den Tod zu versichern. Vielleicht wäre eine Auseinandersetzung mit diesem verunsichernden Thema mehr als sinnvoll. So schmerzlich und von Ängsten begleitet das sein mag, gäbe eine solche Auseinandersetzung vielleicht die Chance, manche wenig konstruktive Lebensperspektive und manches unsägliche Verhalten zu relativieren oder gar zu ändern.

Der Tod stellt wahrscheinlich für jeden von uns den Sinn des Lebens infrage. Nun bietet eine von Simone de Beauvoir aufgeworfene Frage eine andere Perspektive an. Sie geht der Frage nach, ob ein Leben ohne Ende nicht sinnvoller wäre. Eine Antwort versucht sie mit der Beschreibung des Schicksals einer Maus, der ein Alchimist vom „Elixier des Lebens" zu fressen gegeben hat. Das Tierchen konnte daraufhin niemals sterben. Es musste alles erleben, immer wieder, zu keinem Ende kommend. Freuden, Sorgen, Kummer: es hörte nie auf. Hoffnung, dass es einmal nur gut und erfüllend wäre, gab es nicht. Und Beauvoir fragt dann (zurecht?), ob ein solches ewiges Leben nicht sinnlos wäre. Es mag sich auf den ersten Blick furchtbar anhören: Aber wenn Leben polar angelegt ist, d.h. wenn es Gutes und Böses gibt, wenn es eben Tag und Nacht, Freude und Leid, Sommer und Winter, Wachsein und Schlafen gibt, ist es dann nicht selbstverständlich, dass dem Leben der Tod gegenüber steht und eben die damit verbundene Spannung erst das ausmacht, was mehrfach schon angesprochen wurde? – Nämlich das Wertschätzen dessen und die Freude darüber, dass man Tag für Tag sein Zeitkonto besitzt und dass es ein Glück ist, daraus etwas machen zu können. Bei allem Unguten und allem nicht Wünschenswerten, was einem widerfährt. Bis zu dem – in der Regel – unbekannten Moment, in dem das Konto einfach und ungefragt geschlossen wird?

Manches Leben bleibt sicherlich unvollendet. Es bleibt im wahrsten Sinne des Wortes etwas „auf der Strecke". Das alles hat mehr als eine bittere Note für die Hinterbliebenen. Aber der Jesuitenpater und Moralphilosoph Rupert Lay kann immerhin darauf verweisen, dass viele Musikstücke, die als „Unvollendete" gelten, zu den schönsten Symphonien zählen. Auch ein in dieser Hinsicht unvollendetes Leben kann eine wunderbare Substanz aufweisen und für andere gesorgt und andere zufrieden und glücklich gemacht haben. Ein Mensch ist dann zwar nicht „lebenssatt" gegangen. Ein Hinterbliebener, der diesen Verlust zu beklagen hat, kann aber das Trauern und Abschiednehmen bewältigen. Indem er die Einmaligkeit, das Wunderbare, das Nähren, das mit dem Menschen, den man nun nicht mehr wiedersehen wird, mit dem man nicht mehr sprechen kann, in seinem Innern aufbewahrt und sich in Gedanken immer wieder vor Augen führt. Allein durch ein „Daran-Denken", durch ein „Andenken" kann dem Tod der böse Stachel des Vergessens genommen werden.

Zudem können wir einem Trauernden helfen. Wer weiß, wie viele Menschen in ihrer Trauer allein gelassen werden, die fast im Geheimen trauern müssen? Weil die Gesellschaft es nicht vertragen kann, wenn sie Tränen sieht und weil sie kaum etwas anzufangen weiß mit dem, der da durcheinander ist und den Boden unter den Füßen verloren hat. Es muss ja schließlich weitergehen, also bitte nicht allzu lange aufhalten und Umstände zulassen, die beschwerlich erscheinen oder mit denen man am liebsten nichts zu tun haben möchte. Es zeigt sich wieder einmal das Verdrängen und manchmal sicherlich auch das Mitleidlose. Man muss bestimmt nicht selbst in Tränen aufgelöst sein, nicht selbst in depressives Leiden versinken. Aber man kann den Trauernden wahrnehmen, ihm Raum geben, ihn sprechen lassen in seinem Leid und in einem übertragenen Sinn helfen, seine Tränen zu sammeln. Das hilft dem anderen und eröffnet eine Chance, dass er oder sie den Verlust akzeptieren lernt und ein aufrichtiges und gutes Weiterleben möglich wird. Denn wahrscheinlich ist es so, dass ein Mensch, der nicht trauern darf, nur schwerlich, wenn überhaupt, einen Neuanfang findet.

In ihrem überaus lesenswerten, manchmal in den Auffassungen recht radikal formulierten Buch „Du sollst nicht funktionieren“ setzt sich die Philosophin Ariadne von Schirach mehrfach mit dem Tod auseinander. Dabei lässt sie zum wiederholten Male eine Szene entstehen, in der der Tod einem Menschen gegenübertritt mit der Frage „Warum lebst du?“ Sie stellt ausdrücklich fest, es lohne sich, mit „Freund Hein“ zu sprechen, weil das Nachdenken über die vom Tod gestellte Frage Antworten ermöglicht, die direkt zum Lebendigen führen. Nämlich zu den Sehnsüchten, die der Mensch hat und die er gerne verwirklicht sehen möchte. Neben dem, was es im Leben Schönes und Gelungenes gegeben hat und wofür in der Zukunft noch geplant werden soll, erweist sich im Hinblick auf die Zukunft, was es zu pflegen und zu fördern gilt. Diese Auseinandersetzung mit dem Tod, dieses Ernstnehmen des Todes und nicht seinen Ausschluss und sein Verdrängen hat viel mit Lebenskunst zu tun. Man muss einerseits vor sich selbst Rechenschaft ablegen. Was hat man bisher getan, wie hat man bisher gelebt, wie hat man sich selbst und andere Menschen behandelt? Selbst wenn die Antworten auf diese Fragen nicht unbedingt schmeichelhaft ausfallen, wenn manches zutage tritt, das kein Ruhmesblatt oder gar ein Misslingen oder Versagen war, kann mit der Zukunftsperspektive ein anderes Denken, ein neuer Entwurf, ein frisches Bemühen Platz beanspruchen. Selbst wenn das Bisherige keine Freude bereiten sollte, kann eine Einsicht, die ein berühmter Philosoph auf dem Kaiserthron formuliert hat, eine deutlich optimistische Spur weisen, die das Leben ungeheuer lebenswert machen kann. Einer der bekanntesten Stoiker, der römische Kaiser Marc Aurel, hat dazu in seinen „Selbstbetrachtungen“ festgehalten: „Hindert dich denn das, was dir zustößt, gerecht, hochherzig, verständig, vorsichtig, besonnen im Urteil, truglos, bescheiden, freimütig zu sein?“ Die nächsten Sätze müssen bitte sehr sorgfältig gelesen werden, sonst werden sie missverstanden und ein ablehnendes Auflachen wäre das Ergebnis. Sich den Tod vor Augen führen, sich auf ihn einlassen, ist grundsätzlich bedeutend für den Menschen. Der Tod ist in dieser Hinsicht eine schätzenswerte Hilfe, der das Leben bereichern kann. Er hilft nicht nur, sich an das zu erinnern, was war und was noch erhofft und ersehnt wird. Er erweist sich als sehr guter Berater, wenn es darum geht, zu entscheiden, was zukünftig wichtig ist, und in diesem Zusammenhang unterstützt er die Trennung des Wichtigen vom Unwichtigen.

Noch einmal, damit kein falscher Eindruck entsteht: Die Auseinandersetzung mit dem Tod oder gar das Erleben des Todes bei einem mir bekannten oder gar sehr nahestehenden Menschen kann helfen. Aber natürlich muss das Einschneidende, das Schmerzhafte, das zutiefst Verstörende gesehen werden. Der Tod als solcher ist bestimmt nichts Schönes und früher gerne benutzte Sprüche wie „Süß und ehrenvoll ist es, fürs Vaterland zu sterben“ sind nicht nur verlogen, sondern auch ideologisch aufgeladen und absolut idiotisch und würdelos. Ein solches Ansinnen ist in der Gegenwart nicht verschwunden. Denken Sie an den religiösfundamentalistisch motivierten Selbstmordattentäter, der mit seinem Bombengürtel zwanzig weitere Menschen in den Tod reißt und dessen Drahtzieher glauben machen, für eine derart frevelhafte Tat käme ein Mensch ins Paradies, wo ihm haufenweise Jungfrauen dienlich seien. Dummheit und Unvernunft sind offenbar nicht aus den Köpfen zu bekommen. Diese Verklärung des Todes hat eine perverse und unselige Dimension.

Demut, aber gerade auch eine hohe Wertschätzung für das Leben, kann für diejenigen ins Spiel kommen, die einen Bezug zur Bibel und zum Glauben haben. Auch wenn das jetzt vermessen klingt, muss dieser Hintergrund nicht unbedingt eine christliche Überzeugung voraussetzen. Manche von Ihnen werden die nächsten Sätze nicht mitgehen können. Es geht um Glaubensfragen, und diese haben vielleicht in einem solchen Buch nichts zu suchen. Ich wage es trotzdem und hoffe, für manche einen Weg zumindest aufzeigen oder etwas zum Nachdenken anbieten zu können. Der Glaube an Gott ist eine existenzielle Erfahrung, die für das ganze Leben eine Sinnperspektive eröffnet. Die Christen glauben daran, dass die uralte Sehnsucht der Menschen nach ewigem Leben im Wunder der Auferstehung Jesu Christi ihre Erfüllung fand und dass die Menschen, die nach seinem Anspruch leben, von der einen guten Hand Gottes im diesseitigen Leben in die andere gute Hand Gottes im ewigen Leben hinüberwechseln können. Das kann man als großes Wunder sehen. Es ist Glaubenssache, d.h. diese Sicht und dieses Denken ist nicht einfach lernbar oder zu verordnen. Es prüfe jede und jeder selbst, inwieweit damit ein gangbarer Weg verbunden ist, der ein gutes Fundament für die je eigene Lebensführung bieten kann. Allgemein jedoch ist ein Bezug zu Gott oder zu einem höheren Ganzen hilfreich, wenn ein Satz für unsere Lebensführung auf Verständnis stößt: „Herr, lehre uns zu bedenken, dass wir sterben müssen, auf dass wir klug werden.“ Die damit zum Ausdruck gebrachte Weisheit macht einmal mehr ein Nachdenken über das Sterben und den Tod seit Alters her deutlich. Nicht erst der Mensch der Gegenwart sucht händeringend nach einer Möglichkeit, mit dem Ende seines Lebens umgehen zu lernen. Gottvertrauen kann dazu eine ungemeine Hilfe sein. Die damit verbundene Hoffnungsperspektive ändert nichts daran, dass uns Schlimmes widerfahren kann und wir durch tiefe Täler gehen müssen.

Wer Gott nicht als Willkürherrscher sieht und ihn nicht als denjenigen verantwortlich macht, der eine schlimme Krankheit „schickt“ oder uns mit einem bösen Unfall prüft, wird ihn als beschützenden Gott wahrnehmen, der auch in aussichtsloser Situation als Ansprechpartner zur Verfügung steht und der derjenige ist, der mich am Ende trägt. Ich habe hier eine Glaubensdimension angesprochen, wohl wissend, dass dieser Zugang für nicht wenige Menschen unmöglich ist und auch nicht nachvollzogen werden kann. Wer über ein religiöses Fundament verfügt, besitzt jedoch nicht nur ein tröstliches Verständnis über Sterben und Tod. Was hinzukommt ist zumindest ein Vertrauen in diese höhere Macht, die der Angst wenigstens die Spitze nimmt. Und Angst dürfte ein zentrales Thema im Zusammenhang mit dem Sterben und dem Tod sein. Es geht um die Angst vor dem Unbekannten, um die Angst vor Schmerzen und elendigem Dahinsiechen und um die Angst vor Autonomieverlust. Derartige Ängste sind nicht nur etwas Individuelles, sondern wir Menschen sind damit mehr oder weniger stark „ausgestattet“ und müssen nach Wegen suchen, mit der Angst umzugehen. Eine Möglichkeit dazu ist, die Angst durch Vertrauen zu beruhigen. Das kann dieses Vertrauen in Gott oder eben in eine höhere Macht sein, aber auch ein Vertrauen in diejenigen, die mich solange ich lebe begleiten und mir auch in den letzten Stunden beistehen.

Deutlich wird das alles bei der in Deutschland vehement geführten Sterbehilfediskussion. Als der Deutsche Bundestag im November 2014 darüber sehr ernsthaft und ohne das übliche Parteiengeschacher diskutierte, machte kurz zuvor Brittany Maynard weltweit auf sich aufmerksam. Bei der 29-jährigen Amerikanerin war ein Gehirntumor diagnostiziert worden, der ihr nach Auffassung der Ärzte wegen seiner Aggressivität gerade noch ein halbes Jahr Lebenszeit ließ. Brittany Maynard entschied, ihrem Leben selbst ein Ende zu setzen, was zweifelsohne mit einer Angst vor Autonomieverlust und Ausgeliefertsein zusammenhing. Sie plante ihren Suizid öffentlich und nahm sich das Leben. Es ist ein aufrüttelndes und extremes Beispiel für eine Sterbehilfe, die der Selbstbestimmung eines Menschen einen ganz großen Stellenwert einräumt. Aber es wäre viel zu einfach, dem vorbehaltlos zuzustimmen. Ein Mensch erklärt sein Leben für nicht mehr lebenswert. Darf man dem zustimmen? Ist das tatsächlich noch Selbstbestimmung, wenn man das, was anscheinend das Selbst ausmacht und bestimmt, vernichtet? Diejenigen, die Sterbehilfe ablehnen, können sich immerhin auf Immanuel Kant berufen, für den Suizid gerade eine Absage an Freiheit und Selbstbestimmung ist. Das Thema ist ausgesprochen heikel und niemand maße sich an, die allein richtige Sicht der Dinge zu vertreten. Es soll daher so unentschieden stehenbleiben. Jeder Mensch möge sorgfältigst abwägen und seine zu respektierende Entscheidung treffen.

Zum Schluss ein Witzchen, ein Aphorismus oder sonst ein kluger Spruch

Sagt der Friedhofsbesucher zum Bestatter: „Schon gehört? Amerikanische Wissenschaftler haben jetzt herausgefunden, dass man mit den Toten reden kann."
Meint der Bestatter: „Das ist ja fantastisch."
Friedhofsbesucher: „Ja, sicher. Aber das Dumme ist, sie antworten nicht."

Unsicherheit oder: Bitte Selbstsorge und Gestalten und kein Resignieren oder eine Flucht in idyllisch-biedermeierliche Umwelten

Die Geschichte

Im ZEITMAGAZIN Nr. 1 vom 30. Dezember 2014 erschien ein von Julia Friedrichs verfasster Artikel mit der Überschrift „Die Welt ist mir zu viel". Zwar wird darin behauptet, Menschen würden die maßgeblichen Probleme der Gegenwart verdrängen, doch es ist eher wahrscheinlich, dass die von Friedrichs aufbereitete Geschichte gerade mit solchen Problemen zu tun hat, die aus einer immer unübersichtlicher werdenden Wirtschaft und Gesellschaft resultieren und die mit den damit verbundenen Unsicherheiten zusammenhängen. Ohne Frage bringt unsere schnelllebige Zeit mehr und mehr Unsicherheiten und Risiken in die private und berufliche Lebensführung. Friedrichs verweist auf Buch- und Presseerzeugnisse, die Weltflucht und Wirklichkeitsverweigerung anbieten und das recht einfache Leben predigen. Darin wird das kuschelige Heim, eine apolitische Haltung und der tiefe Wunsch nach Erdung, was immer das auch heißen mag, als Alternative angeboten und gepredigt. Die Verkaufszahlen lassen ahnen: Dafür gibt es einen Markt und zusammenfassend kann die Journalistin zitieren: „Angesichts einer als zerrissen und brüchig erlebten Lebenswirklichkeit sehnt sich die Jugend nach Stabilität. Sicherheit und Kontrolle findet sie in der Flucht in eine abgesteckte, verlässliche Biedermeier-Welt." Der Mensch will sich angesichts einer ständig antreibenden, fordernden und abverlangenden Arbeitswelt daher möglichst in eine Schutzhöhle zurückziehen, in der Handarbeit oder Achtsamkeitstraining oder Wohlfühlzeitschriften ihren Platz haben.

In demselben ZEITMAGAZIN wird einige Seiten später knapp die Lebensgeschichte von Doris Dörrie beschrieben. Diese große Filmschaffende hat Höhen und Tiefen erlebt. Sie musste, wie die allermeisten von uns, Veränderungen hinnehmen, ertragen und damit umgehen lernen. Wie einschneidend und herausfordernd das gewesen sein muss, lässt sich daran ablesen, dass sie dem Magazin Focus im Rahmen eines Interviews sagte: „Als mein Mann starb, wusste ich nicht, wie weiterleben." Bedeutsam ist dann ihr Credo, zu leben und zu lieben und zwar bedingungslos und es gilt vor allem ihre Auffassung festzuhalten: „Wenn man liebt, droht immer der Verlust ... Wie viel Zeit man zusammen hat, weiß man ja nicht." Sie empfiehlt sogleich auch etwas keinesfalls Belangloses, obwohl es sich auf den ersten Blick trivial anhören mag: „Nicht zu fragen, was fehlt, sondern sich darüber zu freuen, was da ist."

Tatsachen, Reflexionen, Anregungen

Halten wir zunächst einmal die erwähnten Unsicherheiten und die damit einhergehenden Unlustgefühle bis hin zu einer mehr oder weniger sich ausprägenden Angst fest. Einerseits bietet ganz offensichtlich die Arbeits- und Berufswelt kaum mehr Sicherheiten, andererseits werden sehr persönlich-private Verlustängste angesprochen, die allesamt den Menschen der Moderne betreffen. Aber eben nicht nur diesen, denken Sie nur einmal an Ihre Großväter- und Urgroßmütter-Generation. Ohne jemanden verärgern zu wollen: Häufig scheint eine im Wohlstand und (zumindest politischer) Sicherheit und Frieden aufgewachsene und nach wie vor lebende Generation Schwierigkeiten zu haben, die voraussichtlich eine Trümmerfrau der Nachkriegsjahre oder ein Arbeitsloser Anfang der 1930er-Jahre als Luxusproblem angesehen hätte. Wirkliche existenzielle Nöte dürften die wenigsten Zeitgenossen haben. Und trotzdem können natürlich Unsicherheiten, die uns plagen und Zustände auslösen, die wir als unangenehm bis hin zu sehr belastend wahrnehmen, nicht ignoriert werden. Daraus entstehen durchaus Leiden, weshalb ein Sicherheitsstreben und damit auch ein Bestreben am Festhalten an Bestehendem nur allzu verständlich sind. Veränderungen können aufschrecken, sie können ein sicher geglaubtes Gleichgewicht zerstören, und selbst wenn das Bisherige eher hemmt oder gar keine Entwicklung mehr zulässt, will man nicht unbedingt loslassen und lieber am Althergebrachten festhalten. „Loslassen-Können" – das darf nicht übersehen werden, wenn jemand kurzerhand einen diesbezüglichen Ratschlag gibt – bedeutet immer, dass man den Halt verlieren kann. Stabilität kann verloren gehen, und es scheint (vielleicht gerade für die deutsche Mentalität?) gerade diese Stabilität der Verhältnisse ein wichtiges Gut zu sein. In der Regel ist es auch so: Es ist nie einfach zu gehen! Oder anders formuliert: Einen Neuanfang gibt es nicht umsonst!

An dieser Stelle sei zumindest auf den Menschentyp verwiesen, der Unsicherheit eher aufsucht. Bevor es langweilig, bevor die immer gleiche Tretmühle bewegt wird, sucht dieser Menschentyp nach einer neuen Herausforderung und Veränderung. Auch gibt es Menschen, die, bevor ein Verbleib in einer Beziehung oder einer Situation eher Stillstand als Wachstum bedeutet, andere Chancen prüfen und wahrnehmen. Um einen „Kick" zu erleben oder einfach Dinge voranzubringen und fortzuschreiten, gibt es Menschen, die vorsichtig oder auch unvorsichtig zu Werke gehen und ausloten, was das Neue und Unbekannte bieten kann. Solche Menschen gehen ein Risiko ein, sie nehmen zumindest ein Schiefgehen und Scheitern in Kauf. Diese Menschen haben Mut, vielleicht überschätzen sie sich auch dann und wann. Fest steht allerdings, dass es keiner schafft, der es nicht auch probiert. Oder: Ohne Risikobereitschaft schafft niemand den großen Fortschritt. Man weiß nicht, ob die Anstrengung sich lohnt, ob das erwünschte und erhoffte Ergebnis eintritt, ob man reich und berühmt wird oder ob doch am Ende alles umsonst gewesen sein soll. Da darf man sich auch nicht auf irgendeine Art von Gerechtigkeit verlassen. Es gibt sicherlich oft genug Ungerechtigkeit, und all das Risiko mit seinen Begleiterscheinungen führt bestenfalls zur Schadenfreude derjenigen, die es schon immer besser gewusst haben oder einen Sieg nicht gegönnt hätten vor lauter Neid und Eifersucht. Wer eben nicht auf Nummer sicher geht, das sind neugierige, risikobereite Menschen, sie lassen sich von Unangenehmem nicht abschrecken und können mit einem Bedrohungspotenzial umgehen, ja sie sehen dieses womöglich als reizvoll an. Fortschritt und Innovation wären ohne diesen Menschentyp kaum denkbar. Im Folgenden wird darauf aber nicht weiter eingegangen.

Inwieweit Unsicherheit und damit verbunden Ungewissheit zur Belastung wird, hängt folglich stark von Persönlichkeitsmerkmalen ab. Wie nimmt der Einzelne eine Situation wahr und wie bewertet er diese? Die Bandbreite der individuellen Unterschiede vom Abenteuerlustigen bis hin zum bei jeder sich bietenden Gelegenheit Ängstlich-Besorgten ist groß. Fühlt sich die eine von Veränderungsprozessen mit offenem Ergebnisausgang herausgefordert und motiviert, erkennt der andere wegen des damit gegebenen Kontrollverlusts eine unerträgliche Situation, die es unbedingt zu vermeiden gilt. Selbst wenn von objektiv unsicheren Lebenssituationen ausgegangen wird, obliegt es immer noch der subjektiven Bewertung des Betroffenen, wie reagiert wird. Es sollen nachfolgend die Menschen in den Blick genommen werden, die Unsicherheit alles andere als kalt lässt und deren emotionale Antworten eher im Umfeld von Gefühlen der Hilflosigkeit, der Bedrohung und der Angst anzusiedeln sind. Abgesehen von der Sorge um den Arbeitsplatz, finanziellen Sorgen und der Sorge um die eigene Gesundheit ist ein Höchstmaß an Unsicherheit mit dem Wohlergehen nahe stehender Menschen verbunden (vor allem Partner, Partnerin, Kinder, sonstige nahe Verwandte und sehr gute Freunde).

Es können fünf Facetten der Unsicherheit unterschieden werden:

1. Wissensunsicherheit: betrifft einen Mangel an Information und Erfahrung,
2. Zukunftsunsicherheit: betrifft eine Unwägbarkeit der weiteren Entwicklung,
3. Handlungsunsicherheit: betrifft die Frage der Verfügbarkeit über Eingriffsmöglichkeiten,
4. Folgenunsicherheit: betrifft die Unsicherheit über weitere Auswirkungen der aktuellen Unsicherheitslage,
5. Unterstützungsunsicherheit: betrifft die gewünschte oder erhoffte Unterstützung durch Menschen und Institutionen.

Einen unsicherheitssteigernden Einfluss üben vorrangig Zukunfts- und Folgenunsicherheiten aus. Das Bedrohungspotenzial wird dann allerdings besonders schmerzhaft, wenn keine Möglichkeit gesehen wird, das Geschehen zu beeinflussen. Die Wahrnehmungsperspektive dieser mangelhaften Handlungssituation wirkt als schicksalshafte Bedrohung, der nicht zu entkommen ist, da die eigenen Ressourcen nichts hergeben oder soziale Unterstützungsleistungen und sonstige Hilfeleistungen nicht (oder nicht mehr) gegeben oder möglich sind. Es können übelste und böseste Dinge passieren. Vom tödlichen Unfall eines Angehörigen bis zur Krebsdiagnose. Derartige Schicksalsschläge bedeuten eine vehemente Begrenzung des eigenen Lebens und die Gefahr, dass man sich seinem Schicksal ergibt, ist außerordentlich hoch und auch verständlich. Es ist leicht gesagt: Damit gibt man Handeln und Hoffnung auf. Das wirklich Schwierige eben: Es tut so unendlich weh. Die Intensität des Leids kann zu einem gänzlichen Kontrollverlust führen.

Wenn ich jetzt trotzdem ein „Trotzdem" formuliere, dann bestimmt nicht als theoretischer Schwätzer oder ahnungsloser Schönfärber. Ebenso wenig bedarf es der Schwarzmalerei, weil es Wege des Umgangs mit unsicheren Lebenssituationen gibt. Dabei sei zunächst auf eher wenig problemorientierte Bewältigungsstrategien hingewiesen: Dazu gehören Anpassung, Hinnahme und Rückzug. Vorstellbar ist sicherlich die eine oder andere Situation, in der diese Strategien sinnvoll sind, da die Kosten bzw. der Preis für das dagegen Ankämpfen oder Verändern zu hoch ausfallen. Aufgeben und Hinnehmen sind dann vernünftig. Eines darf damit allerdings keinesfalls einhergehen: eine Selbstvernachlässigung. Damit ist ein Gefahrenmoment bei dieserart von Bewältigungsstrategien benannt, das bei dem so handelnden Menschen bestenfalls vorübergehend und kurzfristig hilft. Mittel- und langfristig werden die Belastungen sich nicht vermindern oder gar zunehmen. Selbstvernachlässigung bedeutet nicht nur ein ständiges Hintanstellen eigener Bedürfnisse, sondern zumeist auch einen sozialen Rückzug, der letztlich einsam machen dürfte. Selbstvernachlässigung bedeutet dann die Aufgabe einer souveränen Lebensführung. Selbstbehauptung sieht dagegen ziemlich anders aus. Schauen wir uns diese einmal genauer an und richten den Blick doch besser auf aktive Bewältigungsstrategien.

Die entscheidende Frage: Was stabilisiert mich in der Unsicherheit? Die Antwort ist zunächst wieder einfach, aber nur als Ausgangspunkt für Weiteres: Vertrauen! Unsichere Verhältnisse lassen sich mit Vertrauen besser ertragen. Dabei geht es um ein Vertrauen gegenüber sich selbst, gegenüber anderen Menschen und Institutionen und gegenüber der Zukunft. Ein solches Vertrauen ist bei vielen Menschen nicht einfach da. Es kann aber entwickelt und aufgebaut werden. Dafür ist Selbstsorge das richtige Stichwort. Selbstsorge setzt eine individuelle Bereitschaft zum Lernen und Aneignen von Neuem voraus, aber auch ein Wollen und Können der Inanspruchnahme von sozialen und gesellschaftlichen Unterstützungsangeboten. Eine proaktive Bewältigung unsicherer Verhältnisse setzt das Vorhandensein von Wissen und Kompetenzen voraus. Soll es nicht zu einer prekären Situation kommen, kann ich mir dieses Wissen und diese Kompetenzen aneignen. Nicht zu unterschätzen ist dabei die Änderungsmotivation, die – neben dem Willen – gegeben sein muss, um sich auf neue Lernerfahrungen einzulassen. Werden diese jedoch aufgesucht und gemacht, baut man einen Pfeiler im Sinne einer Selbstsorge auf. Sie werden sich in Zeiten der Unsicherheit sowieso meistens fragen: Über welche individuellen Fähigkeiten, über welches Können und über welche Qualifikationen und Kompetenzen verfüge ich, um die Situation zu beherrschen? Dieselbe Frage stellen Sie sich auch, wenn sich die Unsicherheit erst in der Zukunft abzeichnet. Falls Sie einen Arbeitsplatzwechsel mit höheren Ansprüchen und Anforderungen in einer anderen Stadt in einem Jahr anstreben, ist das genauso der Fall wie bei einem sich abzeichnenden Krankheitsverlauf, der sie zunehmend körperlich beeinträchtigen wird. Falls Sie Lücken feststellen, prüfen Sie, wo es Lern- und Erfahrungsfelder gibt, die nun weiterhelfen. Das können Bücher, aber auch Abendkurse, Vorträge oder gar Fernstudiengänge und anderes mehr sein.

Ein anderer Pfeiler sind soziale Unterstützungssysteme. Ich spreche einmal von Sozialvertrauen, das dabei im Hintergrund gegeben sein muss. Ich erfahre Schutz und Begleitung durch andere Menschen oder Institutionen, doch habe ich dafür auch zu „investieren". Ein beziehungspflegendes

Verhalten, ob Menschen oder Institutionen gegenüber, das Zeit und Energie erfordert, sollte im Leben eines jeden Menschen eine Rolle spielen. Ob Sie dafür einen Sportverein, eine kirchliche Einrichtung oder einen Musikverein wählen, sei dahin gestellt. Genauso kann das im Rahmen einer Tanzschule oder eines Theaterabonnements erfolgen. Die Bandbreite zum Knüpfen sozialer Kontakte ist sehr groß. Man darf nur nicht im stillen Kämmerlein sitzen bleiben, sondern muss sich womöglich überwinden oder gar einen alles entscheidenden Ruck geben, um auf andere zuzugehen. Der Vollständigkeit halber sei angemerkt, wie gut in diesem Zusammenhang auch ein soziales oder bürgerschaftliches Engagement wirkt. Unzählige Vereine und Einrichtungen warten auf und benötigen ehrenamtliche Helferinnen und Helfer. Zumeist ist dort jeder und jede sehr willkommen. Im Übrigen wirkt sich ein solches Engagement neben der Pflege von Kontakten auch nachweislich sehr günstig auf unser Wohlbefinden aus. Man sorgt also auch für sich selbst, wenn man sich um andere sorgt! Zudem vermeidet man Einsamkeit, die einen schnell einholen kann, wenn die Verhältnisse gerade unsicher sind und man dazu tendiert, sich von anderen Menschen zurückzuziehen.

Institutionelles Vertrauen richtet sich auf Behörden und soziale Einrichtungen aus, die Hilfe anbieten. Manche reagieren vielleicht zurückhaltend auf den Begriff „Behörde“. Es sind aber zumeist völlig überkommene Vorstellungen, die damit einhergehen. Auch die in den Behörden tätigen Menschen verstehen sich als Dienstleister, und mag manches doch als recht bürokratisch erscheinen, sollte man sich nicht genieren, angesichts unsicherer Verhältnisse gerade auch deren Hilfe in Anspruch zu nehmen. Manchen mag der Gang zum Sozialamt oder zur Caritas oder zur Bundesagentur für Arbeit schwer fallen, aber es ist meistens besser, über den eigenen Schatten zu springen und sich von diesen Einrichtungen helfen zu lassen. Ob es nun der Mitarbeiter eines Seniorenheims ist, der sich für den betagten Hausbewohner einsetzt, oder ob es sich um die Mitarbeiterin der Schuldnerberatung handelt, die einer Alleinerziehenden bei der Ordnung ihrer finanziellen Verhältnisse hilft: sobald jemand auch nur eine Spur Hoffnung bieten kann, ist es nicht mehr so schwer für den betroffenen Menschen.

Zum Abschluss: Wer als Mensch ein Fundament in der Religion besitzt, für den ist natürlich ein Gottvertrauen eine unschätzbare Ressource. Derjenige weiß, dass er nie tiefer fallen kann als in Gottes barmherzige Hand. Das mag für manche Leserin oder manchen Leser abstrus klingen. Die Menschen wenden sich – trotz der unsicheren Zeiten – mehr und mehr von den Kirchen ab. D. h. aber nicht, dass sie nicht religiös sind. Oder zumindest, dass sie auf einer spirituellen Suche sind. Immerhin, wer an einen Schöpfergott glauben kann, sich von ihm angenommen weiß, verfügt womöglich über eine Geborgenheitserfahrung, die nicht nur Vertrauen, sondern einen tiefen Sinn für die eigene, wenn auch noch so schwierige Existenz vermitteln kann. Soweit man derartigen Gedanken nicht grundsätzlich ablehnend gegenübersteht oder gar nichts damit anzufangen weiß, wird durchaus mit großer Ernsthaftigkeit empfohlen, einen Schritt in diese Richtung zu unternehmen. Vielleicht findet sich ein Halt, wenn man ein Gespräch mit einem Geistlichen führt, oder einmal einen Gottesdienst besucht und auf einer Kirchenbank Platz nimmt oder die Psalmen nachliest. Derartiges kann ganz unabhängig von der Zugehörigkeit zu einer Kirche geschehen. Sollten Sie bemerken, dass die Unsicherheit und Veränderungsprozesse damit besser ausgehalten oder gar bewältigt werden können, haben Sie womöglich eine Lebenshilfe entdeckt, die sehr zu Ihrer Stabilität und Ausgeglichenheit beiträgt.

Zum Schluss ein Witzchen, ein Aphorismus oder sonst ein kluger Spruch

„Jeder erleidet irgendwann einmal Rückschläge.
Es ist unmöglich, im Leben ohne sie auszukommen –
es sei denn, ihr lebt extrem vorsichtig und vermeidet sie.
Aber dann war euer Leben umsonst – und automatisch
ein einziger Rückschlag."

Joanne K. Rowling, britische Schriftstellerin, geb. 1965

Verletzungen oder: Es ist nie zu spät, sich eine schöne Kindheit zu erschaffen

Die Geschichte

Bertram Bezold verliebte sich in eine attraktive Mittvierzigerin. Und das im Alter von siebenundfünfzig Jahren! Er war selbst erstaunt über die damit verbundenen Gefühlslagen. Sein langjähriger Freund Ludger Homburger freute sich mit ihm, Bertram blühte regelrecht auf. Erika schien auf seine Avancen zu reagieren. Zweimal ging sie mit ihm am Wochenende aus. Einmal besuchten sie ein Varieté, beim zweiten Mal nahmen sie zunächst an einer Vernissage teil. Ein feines Abendessen in guten Restaurants rundete die schönen Abende ab. Mehr geschah noch nicht, er drängte sie auch keinesfalls und freute sich nur über die für ihn schönen Stunden. Etwas enttäuscht reagierte er, als Erika eine weitere Einladung ablehnte. Zwar gab sie einen guten Grund an, weshalb sie an dem vorgesehenen Wochenende keine Zeit hatte, aber auch der Versuch, auf einen anderen Tag auszuweichen, brachte ihm nicht die erhoffte Zusage. Erika sagte nur zu, sich in der übernächsten Woche einmal zu melden. In seiner Verliebtheit bekam diese Zusage für Bertram ein besonderes Gewicht. Weil er sich bereits auf ein drittes Rendezvous gefreut hatte, gewann die Hoffnung auf ein baldiges Wiedersehen letztlich die Oberhand. Doch Erika meldete sich nicht. Er wartete noch ein paar Tage ab, dann hielt er es nicht mehr aus und rief sie an. Erika sprach nett mit ihm und entschuldigte sich damit, dass sie momentan viel Arbeit habe. Einen richtigen Stich versetzte sie Bertram allerdings, als sie auch ein Treffen am kommenden Wochenende nicht einrichten konnte.

Nach dem Telefonat war er ganz unglücklich. Irgendwie erinnerte ihn die Situation an eine Episode in seiner Jugendzeit. Total verliebt wurde er damals von seiner Angebeteten zurückgewiesen. Obwohl diese Enttäuschung nun fast schon vierzig Jahre zurücklag, ging ihm dieses Ereignis jetzt durch den Kopf. Sogar die Gefühlslage, die er jetzt erlebte, schien ihm wie damals vorzukommen. Er ließ fast eine Woche vergehen, dann hielt er es nicht mehr aus. Er mokierte sich über sich selbst, weil er sich vorkam wie ein Junge, der gerade die Pubertät hinter sich hatte. Seine Sehnsucht nach Erika war dann aber nicht mehr auszuhalten. Er kaufte einen Blumenstrauß, machte sich auf zu ihr und erlebte dann etwas, was einem drittklassigen Film entnommen sein könnte. Keine fünfzig Meter von ihm entfernt sah er Erika Hand in Hand mit seinem Freund Ludger gehen. Die beiden steuerten auf die Eingangstür des Hauses von Erikas Wohnung zu. Als sie den Schlüssel aus ihrer Tasche zog, gab Ludger ihr einen Klaps auf den Hintern. Erika lachte auf, sie küsste ihn auf die Wange und beide verschwanden einen Augenblick später im Haus.

Bertram war wie vom Donner gerührt. Ihm wurde übel, er musste sich sogar auf eine Parkbank setzen. Eine Wut stieg in ihm auf, die er nur schwer unter Kontrolle halten konnte. Als er nach einiger Zeit den Rückweg antrat, hätte er weinen können. Tatsächlich hatte ihm sein bester Freund seine Liebe ausgespannt. Er suchte zwar die Aussprache mit ihm, doch danach war er nur noch wütender. Erika rief ihn am selben Tag ebenfalls an, entschuldigte sich, aber meinte auch, dass gegen Gefühle kein Kraut gewachsen sei und sie sich eben in Ludger verliebt hätte. Bertram sei zwar sehr nett und die beiden Abende mit ihm seien wirklich schön gewesen, aber bei Ludger sei das doch noch einmal etwas ganz anderes. Diese letzten Sätze trafen ihn erst recht ins Mark. Sein Freund hatte ihn hintergangen und die Frau, in die er sich so sehr verliebt hatte, zog einen anderen vor.

Tief verletzt erlebte er ein Wechselbad der Gefühle zwischen Zorn und Traurigkeit. Es dauerte Monate, bis der Schmerz nachließ. Er wurde in dieser Zeit regelrecht krank. Schwindelanfälle, Kopfschmerzen und Herzschmerzen ließen ihn mehrfach den Arzt aufsuchen.

Tatsachen, Reflexionen, Anregungen

Verletzte Gefühle kränken uns. Kränkungen verletzen uns seelisch. Die Gefühle erstrecken sich in einem breiten Spektrum von Ohnmacht, Enttäuschung, Schmerz, Scham, Wut, Selbstzweifel, Trotz und Verachtung bis hin zu Hass. Wer uns gekränkt hat, bei dem können wir durchaus auf Rache und Vergeltung sinnen. Im Hintergrund steht für Betroffene immer eine Entwertung aufgrund einer Kritik, einer Zurückweisung, eines Ignoriert-Werdens, einer Ablehnung oder eines Ausschlusses. Das zielt direkt auf unseren Selbstwert. Kränkungen und Selbstwertgefühl sind eng aufeinander bezogen. Wer ein eher labiles Selbstwertgefühl besitzt, reagiert umso empfindlicher auf Kränkungen. Diese sind deswegen schwierig beherrschbar, weil sie den Grundbedürfnissen nach Bestätigung, Anerkennung und Geliebtwerden massiv zuwiderlaufen. Wir empfinden dann eine Entwertung unserer Person, unserer Bedeutung und unserer Handlungen. Nicht ganz so heftig reagieren wir auf „kleine“ Kränkungen, obwohl diese auch bereits deutliche Reaktionen auslösen. Dazu gehören Unfreundlichkeiten oder Unhöflichkeiten (Beispiele: Jemand drängt sich in einer Warteschlange an einer Kasse vor oder man wird im Café einfach nicht bedient, obwohl bereits etliche Zeit darauf gewartet wird), Ironie und scheinbar witzig gemeinte Bemerkungen (Beispiel: Verspätetes Eintreffen im Büro, weil die Bahn nicht pünktlich gefahren ist, und der Vorgesetzte empfängt einen mit der Bemerkung „Haben wir heute schön verschlafen?“), Belehrungen (Beispiel: Vor versammelter Mannschaft erklärt der Chef einem Mitarbeiter, wie er zukünftig zu verfahren hat, um ein gutes Ergebnis zu erreichen) oder Taktlosigkeiten (Beispiel: Bemerkung einer Bekannten in Gegenwart anderer auf einer Party, dass man ganz schön zugenommen hat). Schon diese Beispiele verweisen auf eine Bloßstellung oder eine Beschämung. Dadurch geraten viele Menschen in Verlegenheit, sie schämen sich gar.

Scham ist ein wirklich belastendes Gefühl, das qualvoll als Herabwürdigung, Demütigung oder Unzulänglichkeit empfunden wird. Scham kann zu einer inneren Lähmung führen. Man fühlt sich ohnmächtig und hilflos und wenn es ganz schiefgeht, verwandelt sich Scham auch noch in Schuld. Wenn ich mir sage, ich bin selbst schuld, weil ich in letzter Zeit zu viel gegessen oder die Arbeit nicht sorgfältig genug gemacht habe, kommt noch zur Abwertung durch andere eine Selbstabwertung hinzu. Gewinnen hingegen Rache- und Wutgedanken die Oberhand, richtet sich die Reaktion auf eine Kränkung eher nach außen. Wer jedoch Wut ungezügelt durchbrechen lässt, läuft Gefahr, sich vollständig zu blamieren. Es heißt zwar „Rache ist süß“, aber sie ist natürlich völlig kontraproduktiv, wenn dadurch andere beleidigt oder gar verletzt werden. Verstand und Vernunft dürfen folglich nicht ausgeschaltet sein. Es ist weitaus besser, so schwer das fallen mag, sich in der ersten brutalen Enttäuschung zurückzuhalten. Der Stress fällt in dieser Situation derart gewaltig aus, dass Dinge gesagt oder getan werden, die man hinterher erst recht bereut. Allerdings hat dieses Beherrschen der Wut seinen Preis. Die Gefühle arbeiten schließlich in einem weiter – je massiver die Kränkung empfunden wird, desto heftiger. Kennen Sie die Situation auch, in der sich Bertram Bezold befunden hat, als er am späten Abend des für ihn schlimmen Tages zu Bett ging? Er wird nicht einschlafen können. Er wird sich von links nach rechts und wieder zurück drehen. Wut packt ihn, Rachegedanken entwickeln sich. Er stellt sich Situationen vor, in denen er seinen Freund Luger anbrüllt, eventuell sogar niederschlägt, und wie er seiner verflossenen Liebe Erika die Krätze an den Hals wünscht. So etwa läuft „der Film“ ab; seien wir froh, dass es sich nur um Gedankenspiele, um Fantasien handelt, die aber wichtig für eine Verarbeitung sind.

Was Bertram Bezold erleben musste, war sicherlich eine große Kränkung. Deshalb benötigte er auch sehr viel Zeit, um sich letztlich wieder zurechtzufinden und diese furchtbaren Enttäuschungen zu verarbeiten. Das hat auch damit zu tun, dass Kränkungen mit Ängsten einhergehen wie der Angst vor Wertlosigkeit, Abgelehnt-Werden, Vertrauensverlust, vor dem „Nicht-verstanden-Werden“ oder dem „Verlassenwerden“. Insoweit muss man sich nicht wundern, dass Bertram krank wurde. Die psychosomatische Medizin weiß seit Langem um den Zusammenhang zwischen seelischen und körperlichen Prozessen. Schwindel, Kopf- und Herzschmerz dürften bei ihm Reaktionen auf die Seelenpein sein. Wenn man sich das Wort „Kränkung“ vornimmt, ist der Zusammenhang mit dem Wort „krank“ auch unmittelbar ersichtlich. Das mittelhochdeutsche Wort „kranc“ besitzt die Bedeutung von schmal, gering oder schwach. Mittelhochdeutsch „Krenken“ verweist auf schwächen, schädigen, mindern, plagen. Was seelisch möglicherweise nicht verarbeitet werden kann, sucht sich einen Weg über den Körper, um den Schmerz richtig spürbar zu machen. Eine körperliche Krankheit als Ausgleich für eine seelische Verletzung ist dann gegeben.

Kränkungen kommen in der Partnerschaft, in Freundschaften, im Beruf u.v.m. vor. Manche von uns kränken sich auch selbst, was ebenso schmerzhaft ist und noch verheerender wirkt, als wenn uns eine dritte Person kränkt. Man putzt sich dann selbst runter, erniedrigt und entwertet sich durch Redensarten und Einbildungen wie zum Beispiel: „Ich bin zu blöd“, „Ich hab’s sowieso nicht verdient“, „Ich bin schuld“, „Ich bin eben hässlich“, „Mich wundert nicht, dass mit mir niemand etwas zu tun haben will“. „Besser“ kann man sein Selbstwertgefühl nicht kaputt machen.

Ganz besonders schwierig sind möglicherweise zudem die Kränkungen durch das Leben. Niemand von uns ist vor Schicksalsschlägen gefeit. Diese können im wahrsten Sinne des Wortes auf einen Schlag alles zerstören, was man sich aufgebaut hat. Das Leben vernichtet manche Hoffnung und lässt etliche Wünsche unerfüllt. Daran kann man verzweifeln, einen Lebensüberdruss empfinden und gar „aussteigen“, d.h. sich vom Leben abwenden und Selbstmord begehen. Schließlich kann man sich nicht gegen das Leben wehren. Was es uns zumutet, ist oft genug nicht mehr korrigier- oder heilbar. Manche schleppen vielleicht ein Leben lang etwas mit sich herum, was ihnen eben dieses Leben oder andere angetan haben. Vor Jahren oder Jahrzehnten. Das liegt wie ein dunkler Schatten auf der Gegenwart, und die Enttäuschung, das Betrogen-Sein, die Entthronung oder der Niederschlag von damals bestimmen und belasten noch immer unser Leben.

Sehr häufig liest man von unglücklichen Kindheiten, die die Seele wegen mangelnder Mutterliebe oder eines gewalttätigen Vaters verletzt haben. Das sind Verletzungen, die bis heute nachwirken und ein frohes Leben einfach nicht ermöglichen. Nun gibt es mit Sicherheit zahlreiche solcher Fälle, die der professionellen Hilfe bedürfen. Die Verletzungen bedürfen einer therapeutischen Behandlung, um heilen zu können. Es dürfte aber mit Sicherheit auch eine Fülle von Fällen geben, in denen zwar die Erinnerung an das kränkende Geschehen durchaus lebendig ist, derjenige aber damit umgehen und die Enttäuschung selbst verarbeiten kann. D. h. es gibt Menschen, die mit ihrem Denken ihr

Seelenleben günstig beeinflussen und es mit ihrem Handeln entlasten und die sich an die Überzeugung halten: Es ist nie zu spät, sich eine glückliche Kindheit zu erschaffen. Das Problem einer unglücklichen Kindheit soll hier nicht trivial bemäntelt werden. Es ist aber keineswegs so, dass eine unglückliche Kindheit mit all den erfahrenen Ungerechtigkeiten zwingend belastende Schatten auf das gegenwärtige Leben werfen muss. Damit sind wir schon bei der Frage angelangt, wie mit Kränkungssituationen umgegangen werden kann oder wie Kränkungen überwunden werden können. Versuchen wir nachfolgend einige Antworten.

Bedauerlicherweise kommt kaum ein Mensch unverletzt durchs Leben. Häufig genug wird dabei die Gerechtigkeitsfrage aufgeworfen: „Womit habe ich das verdient?" oder „Warum passiert das gerade mir?" Man leidet, und wer glaubt, es müsse dafür einen gerechten Ausgleich geben, der sei auf Albert Camus verwiesen, der einmal formuliert hat, Leid verleihe keine Rechte, eben auch kein Recht auf Entschuldigung. So bleibt man mit der Kränkung erst einmal allein. Manchmal schafft man es mit einem „Schwamm drüber", die Sache aus der Welt zu schaffen. Doch täuschen wir uns nicht. Das Beherrschen der durch eine Kränkung ausgelösten emotionalen Turbulenzen kostet viel Kraft. Die Wut im Zaum halten, die Rachefantasien zügeln, den Schmerz wegen des angegriffenen Selbstwertes aushalten, verlangt eine Menge psychischer Energie. Ein Ventil, um den ungemeinen Druck zumindest etwas loszuwerden, sind Weinen oder Brüllen. Wie bei einer schlimmen körperlichen Verletzung, die Tränen auslöst oder einen Aufschrei oder ein Stöhnen, weil man es vor Schmerz nicht aushält, sollte man sich das Weinen erlauben. Das muss nicht vor anderen sein. In den eigenen vier Wänden aber muss man sich bestimmt nicht mehr beherrschen. Wer seine Wut dort auch noch herauszuschreien vermag, sollte sich ebenfalls nicht genieren. Auch wenn es sich ein wenig lächerlich anhören mag: Gehen Sie doch in den Wald und brüllen Sie das ganze Ungemach aus sich heraus. Wut und Trauer blockieren. Sie können diese Blockaden wenigstens ein Stück weit lösen, wenn geweint wird oder die sich aufbauenden Aggressionen durch Geschrei, das niemandem gefährlich wird, in unschädliche Bahnen gelenkt werden.

Wenn Sie auf Menschen zurückgreifen können, denen Sie vertrauen und die für Sie da sein mögen, lassen Sie sich trösten. Den ganzen Schlammassel erzählen, einen Zuhörer finden, ist bereits viel wert. Gerade das Aussprechen der Kränkung ist bereits wieder ein Ventil, das den Druck erträglicher machen kann. Der verletzte Stolz, die erlittene Demütigung werden dann erträglicher, wenn auch nicht einfach aus der Welt geschafft. Zudem kann die vertraute Person den angeschlagenen Selbstwert wieder stabilisieren. Der Gekränkte ist mitunter derart in seine Gedankenwelt eingebunkert, dass er nur noch mit einem Tunnelblick desaströse Gedanken hat und nicht mehr in der Lage ist zu erkennen, wie eng seine Blickrichtung ist. Eine vertraute Person kann die Blickrichtung wieder erweitern oder sogar ganz andere Perspektiven eröffnen. Dass wir uns gekränkt fühlen, hat manchmal mehr mit uns selbst zu tun als mit der Kränkung. Dieses subjektive Element führt unser Denken und Bewerten dann in eine Sackgasse; wir vergiften gewissermaßen uns selbst, und wenn man in einer solchen Situation jemanden hat, der das Blickfeld erweitert und einseitige Sichtweisen aufbricht und Bewertungen relativiert, können die Selbstzweifel und die Minderwertigkeitsgefühle, die Wut und die Trauer besänftigt werden. Es tut dann nicht mehr so weh und vielleicht gelangt man zu einer anderen Bewertung, die seelisch ausgleichend wirken kann. Damit ist bereits eine weitere Möglichkeit einer Hilfestellung angesprochen: der Perspektivenwechsel.

Perspektivenwechsel bedeutet die Einnahme eines anderen Blickwinkels. Denken Sie daran, wie Sie in Ihrem

Wohnzimmer wahrscheinlich beim Fernsehen immer am selben Platz sitzen. Schon ein kleiner Platzwechsel ist vielleicht ungewohnt, ergibt aber auf jeden Fall eine andere Sehrichtung. Man kann zwar die Fernsehsendung nach wie vor anschauen (im übertragenen Sinne: die Kränkung), aber man sieht auch eine andere Wand, an der ein schönes Bild hängt, das bisher gar nicht in den Blick genommen werden konnte, oder man hat eine schöne Pflanze auf dem Fensterbrett im Blickfeld, die bisher auch nicht wahrgenommen wurde. Die Welt wird – etwas großspurig formuliert – allein durch einen Perspektivenwechsel mit anderen Augen gesehen. Im Hinblick auf die erfahrene Kränkung kann diese Änderung der Blickrichtung zu einer Distanzierung führen.

Gehen wir einmal von einem Scheitern einer Bewerbung um eine attraktive Stelle aus. Zu unserer Überraschung wird jemand ausgewählt und uns vor die Nase gesetzt, von dem wir meinen, er sei weit weniger qualifiziert. So etwas ist bereits wieder eine doppelte Kränkung. Nicht nur das Scheitern unserer Bewerbung ist eine Kränkung, sondern – das darf nicht unterschätzt werden – einen weniger qualifizierten Vorgesetzten zu bekommen, ist zweifelsohne kränkend. Simpel formuliert: Damit muss man nun leben lernen. Wenn ich im Hadern stecken bleibe, im Unfrieden mit mir und den anderen ausharre, meine Wunden lecke und gar im Selbstmitleid zerfließe, verfolgt mich eine Bitterkeit, die mir jeden Tag vergällt. Die Alternative: Ich muss das Schimpfen und Grübeln aufgeben und den verletzten Stolz überwinden. Einfacher gesagt als getan. Eine Chance bietet der Perspektivenwechsel: Der neue Vorgesetzte ist mit dem Geschäftsführer verwandt oder in derselben Partei aktiv. Kann es dann bei der Besetzung der Stelle noch objektiv zugegangen sein? Welche Chance bietet mir die Absage? Habe ich eventuell doch mehr Freizeit, die es zu nutzen gilt? Freuen sich die Kinder, für die ich auf jeden Fall abends und an den

Wochenenden da sein kann? Oder kann ich nach anderen Angeboten Ausschau halten, an die ich bislang gar nicht gedacht habe? Ich schließe Frieden mit der Entscheidung, weil mich das sonst in meiner Lebendigkeit einschränken würde. Dazu muss ich meinen Stolz überwinden, indem ich auf den anderen zugehe. Manchmal sind die Dinge wie sie sind. Zugegeben, auch das hört sich wieder fast plump an. Aber was wäre denn die Alternative, wenn die Akzeptanz der Situation ausbliebe? Ich kann Sand ins betriebliche Getriebe streuen, dem neuen Vorgesetzten Informationen vorenthalten und ihn damit das eine oder andere Mal ins Leere laufen lassen, für Unruhe in der Abteilung sorgen. Aber wozu das Ganze? Damit bleibe ich in der Kränkungssituation stecken, wahrscheinlich werde ich mir selbst schaden. Wer mich gekränkt hat, hat dann auf der ganzen Linie gewonnen. Die Kränkung hält an und wird zur Endlosschleife.

Zu diesem Perspektivenwechsel gehört auch ein Überdenken von möglicherweise überhöhten Idealen und Erwartungen. Es geht bereits in eine Richtung magischen Denkens, wenn ich mir sage: „In der neuen Aufgabe wäre ich glücklicher“ oder „Dann erst erreiche ich das mir zustehende Sozialprestige, und die Leute werden mich bewundern“ oder „Keiner kann den Anforderungen derart hervorragend gerecht werden wie ich“. Es gehört die Fähigkeit zu einer Selbstdistanzierung dazu, um von solchen Bildern ein Stück weit wegzukommen. Die Fähigkeit, sich nichts mehr vorzumachen, dürfte zunächst durchaus auch schmerzhaft sein. Wenn ich mich darauf einlasse, werde ich aber authentischer, die Kränkung kann dann bei weitem besser verarbeitet werden.

Wie bei Bertram Bezold resultieren viele und besonders einschneidende Kränkungen auf dem Feld der Liebe und der Beziehungen. Vertrauensbrüche, wie der des Freundes Ludger oder eben des geliebten Menschen, der sich jemand anderem zuwendet, sind äußerst schmerzhaft und können den Menschen jahrelang verfolgen. Die Liebe scheitert, sie fällt ins Leere. Man wird nicht umhin kommen, den Verlust zu betrauern. Dieser Trauerprozess kann Jahre anhalten. Die Vergangenheit wirft in solchen Fällen lange Schatten, man ist nicht wirklich frei für Neues. Immer ragt etwas Vergangenes in die Gegenwart hinein und blockiert Lebensfreude und innere Leichtigkeit. Die innere Bindung an den verlorenen Menschen lässt uns nicht offen sein für neue Beziehungen. Ein Abschütteln dieser Vergangenheit, das sei wieder hervorgehoben, ist alles andere als einfach. Da gibt es unsichtbare emotionale Fesseln, die zu lösen Schwerstarbeit ausmachen kann.

Etwas sehr Konkretes, das geleistet werden kann, ist jedoch das Entrümpeln: Wenn es in der Wohnung nach wie vor Gegenstände des Verflossenen oder der so sehr geliebten Frau gibt, dann ist das nichts anderes als anhaltend belastendes emotionales Gepäck. Diese Spuren des alten Lebens müssen entfernt werden. Das wird traurig machen, aber sonst bleibt man an der Kette angebunden, die keine neuen Spiel- und Freiräume eröffnet. Fast noch schwieriger ist ein Vergeben. Man kann in der Opferrolle verbleiben und sich immer und immer wieder fragen: „Warum hat sie mir das angetan?“ oder „Weshalb musste er mich derart demütigen?“ Wenn diese Fragen immer wieder in den Vordergrund drängen, verharren wir in einer Ohnmacht. Wir werden uns damit vor allem wieder selbst schaden. Mit viel Energie und Geduld (so etwas geht wahrlich nicht von heute auf morgen, noch nicht einmal von einem Monat zum anderen) können wir aber den Weg des Vergebens gehen. Die emotionale Verstricktheit erfordert einen Willensakt, der uns das Loslassen ermöglicht. Einen Menschen endgültig aufzugeben, der uns doch so wichtig war, ist wahrscheinlich einer der schwierigsten Prozesse, die uns das Leben abverlangen kann. Wenn ich vergeben kann, ist das, was geschehen ist, geschehen. Dadurch wird der Weg für eine freie Zukunft bereitet; der Schatten der Vergangenheit holt mich nicht mehr ein. Eine Tatsache ist dabei zudem, dass Vergeben die Gesundheit stärkt. Zahlreiche Studien haben nachgewiesen, wie die mit Stress zusammenhängenden Reaktionen wie Herzschlagrate, Blutdruck und die Schwächung des Immunsystems sich deutlich verbessern, wenn jemand den Schritt des Vergebens geht.

In diesem Zusammenhang soll noch einmal auf das Thema Kindheit eingegangen werden. Die Erfahrungen dieser Lebensphase können ein Leben lang Schatten werfen. Das nicht gewünschte Kind, das ungeliebte Kind, das schwarze Schaf in der Familie gewesen zu sein, fehlende Zuwendung, emotionale Kälte und weitere schlimmere Erfahrungen in diesen Jahren können zu einem jahrzehntelangen Schmerz führen. Auch wenn wir gerne das Bild einer idealisierten Familie in unserem Kopf herumtragen, so gibt es doch sehr ungerechte Familien, die – meist unbewusst – den Selbstwert und das Selbstbewusstsein eines Kindes erst gar nicht wachsen lassen und zu einem wirkmächtigen Selbstbild beitragen, das das Leben auf Dauer belastend bestimmt. Über eine regelrechte Horrorfamilie liest man im autobiografischen Roman „Rabenliebe“ von Peter Wawerzinek. Ebenso erschütternd zeigt der Film „Das weiße Band“, wie Elternverhalten Beschämungen und Verletzungen bei den Kindern auslösen und traumatische Wirkungen entfalten. Ein ebenfalls erschütternder Roman ist „Wir sahen nur das Glück“ des französischen Schriftstellers Grégoire Delacourt. Delacourt jedoch führt seinen Protagonisten Antoine, der weder die ersehnte Vater- und schon gar nicht eine Mutterliebe erfahren hat, nicht in eine gänzliche Existenzvernichtung hinein. Sondern es findet sich ein Ausweg, und es wird gezeigt, wie doch noch lebenswerte Jahre und sogar Glück im Erwachsenenalter möglich sein können.

Nun wäre es vermessen, allzu plump Empfehlungen vorzutragen für Menschen, die in ihrer Kindheit Verletzungen erfahren haben, die sie bis in die Gegenwart hinein leiden lassen. In vielen Fällen ist professionelle Hilfe und Unterstützung durch Ärzte und Psychologen angezeigt. Bei diesem Thema sollte besonders vorsichtig und sensibel vorgegangen werden.

Es gibt beim Erwachsen-Werden und Erwachsen-Sein aber durchaus Möglichkeiten des Umgangs mit Verwundungen, damit wir unser Leben souverän(er) und psychisch stabil führen können. Es bedarf nicht in jedem Fall zwingend und unbedingt therapeutischer Hilfe. Die bereits erwähnte Vergebung kann dafür eine Möglichkeit sein. Natürlich ist auch das nicht so einfach getan – angesichts der Komplexität und oft auch Undurchschaubarkeit dessen, was in frühen Jahren vorgefallen ist. Auch gibt es die Auffassung, dass Vergeben nur dann hilfreich ist, wenn die Person, ob Vater oder Mutter, die Verantwortung für das Geschehene übernimmt und an einer Verbesserung der Beziehung mitarbeitet. Doch kann dazu eine weitergehende Perspektive gezeigt werden. Beim Vergeben geht es vor allem um ein Frieden schließen. Das meint zudem auch ein Frieden schießen mit sich selbst. Bertold Ulsamer drückt das auf interessante Weise aus: Der Mensch sollte auf diesem Weg die Hoffnung auf eine bessere Vergangenheit aufgeben und nicht mehr länger mit dem, was gestern war, hadern. Das ist alles andere als einfach und nicht mit einem einmaligen Akt getan. Es ist ein Weg, ein Prozess, der es erforderlich macht, den Eltern mit Verständnis und Nachsicht zu begegnen. Bereits daran kann erkannt werden, wie schwierig diese Herausforderung ist. Vielleicht hilft dabei eine genauere Betrachtung des Lebens der Eltern. Die Geschichte der Eltern, deren Aufwachsen, deren Hoffnungen, deren Niederlagen oder Schicksalsschläge machen manches erklär- und verstehbar und hilft bei der Aufarbeitung der

Kindheit aus der jetzt einzunehmenden Erwachsenenperspektive.

Zu diesem Erwachsen-Sein gehört zudem nicht nur die Erkenntnis, dass die Verantwortung für unser Leben bei uns selbst liegt, sondern dass man nicht mehr auf die Bestätigung und Gunst der Eltern angewiesen ist. Der erwachsene Mensch muss sich distanzieren und lösen können. Wer hingegen bei den Vorwürfen, Beschimpfungen und Anklagen verbleibt, kann sich selbst ein Leben lang blockieren. Besser als Anklage und Abrechnung ist es, die damaligen Verhältnisse und Geschehnisse anzuschauen. Das „innere Kind“, das auch im Erwachsenenalter „in uns wohnt“ und Wirkung entfaltet, darf nicht bekämpft werden. Es muss Raum und Zuwendung erhalten. Indem seine Existenz anerkannt wird, kann man sich der Wut, dem Gekränktsein, der Eifersucht und dem Schmerz zuwenden, anstatt diese Gefühle zu bekämpfen oder zu unterdrücken und sie dadurch immerzu wirkmächtig unser Leben bestimmen zu lassen.

Dazu sollte dann vor allem noch eine Auseinandersetzung mit unseren Glaubenssätzen stattfinden. Diese haben wir früh erworben, sie besitzen Macht. Wie kann damit günstig, d.h. auf entlastende Weise umgegangen werden? Voraussetzung dafür dürfte häufig Geduld sein. Von heute auf morgen lösen sich solche Glaubenssätze nicht in Luft auf. Wer glaubt, er sei ohne Leistung nichts wert, oder wer glaubt, er habe einfach nichts Gutes an sich, oder wer glaubt, er sei nicht liebenswert, hat diese Zuschreibungen gelernt. Sie sind nicht einfach angeboren, folglich sind sie veränderbar. So ist zu prüfen: Stimmen diese Überzeugungen wirklich? Schauen Sie auf Ihre Erfahrungen. Es wird genug Gutes und Positives geben, die diese Glaubenssätze gerade nicht bestätigen. Nur haben wir Menschen die Eigenschaft, selektiv wahrzunehmen und vor allem das zu registrieren, was nicht gut läuft. Gehen Sie auf Distanz zu solchen Gedanken, die Ihnen nicht guttun. Das kann mit besonderen Fragestellungen gelingen: Wozu ist dieser Gedanke eigentlich nützlich? Wie lange schleppe ich diesen schon mit mir herum? Ist der Gedanke wirklich typisch für mein Leben? Bewerten Sie den Gedanken als etwas, das Ihnen zwar durch den Kopf geht, das aber nichts mit der Wirklichkeit zu tun hat. Es ist ein maßgeblicher Unterschied, ob ich denke, „Mich mag sowieso niemand", oder ob ich stattdessen denke, „Ich habe das Gefühl, mich mag sowieso niemand". Diesen Unterschied macht eine alte chinesische Weisheit sehr schön anschaulich: „Du kannst nicht verhindern, dass die Vögel der Besorgnis über deinen Kopf fliegen. Aber du kannst verhindern, dass sie sich in deinem Kopf ein Nest bauen."

Zum Schluss ein Witzchen, ein Aphorismus oder sonst ein kluger Spruch

„Wer mich beleidigt, entscheide ich."

Reinhold Miller, Pädagoge und Lehrerbildner, geb. 1943

Wut oder: Vom klugen Umgang mit einem stürmischen Gefühl

Die Geschichte

Große Hoffnungen waren geweckt worden. Die deutsche Fußballwelt lag ziemlich am Boden. Es hatte Niederlagen gegeben, die für die Fans – und deren gibt es Millionen – nur schmerzhaft zu verkraften waren. Einige Bundestrainer hatten sich nach dem Gewinn der Weltmeisterschaft von 1992, für die Franz Beckenbauer als Teamchef verantwortlich zeichnete, versucht. Unter der Regie von Jupp Derwall verblieb die deutsche Nationalmannschaft im Mittelmaß. Sie wurde annähernd zur Lachnummer im Rahmen des grandios gescheiterten Intermezzos von Erich Ribbeck. Als Berti Vogts die Verantwortung übernahm, schien es zunächst besser zu werden. Eine gewonnene Europameisterschaft führte zu Freudentänzen, wie sie das deutsche Fußballvolk mochte. Doch schließlich scheiterte auch Vogts, der einigermaßen blamabel nach dem verlorenen Spiel gegen Kroatien sogar als schlechter Verlierer das Stadion verließ. Deutschland sehnte sich nach einer Lichtgestalt, die den Fußball wieder in die Höhen führen sollte, deren man so sehr bedurfte. Und sie wurde gefunden: Rudi Völler übernahm das Zepter.

Die Erwartungen waren riesig. Dieser ehemalige Weltmeister, im Ganzen sehr geschätzte Fußballprofi, den man fast liebevoll „Tante Käthe“ nannte, entsprach dem Wunschdenken. Jetzt konnte nichts mehr schiefgehen. In einer solchen Situation unterblieb die nüchterne Sicht der Dinge: die Kluft zwischen Wunschdenken und Realität konnte in der allgemeinen Euphorie nicht in den Blick geraten. Das scheint für den Star selbst ebenfalls zu einem Problem geworden zu sein. Denn nachdem die Sache einigermaßen enttäuschende Ausmaße angenommen hatte, reagierte Rudi Völler ziemlich dünnhäutig und leistete sich vor den Augen der ihm geneigten Fußballnation einen Wutanfall. Es brach geradezu impulsiv aus ihm heraus und seine „Scheißdreck"-Tirade im Fernsehduell mit einer anderen Fußballgröße und einem Fußballmoderator, Günther Netzer und Gerhard Delling, erreichte Kultstatus. Dieses Ausrasten können Sie heute noch auf YouTube nacherleben. Wahrscheinlich werden Sie schmunzeln. Doch die sich Bahn brechende ungezügelte Wut hat etwas Peinliches an sich. Rudi Völler kann von Glück sagen, dass seine „Explosion" keine wirklich ernsthaften Folgen für ihn hatten. Zwar hatte sein Bundestrainerdasein ein Ende, doch fiel er natürlich nicht ins Bodenlose.

Tatsachen, Reflexionen, Anregungen

Die Älteren von Ihnen erinnern sich sicherlich noch an die Werbung mit dem HB-Männchen. Aus einer eher harmlosen Situation entwickelte sich in kürzester Zeit ein unbeherrschter Wutanfall, und das HB-Männchen schoss förmlich an die Decke. Als Fernsehzuschauer konnte man die explodierende Tobsucht mit einem Lächeln verfolgen. Jeder Werbespot war witzig gemacht, doch beinhaltete er immer auch eine ernsthafte Dimension. Was geschieht, wenn einen die Wut packt und man die Kontrolle verliert? Es ging jedes Mal gut aus in dieser Zigarettenwerbung. Der Tobende beruhigte sich wieder und bei einer Zigarette löste sich alles in Wohlgefallen auf. Im wahren Leben dürfte es nicht so einfach sein. Wer die Kontrolle verliert, zerschlägt meist ordentlich Porzellan, und ob das hinterher, wenn sich der Sturm gelegt hat, zu kitten ist, ist fraglich. Dazu kommt ein Imageschaden. Wer derart unbeherrscht reagiert, verliert an Ansehen. Kopfschütteln der Mitmenschen ist noch eine gelinde Reaktion. Wutanfälle können als Charakterschwäche, zumindest als Unbeherrschtheit wahrgenommen werden. Alles in allem kann dieses Gefühl, wenn der Mensch es laufen lässt, ziemlichen Schaden anrichten. Häufig genug stellt sich nach einem solchen Ausrasten ein Gefühl der Peinlichkeit oder gar der Scham ein.

Wut ist schon eine gewaltige Kraft. Wir versuchen sie zu beherrschen. Vielleicht durch ein Unterdrücken, was letztlich aber auch keine besonders gute Strategie ist, da damit Stress und eine Belastung der Psyche verbunden sind. Wird sie hingegen ausgelebt, kann sie sich sogar steigern. Die meisten kennen dieses Phänomen: Wer Dampf ablässt, gerät mitunter in noch mehr Wut. Austoben ist folglich nicht bereits etwas, das zur Beruhigung beiträgt. Im Gegenteil: Der Stresspegel steigt und wer regelmäßig austickt, tut der eigenen Gesundheit nichts Gutes. Die Stresshormone verrichten ihr Werk, und das tut dem Blutdruck und dem Herz-Kreislauf-System auf Dauer alles andere als gut. Schauen wir uns deshalb zunächst einmal an, was beim Aufkommen und Durchbrechen der Wut physiologisch geschieht. Die Neurobiologie hilft weiter. Sie verdeutlicht, wie Gefühle gesteuert werden.

Dabei zählt die Wissenschaft Wut zu den sieben Basisemotionen. Diese werden wie ein „innerer Malkasten der Gefühle" beschrieben, dem sich der Mensch bedienen kann. Diese Basisemotionen gehen mit einer bestimmten Mimik und körperlichen Veränderung einher, die in aller Welt erkannt werden. Neben der Wut zählen dazu: Angst (Furcht), Glück (Freude, Fröhlichkeit), Traurigkeit, Neugier (Überraschung), Ekel, Verachtung.

Neurowissenschaften und Psychologie haben Denken und Fühlen wieder zusammengeführt. Die jahrzehntelange Überbetonung und Herrschaft des Kognitiven wurde mit dem Buch des Hirnforschers Antonio Damasio mit dem vielsagenden Titel „Ich fühle, also bin ich“ massiv relativiert und letztlich infrage gestellt. Wir Menschen sind eben keine reinen Verstandes- und Vernunftwesen. Sondern wir sind vor allem auch emotionale Wesen. So arbeitet das angeblich denkende Gehirn, der Neokortex, nie allein, sondern er steht immer in Verbindung und im Wechselspiel mit dem limbischen System. Emotionen sind unbedingt Bestandteil unseres Denkens und damit unseres Handelns. Festzuhalten für unser Thema ist folglich: Wut gehört zu unserem Menschsein. Sie ist etwas Normales (wenn man von pathologischen Formen absieht), und man sollte sie weder ausleben noch unterdrücken. Wird sie unterdrückt, verdrängt oder verleugnet, sucht sie sich ein Ventil und das Unheil nimmt anderweitig und oft überraschend seinen Lauf. Selbst wenn die Wutunterdrückung gelingt, muss die damit verbundene Mobilmachung des Stresssystems gesehen werden. Es ist wie ein innerer Alarmzustand. Der Sympathikus des autonomen Nervensystems ist hochaktiv. Entspannung gibt es nicht mehr. Adrenalin, Noradrenalin und Kortisol werden vermehrt ausgeschüttet. Unter Einbeziehung weiterer Umstände kann es dann auch zu psychischen Leiden kommen. Es muss deshalb darum gehen, die Wut zu regulieren oder: Im Spannungsfeld zwischen Wutunterdrückung und Dampf ablassen geht es eben wie so oft um das richtige Maß. Die gute Nachricht: Da kann man einiges lernen. Der Mensch ist dem Ganzen nicht hilflos ausgeliefert. Er hat in einem gewissen Rahmen die Möglichkeit zur Gefühlsregulation. Es gibt typische Auslöser für die heftigen Überreaktionen und die damit verbundenen emotionalen Ausbrüche: Kontrollverlust, Neid, Kritik und Zurückweisung. Diesen gehen wir einmal genauer nach:

Viele Menschen möchten gerne alles im Griff haben. Sie wollen die Kontrolle behalten, zeigt sich darin doch auch ein Maß für Selbstwirksamkeit. Entgleitet die Kontrolle oder spürt man, dass eher andere die Kontrollmacht besitzen, ist unsere Gefühlswelt kritisch angesprochen. Manche resignieren, verfallen in eine passive Haltung und geben auf. Andere werden angesichts solcher Umstände wütend. Sie wollen Oberwasser behalten und Handlungsfähigkeit sichern oder zurückgewinnen. Steigert sich dabei die Wut, kann es zum berühmten Ausbruch des Vulkans kommen. Andere werde brüskiert, man lässt sich nichts mehr sagen und hebt vor allem darauf ab, sich durchzusetzen und Sieger zu bleiben.

Neid ist ein durch und durch peinigendes Gefühl. Dabei geht es um ein komplexes Zusammenspiel von Selbstzweifeln, Missgunst, Rache, Rückzug, Ungerechtigkeitsempfinden und Minderwertigkeitsgefühlen. Wenn man Neid spürt, besteht aus irgendeinem Grund eine Demütigung oder eine Kränkung. Neid ist allerdings auch eine ganz normale Gefühlsreaktion. Dafür muss sich niemand schämen. Das Gefühl des „Zu-Kurz-Gekommenen" kann allerdings in eine wütende Reaktion umschlagen. Mit allen unguten Folgen für andere Menschen, Sachen und das eigene Ansehen.

Kritik tut meistens weh. Wer von einer konstruktiven Kritik redet, ist kaum jemals der Betroffene, sondern kritisiert jemand anderen. Sie kann konstruktiv gemeint sein. Aber für den Adressaten ist damit erst einmal eine Bewertung verbunden. Diese ist zumeist unvorteilhaft, womit auch das Selbstwertgefühl bedroht wird. Schwächen werden benannt, Verhalten auf den Prüfstand gestellt. Im Ganzen kann Kritik als Bedrohung empfunden werden und die Reaktion spielt sich deshalb ab zwischen den Extremen Wut und Gegenangriff oder Rückzug, Schuldgefühle und Niedergeschlagenheit bis hin zur Depression.

In eine sehr ähnliche Richtung verweist die Zurückweisung. Sie tut weh, enttäuscht sie doch Erwartungen und Hoffnungen, und sie verhindert eine Zugehörigkeit, die sich der Mensch ja gewünscht hat. Im Prinzip bleibt das

Bedürfnis nach sozialem Anschluss unbefriedigt. Man fühlt sich gedemütigt und ausgeschlossen, was wiederum eine ganze Spirale unguter Gedanken in Gang setzen kann. Bin ich langweilig? Bin ich nicht liebenswert? Mag man mich nicht? Solcherart sind die Fragen, über die nachgedacht wird. Der Mensch reagiert zum einen verschüchtert und verunsichert. Aber die Schmähung kann zum Gegenteil, nämlich zum Wutausbruch führen. Der Mensch verschafft sich dann förmlich Luft. Das angekratzte Selbstwertgefühl muss selbst dann gestützt werden, wenn der Preis dafür recht hoch ausfallen mag.

Es gibt aber die Chance auf ein besseres Zurechtkommen mit der Wut, die in uns hochsteigt und uns Dinge tun lässt, die wir später möglicherweise sehr bereuen würden: Ein ganz und gar maßgeblicher Ansatz zu einer Regulation sind in erster Linie kognitive Prozesse in der Großhirnrinde. Bewusste Prozesse des Nachdenkens bieten eine Beruhigungschance. Bevor es zur Explosion kommt und ein vernünftiges Nachdenken vereitelt wird, sollte man sich Fragen stellen und versuchen, darauf Antworten zu geben:

- Überbewerte ich möglicherweise etwas?
- Bin ich insgesamt schon angespannt und reagiere ich deshalb empfindlicher?
- Interpretiere ich eine Situation oder ein Verhalten nicht korrekt?
- Was sind die Folgen, wenn ich meiner Wut freien Lauf lasse?

Nicht jeder ist in der Lage, in einer sowieso schon aufgeladenen Situation diese Denkprozesse anzustoßen und darüber immerhin Relativierungen zu erreichen, die beruhigen können. Wichtig sind daher weitere Ressourcen, auf die zurückgegriffen werden kann. Diese sind häufig nicht einfach gegeben, sondern müssen aufgebaut und gestärkt werden. Zu nennen sind schlichtweg in erster Linie Entspannungstechniken. Mittels Atemtechnik, formelhaften Sätzen des Autogenen Trainings oder der Anwendung von Übungselementen der Progressiven Muskelentspannung kann man sich in der Situation beruhigen.

Für manche mag es sich wieder fremd anhören: Aber ein Gebet (Stoßgebet) kann unmittelbar hilfreich sein. Vielleicht ist das in einem allgemeinen Sinne etwas Meditatives, womit auch ein Hinweis gegeben sein soll, dass derjenige, der regelmäßig meditiert, daraus ein Regulationsinstrument für die Beherrschung aufschäumender Wut haben kann.

Ein sehr weitgehender Schritt, der viel Übung voraussetzt, ist, sich unabhängig zu machen von äußeren Umständen und der Meinungen anderer. Wiederum kann an Stoiker wie Marc Aurel oder Epiktet verwiesen werden, die vor zweitausend Jahren schon wussten: „Es sind nicht die Dinge an sich, welche die Menschen in emotionale Verwirrung bringen, sondern die Art und Weise, wie sie diese Dinge sehen.“ Ein ganz weiter, wahrscheinlich kaum zu erreichender Wurf in diesem Zusammenhang ist eine Weisheit Epiktets in dessen „Handbüchlein der Moral“: „Begehre nicht, dass das, was geschieht, nach deinem Gutdünken geschehe. Sondern halte für gut, wie es geschieht und du wirst glücklich leben.“ So unendlich schwer die Erarbeitung einer solchen Grundhaltung für die meisten von uns sein dürfte, so gibt sie doch einen entscheidenden Hinweis auf eine nicht zu unterschätzende Unterstützungsleistung. Gefühle steuern nun einmal unser Verhalten und damit unser Leben. Spezifische Aktivitätsmuster sind dafür in unserem Gehirn festgelegt, manches wahrscheinlich sogar genetisch bedingt. Jedoch: Das Gehirn ist nicht ein für allemal festgelegt und unveränderbar. Das ist die gute Nachricht, die die Neurobiologie bestätigt. Das Gehirn verfügt über eine Eigenschaft, die sich „Neuroplastizität“ nennt. Damit ist dessen Fähigkeit gemeint, sich im Hinblick auf Struktur und

Funktion neu zu organisieren. Dieses faszinierende Phänomen beruht auf einer neuronalen Umstrukturierung, die sich mental bewirken lässt. D. h. mithilfe geistiger Übungen können wir unser Gehirn beeinflussen. Wir können z. B. durch Meditation und andere Formen eines Achtsamkeits- und Aufmerksamkeitstrainings neue Aktivitätsmuster hervorbringen und darüber die Struktur des Gehirns beeinflussen. Das ist in einem gewissen Rahmen gerade auch für den emotionalen Stil möglich und machbar, der uns vielleicht doch hin und wieder Schwierigkeiten bereitet. Überhaupt: Sich des eigenen emotionalen Stils bewusst werden, ist ein erster Schritt auf dem Weg zu einer Veränderung. Dann lässt sich ein als ungünstig erkanntes Verhalten verändern.

Es soll auch an dieser Stelle angemerkt sein: Das ist alles andere als einfach. Üben gehört ebenso dazu wie ein Maß an Selbstdisziplin und Selbstbeeinflussung. Erreichbar ist das durch Meditation, die am besten unter Anleitung gelernt werden sollte. Meditation ist eine Einweisung in den eigenen Geist. Im Sanskrit bedeutet Meditation auch „Gewöhnung“ oder „Eingewöhnung“, wodurch deutlich wird, dass im Gehirn neue neuronale Aktivitätsmuster erreicht werden können. Zwar kann man nicht in jeder Hinsicht oder gar umfassend an den Stellschrauben einer Gefühlsregulation und damit an dem, was das Gehirn leistet, drehen. Doch in einem begrenzten Maße ist das für einen gesunden Menschen möglich. Wir können unser Gehirn ein Stück weit zumindest trainieren und das neuronale System zu unserem Vorteil justieren. Eine durch und durch lohnenswerte Angelegenheit, nicht wahr? Immerhin lässt es sich bei einem erfolgreichen Vorgehen leichter leben. Das sollte die damit einhergehende Mühe wahrlich wert sein.

Andererseits ist noch einmal deutlich festzuhalten: Wer seine Wut immer unterdrückt, wer seinen Ärger runterschluckt, tut sich nichts Gutes. Es schadet in vielen Situationen auch nicht, wenn deutlich gemacht wird, dass man sich ärgert oder verärgert ist. Das zur Sprache zu bringen im Beruflichen und im Privaten verhindert, dass ein Herunterkühlen von aufwallenden Gefühlen irgendwann nicht mehr möglich sein und die Eruption gewaltig sein wird mit allen problematischen Folgen. Das in sich Hineinfressen wirkt wie ein Gift. Entweder kommt es zu einer völlig unangemessenen Entladung. Oder aber andererseits: Die unterdrückte Wut schadet mehr und mehr der Lebensfreude. Der Mensch wird dann resignativ oder zynisch oder gleichgültig, wenn er nicht gar in eine Autoaggression oder Depression verfällt. Deshalb muss die Maxime in der Regel lauten: Lieber raus mit der Wut, jedoch in einer Weise, die dich nicht selbst beschädigt.

Die positive Seite der Wut ist bislang zu kurz gekommen. Dieses Gefühl ist nicht einfach so da. Es sorgt nicht nur für Kummer. Sondern es hat seinen gewichtigen Platz in unserem Gefühlsleben. Erstens teilt sie uns Wichtiges über uns selbst mit. Schauen Sie sich die Umstände an, die dazu führen, dass Sie wütend sind. Verharren Sie womöglich in einer ungesunden Situation? Die Arbeit, die Ihnen auf den Wecker geht, der unfreundliche Chef, der permanent unzufriedene Lebenspartner, vernachlässigte Ziele, die Ihnen einmal von großer Bedeutung gewesen sind … Die Bandbreite ist gewaltig. Ganz allgemein kann Wut ein Hinweis darauf sein, ob in Ihrer Lebensführung irgendetwas nicht mehr stimmt. Zweitens kann sie auf eine Realitätskluft verweisen. Das ist dann eventuell mit einem bitteren Erkenntnisprozess verbunden. Illusionen platzen, Lebenslügen werden aufgedeckt. Wir erkennen – und das bringt schon auch Kränkendes mit sich –, dass wir uns etwas vorgemacht haben. Dass wir nicht so stark, so intelligent, so überragend sind, wie wir es uns eingebildet haben. Das sorgfältig gepflegte Selbstbild entpuppt sich als Täuschung. Vielleicht musste auch ein Rudi Völler erkennen, dass er nicht dem Idealbild eines übermächtigen Fußball- und Trainergenies entsprach und er rastete deshalb aus, weil sein Selbstbild in aller Öffentlichkeit angegriffen und nicht nur ein wenig angekratzt wurde? Derartiges sind für jeden von uns schmerzhafte Prozesse. Aber sie helfen, eine mögliche Realitätskluft zu verkleinern und uns als Mensch mit seinen Möglichkeiten, Wünschen, Hoffnungen und Sehnsüchten realistischer zu verorten. Das kann als ein Drittes zu Veränderungen führen. Wut kann der Auslöser für Neues sein. Wer letztlich dieses Gefühl wahrnimmt als Warnhinweis, sich mit den gegebenen Verhältnissen nicht (mehr) abfinden zu wollen, kann Konsequenzen ziehen und seinem Leben eine mehr oder weniger andere Ausrichtung geben, die zu einer Verbesserung der Lebenssituation führt.

Zum Schluss ein Witzchen, ein Aphorismus oder sonst ein kluger Spruch

„An seinem Ärger festzuhalten ist genauso wie eine glühende Kohle in die Hand zu nehmen, um sie nach jemandem zu werfen; du bist derjenige, der sich verbrennt."

Siddhartha Gautama, genannt Buddha = „Erwachter", *563–483 v. Chr.*

Xanthippe oder: Über Neid, Eifersucht, Streitsucht und sonstiges allzu Menschliches bzw.: Zeit, dass wir uns mit dem Thema „Angst" beschäftigen

Die Geschichte

Die kinderlos gebliebene Ehe von Erich und Sybille Latuske ist seit Jahren überschattet. Obwohl die beiden finanziell sehr gut aufgestellt sind und sich wirtschaftlich in keiner Weise einschränken müssen, achtet Sybille ständig darauf, wer in ihrem Verwandten- und Bekanntenkreis vielleicht doch das bessere Auto, die schönere Küche, die eleganteren Kleider besitzt. Das ging im Rahmen eines Sommerfestes, zu dem das Ehepaar bei einem Geschäftsfreund eingeladen war, so weit, dass selbst der wunderbar gepflegte Garten Anlass für Sybille bot, sich darüber lustig zu machen. Sie wies in Gesprächskreisen und nicht nur einmal gehässig darauf hin, dass diese Pflege schließlich das Ergebnis der Arbeit eines Gärtners sei, weil man selbst keine Ahnung von Gartenarbeiten habe. Erich war davon peinlich berührt, er machte aber am späteren Abend einen „Fehler", der – für alle Anwesenden offensichtlich – zu einem Zerwürfnis mit seiner Frau führte. Er unterhielt sich bei einem Glas Wein angeregt mit einer jungen Mutter, mit der er zweimal anstieß und die ihm ihre volle Aufmerksamkeit schenkte. Sybille mischte sich ein, gänzlich unbeherrscht fragte sie die andere Frau, ob es nicht unverantwortlich sei, das kleine Kind zu Hause zu lassen und sich hier auf der Party zu amüsieren. Erich blieb die Luft weg. Als die Angesprochene sehr souverän antwortete, sie müsse sich wirklich keine Sorgen machen, da die Großeltern auf das Baby achtgeben würden und sie ihren Sohn bestens aufgehoben wisse, setzte Sybille nach mit der Frage, wie sie sich da so sicher sein könne. Jetzt griff Erich ein. Er wollte sie weglotsen und meinte: „Komm, wir holen uns ein Gläschen Sekt“, doch harsch wies sie ihn mit den Worten zurecht, es wäre besser, wenn er nicht so viel trinken würde. Als er darauf entschuldigend seine Gesprächspartnerin anschaute und ihr mit einer Handbewegung andeutete, dass es besser wäre, wenn er sich zurückziehen würde, war der Abend gelaufen. Seine Frau interpretierte die Handbewegung als eine Verschwörungsgeste. Sie giftete ihren Mann an. Zum Glück zog sich die junge Mutter zurück, allerdings schüttelte sie dabei den Kopf, was Sybille sah und sie erst recht in Rage brachte. Der Ehekrach nahm seinen Lauf.

Tatsachen, Reflexionen, Anregungen

Für dieses wenig schöne Verhalten gibt es bereits im alten Griechenland ein Beispiel. Bis heute gilt die Ehefrau des Athener Philosophen Sokrates (469–399 v. Chr.) als besonders zänkisches und streitsüchtiges Weib, das mit ihrem Missmut dem Ehemann das Leben zur Hölle machte. Überliefert ist das Verhalten der Xanthippe durch die Werke des Schriftstellers und Philosophen Xenophon, und bis heute hat sich der Name Xanthippe gehalten für abschreckende Verhaltensbeispiele. Das ständige Gekeife, das Sokrates ertragen musste, scheint der Sage nach sogar noch übertroffen worden zu sein, weil ihn seine Frau angeblich in ihrer Streitsucht mit dem Inhalt eines Nachttopfes übergossen hatte. Sehen wir bitte einmal ab davon, ob das tatsächlich vorgekommen ist und auch davon, dass man Xanthippe letztlich Unrecht tut, weil damit ein ungutes Frauenbild in die Welt gesetzt wird, das der Ehefrau des Sokrates und deren Lebensumstände nicht gerecht wird. Es soll mit diesem Namen eben ein übellauniger Mensch ins Spiel gebracht sein, dem nichts passt, dem man kaum etwas recht machen kann und der emotionale Reaktionen zeigt, über die sich die Zeitgenossen mitunter nur wundern können. Es ist ja auch gar nicht nötig, den Blick ins antike Griechenland zu werfen. Die meisten von Ihnen werden einen Menschen kennen, bei dem schon Kleinigkeiten genügen, damit er schlecht gelaunt wird, meckert und auf angebliche Vorteile oder Erfolge anderer mit Neid und Eifersucht reagiert. Solche Zeitgenossen gehen oft genug missmutig ans Leben heran, und wenn man mit Ihnen zu tun hat, ist die Chance groß, dass es Ärger geben wird. Optimistisch, gar glücklich, können diese Menschen nicht sein. Ihre ganze Gefühlswelt steht ihnen irgendwie im Wege. Gutes und Positives im Leben erkennen und das Gute und Großartige bei anderen gar anerkennen, fällt ihnen ungemein schwer. Sie trüben ihren Alltag, was für alle belastend und unschön ist, die mit ihnen in der Familie, im Beruf oder in einem sonstigen sozialen Zusammenhang zu tun haben. Diese negativ eingestellten Menschen leiden wohl selbst unter den Gefühlen, die ihr Verhalten dirigieren, und sie zum Ausdruck zu bringen richtet häufig Schaden an. Von einem guten Leben dürfte in der Mehrzahl schon gar nicht die Rede sein.

Es ist eine Binsenweisheit: Jeder Mensch besitzt ein bestimmtes emotionales Muster. Was wir in den verschiedensten Situationen denken und tun ist eingefärbt durch Emotionen, Gefühle, Stimmungen und Affekte. „Eingefärbt" meint dabei mehr als nur eine kleine Zugabe zum durch Verstand und Vernunft geleiteten Denken. Gefühle haben maßgeblich Einfluss auf unser Verhalten, sie dirigieren es. Wir sind – um nochmals den Hirnforscher Antonio Damasio ins Spiel zu bringen – eben doch auch maßgeblich emotionale Wesen. Wir glauben gerne, wir würden rational und sachlich an die Dinge herangehen und übersehen dann gerne unsere Emotionen, die integraler Bestandteil des Denkens sind. Der emotionale Stil eines Menschen wird von neuronalen Netzen gesteuert. Die Erkenntnisse der neurowissenschaftlichen Forschung machen deutlich, dass dieser emotionale Stil keineswegs als unveränderliche Persönlichkeitsmerkmale zu verstehen sind. Auch hierzu gilt: Die Vorstellung eines festgefügten, sich nicht verändernden Gehirns, ist falsch. Vielmehr muss die Fähigkeit des Gehirns, sich im Hinblick auf Struktur und Funktion neu zu organisieren, gesehen werden. Diese Eigenschaft wurde bereits im Kapitel „Wut" angesprochen. Sie erinnern sich: In der Fachsprache wird das Phänomen als Neuroplastizität bezeichnet und ermöglicht einen vorsichtigen Optimismus gerade für Menschen, die von Mustern wie Neid, Eifersucht oder Rivalität geleitet sind und darunter leiden bzw. sich und ihrer Umgebung das Leben dadurch schwer machen. Eine „neuronale Umstrukturierung" liegt im Bereich des Möglichen. Das kann mental erreicht werden, durch geistige Übungen – von der Meditation bis zum Aufmerksamkeitstraining. Andere Aktivitätsmuster können entstehen, der emotionale Stil so entwickelt werden, damit es sich leichter leben lässt. Eine wichtige Klärung für einen solchen Entwicklungsprozess ist die Frage, worin der Grund für ein solches allzu menschliches Verhalten besteht.

Neid: Wir gönnen jemandem etwas nicht. Es ist kränkend, sogar schmerzhaft zu sehen, dass der Nachbar das größere, bessere Auto besitzt oder der Arbeitskollege befördert wird. Dabei steht eine narzisstische Kränkung im Hintergrund, die unser Selbstwertgefühl verletzt. Auch ist der Neid ein Hinweis auf verborgene, unerfüllte Wünsche. Ein Gefühl des Mangels macht sich breit. Die Freude am Leben geht verloren. Zu Rivalität und Konkurrenz ist es dann nicht mehr weit.

Neid wirkt aber auch wie eine Antriebskraft. Ein Vergleich mit anderen ist mit im Spiel und man fragt sich, wer ist besser, wer hat mehr oder wer setzt sich durch usw. Wir haben es dabei nicht von vornherein mit etwas Schlechtem, das abgelehnt werden sollte, zu tun. Konkurrenz und

Rivalität motivieren, sie spornen zu Verbesserungen an, und nicht umsonst heißt es „Möge der Bessere gewinnen". Erst wenn die destruktive Komponente des Konkurrierens die Tagesordnung bestimmt, wird es kritisch. Neid und Konkurrenz, die spalten, die zu Missgunst, Intrigen, Mobbing führen, die die Gedankenwelt mit Rache- und Beschädigungsfantasien ausfüllen, führen zum Gegenteil einer kooperativen Rivalität und entfalten schädliche Wirkungen. Es kommt zur Entwertung des anderen, aber auch zur Selbstkränkung, weil man sich selbst abwertet.

Übrigens: Wenn der Neid richtig schmerzt, ist Schadenfreude ein sehr willkommenes Gegenmittel. Schadenfreude ermöglicht, Rache in einer Light-Variante auszuleben. Neid und Schadenfreude können eine unerfreuliche Verbindung eingehen. Immerhin ist Schadenfreude insoweit verräterisch, als sie Aufschluss darüber gibt, wie (schlecht) es um das Selbstwertgefühl des Menschen steht. Der dunkle Aspekt dieses menschlichen Empfindens, das durchaus das Leid anderer Menschen „genießen" kann, offenbart dem Betroffenen einiges über sich selbst. Nun soll es nicht um eine Dämonisierung der Schadenfreude gehen. Es ist eben auch ein vollkommen natürliches Gefühl. Gängige Fernsehformate und Medienangebote befriedigen dieses Gefühl und erfreuen sich daher großer Beliebtheit. Shows wie z. B. „Dschungelcamp" oder „Deutschland sucht den Superstar" beinhalten einen ganz besonderen Reizpunkt: Menschen machen sich freiwillig zum Objekt der Schadenfreude. Der Zuschauer kann sich im bequemen Sessel zu Hause an der Pein und dem Unglück anderer erfreuen und vergnügen. Seine Häme ist gänzlich ungefährlich. Statt mitzufühlen frohlockt er schadenfroh und kann am nächsten Tag im Bekanntenkreis sogar noch lästerlich berichten. Über diesen Hintergrund sollte man sich zumindest im Klaren sein, ebenso über das Zusammenspiel von Neid und Schadenfreude.

Doch zurück zum Neid: Ein hilfreiches Gegenmittel kann das Aussprechen des Neidgefühls gegenüber jemandem sein, dem man vertraut. Da ein „neidisches Herz" keine Ruhe finden mag, sollte ein solcher Schritt überlegt werden. Vielleicht macht sich dann Traurigkeit breit, weil etwas nicht Erreichbares, nicht Mögliches, ein Verlieren als Tatsache erkannt werden muss. Das macht es aber leichter. Es eröffnet die Chance, den anderen sein zu lassen, wie er ist und seinen Erfolg anzuerkennen.

Der mit Neid einhergehende innere Unfriede ist nicht weniger stark durch Eifersucht gegeben. Schon der Philosoph Friedrich Schleiermacher (1768–1834) wusste: „Eifersucht ist eine Leidenschaft, die mit Eifer sucht, was Leiden schafft". So sehr Eifersucht im Prinzip immer mit Liebe verbunden sein kann und letztlich zum Gegenteil führt, nämlich zum Feind der Liebe, ist das Leiden vorrangig eine Bedrohung des Selbstwertgefühls. Wiederum geht es um einen speziellen Fall einer Kränkung, die die Substanz unserer Persönlichkeit berührt. Eine übersteigerte Eifersucht kann unsäglichen Schaden anrichten. Mit ihr können zerstörerischste Impulse verbunden sein. Sind wir von Eifersucht geplagt, stürzen wir uns auf den vermeintlichen Verrat. Wie ein eingebildeter Kranker sehen wir nicht mehr die Wahrheit, sondern nur das vermeintlich Böse. Das gestörte Selbstwertgefühl ist dabei von einer Angststruktur beeinflusst. Oft genug handelt es sich dabei um eine Verlustangst.

Dahinter können sich frühkindliche Erfahrungen verbergen. Fühlt man sich als das „ungeliebte Kind", gar als das „abgelehnte Kind", dessen Eltern nicht verlässlich waren, können diese mit einem Mangelempfinden einhergehenden Gefühle später zu Eifersuchtsfantasien führen. Damit geht dann ein derart heftiges Gefühlserleben einher, das ein auch ansatzweise vernünftiges Denken verhindert. Ein guter Schritt ist erreicht, wenn man unabhängig vom Partner existieren kann und sich nicht vollständig in seinem

Glück abhängig macht vom anderen. Leicht gesagt, jedoch in seiner Umsetzung mit viel Bewusstwerdung verbunden.

Wenn die Eifersucht grundlos ist, fehlt es womöglich an Selbstbewusstsein, oder Ängste des Verlassenwerdens übernehmen die Macht. In einfacheren Fällen helfen Gespräche mit dem Partner, ein Sich-Öffnen und Offenbaren. In schwierigeren Fällen braucht es sicherlich eine Therapie. Ist die Partnerschaft tatsächlich in der Auflösung begriffen, bleibt es natürlich schmerzhaft, wenn sich ein geliebter Mensch abzuwenden beginnt. Aussichtsreich ist es, wenn man sich einen Neuanfang vorstellen kann und vor allem beginnt, seine eigene Attraktivität zu steigern (z. B. durch Sport, bessere Ernährung, gute Kleidung). Das nimmt keineswegs automatisch den Schmerz, doch geben derartige Maßnahmen und Schritte etwas Souveränität zurück und vermitteln Stärke. Eifersucht lässt sich dadurch weit besser kontrollieren und der Trennungsschmerz kann sogar als Wachstumsschmerz interpretiert werden.

Es kann vor allem keineswegs darum gehen, Neid, Eifersucht und Rivalität gewissermaßen auszulöschen. Sie gehören zu unserem Leben und wir sollten lernen, damit besser umzugehen, wenn wir oder unsere Umwelt darunter leiden. Der Weg der Bewusstmachung, des Eingestehens und der Äußerung ist zwar steinig, aber hilfreich und entlastend. Dieser Weg basiert auf der von Martin Seligman vorgeschlagenen „Membran-Theorie“. Sie geht von einem Kessel aus, der aber nicht vollständig verschlossen, sondern von einer durchlässigen Membran abgedeckt ist, durch die der möglicherweise übermächtig werdende Druck nach und nach entweichen kann. Danach ist es heilsamer, an seine Gefühle heranzukommen, sie sich zu vergegenwärtigen, sie aber nicht abrupt herauszulassen oder eben explodieren zu lassen. Werden sie nämlich „verschlossen“ gehalten, stauen sie sich im Unbewussten an. Das geht nur eine Zeit lang gut. Irgendwann ist ein bestimmter Druck erzeugt, der im Bereich von Psyche und Körper zu unerwünschten Symptomen führen und – so der Druck übermächtig wird und zur Explosion führt – mich selbst und andere schädigen kann. So weit sollte man es nicht kommen lassen, die unerwünschten Wirkungen wären manchmal nicht wieder gut zu machen. Die „Membran-Theorie" zielt auf die Vermeidung des Entstehens eines Überdrucks. Das Feuer unter dem Kessel wird nicht geschürt, so dass das Gefühl nicht „hochkochen" und verletzende Wirkung entfalten kann.

Ob Neid, Eifersucht, übermäßiges Rivalisieren und aggressiv-kämpferisches Konkurrieren, abgewehrt wird dadurch auch die narzisstische Angst vor Bedeutungslosigkeit. Je unkontrollierter und unwiderstehlicher diese Gefühle durchbrechen und das Verhalten bestimmen, desto mehr können sie als Abwehrstrategie gegen unbewusste existenzielle Ängste dienen. Es lohnt sich daher, den Blick auf das Thema Angst zu richten. Ängste begleiten uns alle ein Leben lang. Und wir sehnen uns danach, unsere Ängste fassbarer und damit kleiner und beherrschbarer zu machen. Angst ist ein Urgefühl menschlichen Daseins. Wir kennen alle dieses Gefühl. Worauf es ankommt ist, dieses Gefühl zu verstehen und ins Leben zu integrieren. Heute weiß man sehr viel mehr über das Geschehen, das sich dabei in unserem Gehirn abspielt. Es gibt neuronale Schaltkreise der Angst, wobei gewissermaßen als Zentrale die Amygdala (Mandelkern) wirkt. Dieser Mandelkern mit seinen mehreren Unterkernen liegt an der Innenseite des Schläfenlappens und gehört zum – entwicklungsgeschichtlich gesehen – älteren Teil des Hirns. Sein zentraler Unterkern ist über Nervenfasern mit dem seitlichen Hypothalamus verbunden, andererseits mit dem zentralen Höhlengrau, einer Region des Mittelhirns. Wenn der Mensch eine Bedrohung erlebt, wird augenblicklich das Alarm- und Abwehrsystems des Organismus aktiv, und im Mittelpunkt des Gefahrenabwehrsystems steht tatsächlich diese Amygdala. Das Gefahrensignal (z. B. bissiger Hund auf der Straße, lauter Knall) wird blitzschnell über die Wahrnehmung zur Amygdala geleitet. Dies geschieht schneller als wir denken können, gleichzeitig werden von dort die Alarmreaktionen in Gang gesetzt: Die Aktivierung der Amygdala führt zu körperlichen Reaktionen. Das autonome Nervensystem reagiert mit der Ausschüttung von Adrenalin, ebenso wird Noradrenalin ausgeschüttet. Der Blutdruck steigt, die Herzfrequenz nimmt zu. Hormonale Reaktionsketten machen den Körper fit für eine Schutz-, Flucht- oder Kampfreaktion. Die Funktionen der Amygdala sind daher ohne Zweifel überlebensnotwendig. Aber sie bietet eben auch manche unerwünschte Wirkungen. So können möglicherweise Bedrohungen, die noch nicht einmal real sind, uns beeinträchtigen und Angstreaktionen auslösen, die ein unbeteiligter Beobachter gar nicht verstehen kann. Dazu muss vor allem gesehen werden, dass die Aktivität der Amygdala keineswegs immer von Bewusstsein begleitet sein muss. Es muss somit nicht einmal die konkrete Bedrohung durch einen Gangster oder die Erniedrigung durch einen Vorgesetzten vorkommen. Trotzdem hat der Mensch Angst und kann noch nicht einmal sagen, woher sie rührt.

Der wichtige Hintergrund dazu: Angstreaktionen können erworben werden ohne jegliche Beteiligung des Bewusstseins. Das Gefühl der Angst, das dann erlebt wird, ist absolut real für den Betroffenen. Ist daher einerseits eine bewusst erlebte Angst ein wichtiger Teil des biologischen Gefahrenabwehrsystems und insoweit unbedingt sinnvoll, so ist andererseits ein gar intensives Gefühl der Angst ohne die Möglichkeit einer Ursachenzuordnung und damit Aufmerksamkeitszuwendung für das Befinden des Menschen ungemein abträglich und belastend. Es wirken in der Amygdala gespeicherte Vorerfahrungen, die nicht mit rationalen Überlegungen beeinflusst werden können. Auch wenn bestimmt viele Menschen glücklich wären, wenn sie ihre

Angstgefühle willentlich kontrollieren könnten, gehört es zu unserer allgemeinen Lebenserfahrung, dass diese Kontrolle einfach nicht in jedem Fall gegeben ist. Die Angstgefühle und die damit verbundenen Angstreaktionen halten sich daher häufig sehr hartnäckig. Wer davon betroffen ist, benötigt das Verständnis seiner Umgebung. Es wird doppelt schwierig für Betroffene, wenn dieses Verständnis ausbleibt. Letztlich bedarf es einer Angstbehandlung, d.h. (verhaltens-)therapeutischer Ansätze, die dafür Sorge tragen, dass neue neuronale Strukturen im Gehirn „gebahnt" werden, die dann die bisherige Angst bzw. die bisherigen Angstreaktionen hemmen und zu einem erträglichen Umgang mit diesen führen. Eine sehr grundsätzliche Verbesserung der in Mitleidenschaft gezogenen Lebensqualität ist die Folge.

Menschen unterscheiden sich wesentlich in der Art, wie sie mit ihrer Angst umgehen. Es scheint etliche Abwehrstrategien zu geben. Einige versuchen sie zu verdrängen, oder sie wollen sie nicht wahrhaben. Aber auch die in diesem Abschnitt angesprochenen Gefühle und die damit verbundenen Verhaltensweisen können nach Auffassung von Psychologen und Psychiatern, aber auch von Theologen und Philosophen, Masken der Angst sein oder anders: Abwehr- und Bewältigungsformen. Neid, Eifersucht und übermäßiges Rivalisieren gehören ebenso dazu wie Machtstreben und Besitzsucht, Aktionismus und Hyperaktivität, Sucht und Zwangshandeln. Angst trifft den Kern unserer tiefsten Empfindungen. Sie ist oft ein unbestimmtes, ungerichtetes Gefühl, weshalb man von ihr die Furcht abgrenzt, die sich auf etwas ganz Konkretes und Benennbares ausrichtet.

Es gibt Menschen, die regelrecht an einer generalisierten Angststörung leiden. Sie haben dann Angst vor der Angst, was sich in Panikattacken Ausdruck verschafft und ihr Leben völlig in Unordnung bringen kann. Solche Leiden müssen therapeutisch (und medikamentös) behandelt werden.

Angstpatienten müssen lernen, gewissermaßen ihrer Angst ins Auge zu schauen und sie als etwas zu begreifen, das zum individuellen Schicksal gehört und sie insoweit auch annehmen. Für uns alle gilt: Es geht nicht darum, keine Angst mehr zu haben. Schon Sigmund Freud hat einmal formuliert, wir sind nicht „Herr im eigenen Haus", eine Aussage, die auch darauf zielt, dass uns Ängste lebenslang begleiten werden. Zudem lehrt sie uns unsere Begrenztheit. Wer darüber nachdenkt, bemerkt, wie unsinnig Allmachtsfantasien und der Glaube sind, alles kontrollieren zu können. Hilflosigkeit und Ohnmacht werden als Möglichkeiten erkannt und eine Überschätzung im Sinne einer völligen Unabhängigkeit und Unverwundbarkeit wird in die Schranken gewiesen. Das kann als Kränkung empfunden werden, doch auch die Brüchigkeit und Verletzlichkeit unserer menschlichen Existenz vor Augen und darüber zu Demut führen.

Demut heißt nun keinesfalls, dass man resigniert und sich klein vorkommt. Im Gegenteil. Es tut gut anzuerkennen, dass wir nicht unabhängige „Macher" sind und schlicht nicht alles im Griff haben können. Dass wir zwar heute stark, kräftig, gesund und erfolgreich sein können, dass dieses aber nicht unbedingt ein Dauerzustand ist, sondern wir allzu rasch auf unsere bloße Existenz zurückgeworfen werden können. Wer sich das vor Augen führt, kann eine Grundhaltung entwickeln, die das Leben als Ganzes zu schätzen weiß. Eine Haltung, die durchaus dankbar auch für das Alltägliche sein kann. Dieses Alltägliche ist häufig genug nichts Besonderes, es ist das Normale, das gerne übersehen wird und das, wenn man aufmerksam und achtsam durch den Tag geht, doch unbedingt schätzenswert ist.

Solange Ängste nicht pathologisch sind, aber eben doch als recht unangenehm und störend wahrgenommen werden, erleichtern verständnisvolle Gesprächspartner das Leben. Das Aussprechen der Angst, ein Darüber-reden-

Können schafft ein befreiendes Behältnis, das den unangenehmen Druck und die ständige Grübelei entspannt. Aber auch in der Welt der Literatur kann Trost und mancher Fingerzeig gefunden werden, die dabei helfen, die Angst in Grenzen zu weisen. Denken Sie nur zum Beispiel an das berührende und zugleich Hoffnung gebende Gedicht „Stufen“ von Hermann Hesse, dessen wohl bekannteste Zeilen „Und jedem Anfang wohnt ein Zauber inne, der uns beschützt und der uns hilft, zu leben“ allein schon Trost spenden und beruhigen können und dessen Schlussworte „Wohlan denn, Herz, nimm Abschied und gesunde!“ durchaus als Hoffnung gebend empfunden werden können.

Zum Schluss ein Witzchen, ein Aphorismus oder sonst ein kluger Spruch

„Der Neid ist dem Menschen natürlich: Dennoch ist er ein Laster und Unglück zugleich. Wir sollten ihn daher als Feind unseres Glücks betrachten und ihn als bösen Dämon zu ersticken suchen.“

Arthur Schopenhauer, deutscher Philosoph, 1788–1860

Yoga oder: Ein reichhaltiges Methodenbuffet der Entspannungs- und Erholungstechniken ist angerichtet

Die Geschichte

Rebecca Sawatzki fühlte sich schon seit geraumer Zeit nervös und abgespannt. Ihre Schlafstörungen machten es nicht leichter, immer wieder nahm sie auch Schlaftabletten, was aber nur oberflächlich half. Ein Freund riet ihr, es einmal mit Entspannungstechniken zu versuchen. Der Zufall wollte es, dass ihr das neueste Volkshochschulheft in die Hände fiel, in dem auch ein Yoga-Kurs angeboten wurde. Der Text versprach geradezu, all ihre Probleme zu lösen. Sie meldete sich am nächsten Tag an, zwei Wochen später betrat sie am Abend die kleine Halle, in der bereits neun weitere Kursteilnehmer und -teilnehmerinnen gespannt der Dinge harrten, die da kommen sollten. Rebecca hatte die Seite mit dem Yoga-Ausschreibungstext dabei. Sie kam darüber mit zwei anderen Frauen rasch ins Gespräch:

„Durch Yoga lernen wir ein neues Körper- und Lebensgefühl zu entwickeln. Ziel des Yoga ist ein Leben in Harmonie. Dies bedeutet: mehr Freude, Zufriedenheit, Ausgeglichenheit und Achtsamkeit. Unser Körper wird durch Yoga-Übungen beweglicher, die Rückenmuskulatur gestärkt – die ganze Muskulatur gleichmäßig gekräftigt. Somit erlangen wir mehr Beweglichkeit und psychische Stärke. Unsere Gesundheit wird ganzheitlich gefördert. Wir lernen, unsere Energien bewusst zu lenken und die Entspannung führt uns zu den Wurzeln unserer Kraft. Dadurch verfügen wir über mehr innere Ruhe und Lebensfreude."

Nicht nur die Erwartungshaltung von Rebecca Sawatzki war angesichts dieser fast sensationell anmutenden Effekte ziemlich hoch. Noch bevor die Yoga-Lehrerin erschien, zeigte sich, dass sich wohl die meisten wegen ähnlicher Probleme angemeldet hatten. Innere Unruhe, nicht mehr richtig abschalten können, Kopf- und Rückenschmerzen, verspannte Nackenmuskeln, Einschlafstörungen. Im Ganzen eben kein gutes Lebensgefühl mehr, die Herausforderungen durch Familie und Beruf schienen übermächtig. Nicht nur Rebecca war deshalb auf der Suche nach einem Mittel, das Abhilfe versprach.

Der erste Abend verlief auch sehr nett. Sie fühlte sich unter Gleichgesinnten. Die Yoga-Lehrerin thematisierte von sich aus die vielen Probleme, denen sich der moderne Mensch gegenübersieht und die ihn krank werden lassen, wenn nicht rechtzeitig Gegenmaßnahmen ergriffen würden. Alles hörte sich plausibel und gut an. Die ersten Übungen waren eher überraschend einfach. Sie fühlte sich richtig gut in dieser ersten Yoga-Stunde. Umso überraschender schien es, dass sie nach sechs Wochen den Kurs abbrach. Es hatte ihr schon die letzten Male keinen richtigen Spaß mehr gemacht, manche der zu übenden Bewegungsabläufe und Körperhaltungen waren alles andere als einfach. Die Anstrengungen schienen von Mal zu Mal zuzunehmen. Vor allem stellten sich die im Ausschreibungstext angepriesenen Verbesserungen nicht ein. Sie übte zwar fleißig zu Hause, aber irgendwann war es ihr zu viel. Sie resignierte und gab auf. Vor ihr hatten bereits zwei andere Teilnehmerinnen offenbar keine Lust mehr zum Weitermachen. Als Rebecca ein paar Monate später einer Teilnehmerin zufällig im Supermarkt begegnete, erfuhr sie, dass am Schluss nur noch drei Personen übrig geblieben waren – dass die meisten also irgendwann im Kursverlauf aufgegeben hatten.

Tatsachen, Reflexionen, Anregungen

So wie Rebecca Sawatzki geht es nicht wenigen Menschen. Sie suchen Hilfe und stoßen auf Entspannungs- und Erholungstechniken. Die Hoffnung, damit Ungutes zu lösen und alles Mögliche beherrschen zu lernen, ist verständlich. Wenn ein Angebot dann nahezu als Allheilmittel angepriesen wird, dürfte in etlichen Fällen die Enttäuschung vorprogrammiert sein. Der angeführte Werbetext für den Yoga-Kurs klingt verführerisch, die Formulierungen klingen wie Behauptungen, an keiner Stelle kommt zum Ausdruck, dass solche Wirkungen *vielleicht* eintreten können und dass diese zunächst auf jeden Fall viel, viel Arbeit und Übung voraussetzen, wenn die Effekte tatsächlich spürbar werden sollen.

Damit kein falscher Eindruck entsteht: Yoga ist etwas Bereicherndes; wem der Zugang gelingt und wer eine Identifikation damit erreicht, dürfte einen Schlüssel für mehr Gesundheit in der Hand halten. An dieser Stelle müssen von vornherein jedoch ernüchternd fünf Bedenken vorgetragen werden:

Erstens ist bei Lob- und Anpreisungen Vorsicht geboten. Die angeblich verbessernde Wirkung sollte zunächst einmal kritisch zur Kenntnis genommen werden. Die oft damit zum Ausdruck gebrachte Leichtigkeit des Erreichens dürfte zumeist irreführend sein. Ein Kurs mit sechs bis zehn Übungsabenden wird kaum alles neu richten, sondern eröffnet den Zugang zu einer Methode, von dem aus dann weitergemacht werden kann.

Damit sind wir schon bei einem zweiten Aspekt: Es gibt eine Vielzahl von Entspannungs- und Erholungstechniken. Ob eine bestimmte Technik passt, ob man sich darauf einlassen kann, bedarf eines Versuchs. Dann erst stellt sich heraus, inwieweit man dabei bleiben kann oder ob eben festgestellt wird, das ist alles nichts für mich. Nicht jede Methode liegt mir, nicht jede Technik ist die richtige für mich. Man muss es einfach ausprobieren, um herauszufinden, was einem zusagt und passend ist. Enttäuschungen werden nicht ausbleiben. Deshalb leeren sich auch manche Kurse recht rasch. Die Menschen bemerken, dass sie keinen Zugang finden, sie etwas stört und sich schlicht zu viel erhofft haben.

Drittens: Zumeist ist die Teilnahme an solchen Kursen nicht sehr teuer. Ein Kurs bei der Volkshochschule, im Sportverein oder bei einer Krankenkasse dürfte gut bezahlbar sein. Daher Achtung und Vorsicht bei teuren Angeboten.

Viertens: Wie erwähnt muss jeder die für ihn passende Methode finden. Vielleicht probiert einer zunächst Yoga, dann ist Autogenes Training an der Reihe, um schließlich auch Tai-Chi zu testen. Worauf sich der einzelne auch immer einlassen kann, grundsätzlich darf nicht von einem schnellen Erfolg ausgegangen werden. Wer bereits nach ein, zwei Wochen einen bemerkbaren Fortschritt erwartet, wird in der Regel enttäuscht. Die Methoden und Techniken können helfen, aber sie setzen Übung voraus. Einmal ein wenig hineinschnuppern, vielleicht ab und zu daheim üben, das führt nicht wirklich weiter. Auch beim Erlernen und Praktizieren von Entspannungs- und Erholungstechniken muss man Selbstdisziplin und Geduld haben und in der Regel üben, üben und nochmals üben. Ohne Mühe wird auf diesem Gebiet nichts Richtiges gelingen.

Fünftens: Einmal in der Woche in den Kurs, für vielleicht eineinhalb Stunden den Worten des Dozenten lauschen und die Übungen mitmachen, um den Rest der Woche an den eingeschliffenen und üblichen Gewohnheiten festzuhalten, führt ebenfalls nicht weiter. Wirklich gute Kurse geben Impulse zu einer Selbstreflexion, und man muss schon bereit sein, neben dem Erlernen einer Technik seine Lebensführung auf den Prüfstand zu stellen. Man braucht keinesfalls alles auf den Kopf zu stellen, aber – das kommt bereits in dem Begriff „Technik“ zum Ausdruck – wenn jemand schon an Schlafstörungen leidet, wenn er nervöse Beschwerden hat, sich gehetzt und ausgelaugt zugleich fühlt, dann ist eine Entspannungs- und Erholungstechnik ein Baustein auf dem Weg zu einer Verbesserung. Aber eben nur *ein* Baustein und häufig wahrscheinlich noch nicht einmal ein großer. Die Lebensführung gehört insgesamt dann in den Blick genommen und es ist zu entscheiden, woran sonst noch „gedreht“ werden muss, damit Lebensfreude und Lebensqualität wieder in den Vordergrund treten.

Trotzdem: Entspannungs- und Erholungstechniken können einen sehr günstigen Beitrag für das Wohlbefinden und für ein Mehr an Lebensqualität bieten. Sie sind zudem als ein Baustein für eine Gesundheitsprophylaxe zu sehen, der nicht unterschätzt werden sollte. Sie können Erholung und Regeneration fördern. Entspannungsreaktionen wie z. B. eine Pulsberuhigung, ein Sinken des Blutdrucks, eine Verlangsamung der Atmung, eine Abnahme des Erregungsniveaus oder eine Verbesserung der Schlafqualität sprechen für sich.

Dabei gibt es einen ganzen „Gabentisch“ oder ein „Methodenbuffet“, aus dem ausgewählt werden kann. Manche Gabe mag man nicht, manche Speise schmeckt nicht. Es gilt also sorgfältig auszuwählen und auszuprobieren. Aus der Vielfalt der Angebote dürfte sich meistens für jeden und jede das jeweils Richtige finden. Deshalb werden nachfolgend etliche Techniken und Methoden zur Orientierung vorgestellt. Für alle gilt: Sie kosten entweder gar nichts oder sind relativ preiswert zu bekommen. Wertvolles und Gutes hat eben nicht immer seinen Preis. Wählen Sie aus:

Yoga Es gibt verschiedene Richtungen, am weitesten verbreitet dürfte Hatha-Yoga sein, in Sportstudios wird aber z. B. auch Power-Yoga angeboten. Yoga im Verständnis der westlichen Welt hat weniger etwas mit Philosophie oder

Religion zu tun, sondern wird häufig „verkürzt“ als Form der Meditation, Körper- und Atemübung verstanden, die zur Förderung von Ausgeglichenheit, Ruhe und Erholung dienen sollen. Körperübungen, für Anfänger übrigens durchaus ziemlich anstrengend, auch wenn dies bei bloßer Betrachtung nicht so erscheinen mag, gehen einher mit meditativen Elementen, aufmerksamem Atmen und dem Verharren in bestimmten Körperpositionen. Eine fachkundige Anleitung ist fast unabdingbar.

Autogenes Training Durch das (gedankliche) Vorsagen formelhafter Sätze wird über eine Selbstsuggestion eine Konzentration auf den Körper bzw. auf Körperteile erreicht (z. B. „Ich bin vollkommen ruhig“ oder „Mein linkes Bein ist ganz schwer“ oder „Mein rechter Arm ist ganz warm“). Dieses von dem Arzt Johannes Schultz entwickelte Entspannungsverfahren bedarf der Übung und am besten einer fachkundigen Anleitung. Die günstigen Effekte des Autogenen Trainings haben es wohl zu einem der bekanntesten Entspannungsverfahren gemacht. Es ist im Liegen oder im Sitzen („Kutscherhaltung“) praktizierbar. Wer gut geübt ist, kann in fast jeder Situation eine Anwendung vornehmen, ohne dass die Umgebung es unbedingt bemerkt.

Progressive Muskelentspannung (Progressive Muskelrelaxation) Diese auf den Arzt Erich Jacobson zurückgehende Tiefenmuskelentspannung zeichnet sich durch eine zunächst deutliche (aber nicht übertriebene) Anspannung von Muskelgruppen aus, die nach einigen Sekunden wieder völlig entspannt werden. Von der Stirn über Arme, Hände, Brust- und Bauchraum bis zum Unterleib und dann den Muskelgruppen der Beine bis hinunter zu den Zehen wechselt diese Anspannung und dann folgende Entspannung ab. Das Gefühl der Entspannung, wenn die Durchblutung wieder einsetzt, sollte man sehr bewusst wahrnehmen. Wenn die Methode gut eingeübt ist, kann sie fast in jeder Position und in jeder Situation ausgeführt werden.

Atementspannung Eine sehr einfache und doch schnelle Methode, wenn man sich beruhigen will. Sie kennen alle das schlechte Atmen, ganz gravierend beim Hyperventilieren, das bis zum Kreislaufkollaps und zur Bewusstlosigkeit führen kann. Dieser misslichen Ausrichtung des Atmens steht eine günstige gegenüber. Aber sachte und vorsichtig bei den ersten Übungen vorgehen: Man atmet langsam durch die Nase ein und nimmt die Luft in den Bauchraum (Bauch- statt Brustatmung), hält wenige Sekunden inne und atmet dann langsam aus, wartet wieder wenige Sekunden ab und beginnt von neuem langsam einzuatmen.

Meditation Beim Meditieren geht es um eine Form der Selbstbesinnung/Selbstkonzentration (lat. Meditation = Besinnung). Es gibt dabei ganz verschiedene Möglichkeiten. Die Angebote reichen von der Gehmeditation, in der z. B. sehr genau und sehr aufmerksam darauf geachtet wird, wie der Fuß beim Gehen aufgesetzt wird, über Bildmeditation (z. B. Versenken in ein Gemälde), Musikmeditation (z. B. Konzentration auf ein Musikstück) bis zu religiöser Meditation (z. B. Einfinden in ein Christus- oder Marienbild) bis hin zu Meditationsformen in ostasiatischen Ausprägungsformen (z. B. mit dem Ziel, „den Geist leer werden zu lassen“).

Musikentspannung Es gibt sowohl in der klassischen als auch in der Rock- und Popmusik wunderbare Melodien, deren Anhörung sich beruhigend auf die psychische Verfasstheit auswirkt. Im Liegen oder Sitzen mit geschlossenen Augen kommt nach und nach ein Gefühl der Ruhe auf, manchmal sogar ein Glücksgefühl, das noch einige Stunden nachwirken kann. Die heilende Kraft der Musik wurde längstens auch von der Medizin entdeckt und therapeutisch eingesetzt.

Chorgesang Wenn das Hören von Musik zur Entspannung beitragen kann, ist sogleich auf eine aktive Form des Musikmachens zu verweisen. Einmal abgesehen von denjenigen, die ein Musikinstrument beherrschen, darf die hervorragende Wirkung des Singens auf das Gemüt unterstrichen werden. Und es glaube bitte niemand, er oder sie könne nicht singen. Wahrscheinlich ist fast jeder Chor an der Gewinnung neuer Mitglieder interessiert. Man wird in eine Gemeinschaft aufgenommen, lernt nebenbei gutes Atmen und steckt sich mit guter Laune an. Man muss nun wirklich kein Perfektionist sein, um die faszinierende Wirkung des gemeinsamen Singens zu spüren.

Gebet Soweit ein religiöser Zugang vorhanden ist, kann ein Gebet ähnlich wie eine (Kurz-)Meditation wertgeschätzt werden und hilfreiche Wirkung entfalten. Der Wunsch, die Bitte oder der Dank an Gott, die Mutter Gottes oder eine höhere Macht kann Vertrauen geben, ein Gefühl der Geborgenheit vermitteln, das nicht nur Stressreaktionen mildert, sondern als grundsätzliches Fundament einer frohen und gelassenen Lebensführung dienen kann.

Massage Die Berührung des Körpers hat etwas ungemein Wohltuendes. Mit Händen gestreichelt zu werden oder mit Hilfsgeräten Druck und Zug auf den Körper ausüben, fördert die Durchblutung, entspannt nicht nur körperlich, sondern auch psychisch. Es gibt zahlreiche Massageformen: Von der Fußreflexzonenmassage über Hot-Stones-Massagen bis zur Kopfmassage erstreckt sich ein vielfältiges Repertoire.

Tai-Chi Bei dieser auch als „chinesisches Schattenboxen" bekannten Methode werden langsame und fließende Bewegungen ausgeführt. Es werden gewissermaßen „Figuren nachgezeichnet", dabei konzentriert man sich auf sein Gleichgewicht und achtet auf die Atmung. Am besten lernt man es bei einem Lehrmeister/einer Lehrmeisterin. Wer sich gern körperlich betätigt ohne sich verausgaben zu wollen, findet bei dieser ursprünglich aus einer Kampfsportart abgeleiteten Methode seinen Platz.

Qigong Auch beim Qigong geht es um langsame und fließende Bewegungen, die mit bestimmten Figuren/Bildern einhergehen (z. B. „Verschiebe den Berg"). Atemtechnik spielt hierbei eine wichtige Rolle. Die Figuren kann man unter qualifizierter Anleitung leicht lernen und stellen überhaupt keine Anforderungen wie bestimmte Kleidung oder Geräte.

Bei den nun noch ins Spiel zu bringenden Entspannungs- und Erholungstechniken wird mancher den Kopf schütteln, schmunzeln oder auch fragen, was das denn soll. Es sind *Vorschläge*, die nicht unbedingt wissenschaftlich geprüft wurden. Sie sind von Betroffenen intuitiv praktiziert worden, womit die Entdeckung verbunden war, dass eine solcherart gewählte Methode gut tut und zur Hebung der Lebensfreude und zur Steigerung der Lebensqualität beitragen kann. Oder dass sie eben zur Beruhigung genutzt werden, zumindest für etwas mehr Ausgeglichenheit sorgen können, was anhand einer Situation, die die meisten von uns schon einmal erlebt haben dürften, beschrieben werden soll. Möglicherweise könnte von unorthodoxen Techniken und Methoden gesprochen werden. Wichtig erscheint mir, dass nicht reflexartig etwas zurückgewiesen wird, nur weil es sich eigenartig anhört oder einem zunächst komisch vorkommt. Auch bei diesen trivialen oder unorthodoxen Techniken gilt es zu probieren und sorgfältig zu prüfen, ob es eventuell doch hilfreich sein könnte.

Gehen wir also von der Situation aus, Sie liegen mit belastenden Gedanken bereits im Bett. Und es ist einfach unmöglich, sie zu vertreiben. Wahrscheinlich haben Sie sich im Tagesablauf geärgert oder ein Problem ist aufgetreten, es hat Streit gegeben oder Sie wurden kritisiert. Sie sind zornig, wütend, verletzt oder einfach niedergeschlagen. Sie wälzen sich von einer Bettseite zur anderen. Die Gedanken kreisen. Es kommen sogar Rachegelüste ins Spiel oder einfach Ängste, weil Sie nicht wissen, wie eine Lösung aussehen oder wie es weitergehen soll. Empfehlung: Bleiben Sie *nicht* liegen! Sie plagen sich nur unnötig und solange, bis Sie in einen eher unruhigen (Halb-)Schlaf fallen, aus dem Sie wahrscheinlich zu früh wieder aufwachen, und sofort drehen sich Ihre Gedanken wieder um dasselbe Thema. Ein gesunder Schlaf ist das dann auch nicht gewesen. Bevor Sie sich über das Nichteinschlafen-Können noch zusätzlich ärgern und aufregen (was alles nur noch schlimmer macht) – stehen Sie auf! Und dann greifen Sie zu dem ein oder anderen nachfolgend aufgeführten Repertoire. Die halbe Stunde, die Sie jetzt investieren, ist für ihre Gefühle und für ihre Gesundheit eine lohnende Investition. Denken Sie daran, dass – sollten Sie liegen bleiben – diese halbe oder gar ganze Stunde genauso ohne Schlaf vorbeigeht, als wenn Sie einfach aufstehen und nun aber etwas Sinnvolles tun, um konstruktiv mit Ihrem Stress umzugehen. Das ist der Punkt: Sie haben nämlich Stress, physiologisch betrachtet produziert Ihr Körper Stresshormone und diese verhindern das Einschlafen und Durchschlafen-Können. Wie muss man sich das vorstellen?

Wenn das Gehirn eine Bedrohungslage meldet, werden die Alarmsysteme aktiviert, d.h. der Körper produziert dann automatisch Stresshormone. Das sympathische System schüttet über die Sympathikus-Nebennierenmark-Achse Adrenalin und Noradrenlin aus. Kommt die Stresssituation nicht rasch zu einem Ende, d.h. tritt keine Beruhigung ein, schaltet sich die Hypothalamus-Hypophysen-Nebennierenrinden-Achse dazu, wodurch Steroidhormone, insbesondere Cortisol, ausgeschüttet werden. Cortisol wirkt als eine Art „Turbo“ für den gesamten Stoffwechsel des Körpers. Im Hirnstamm befindet sich ein weiteres Alarmsystem. Der sogenannte Locus coerleus aktiviert bei bedrohlichen äußeren Situationen, bei Angst und zwischenmenschlichem Stress verschiedene Gene, die gleichfalls zur Noradrenalin-Ausschüttung beitragen. Im Hirnstamm selbst wird außerdem der Botenstoff Acetylcholin ausgeschüttet. Acetylcholin führt zu erhöhter inneren Unruhe, es kann Störungen des Magen-Darm-Traktes hervorrufen und (vor allem!) Schlafstörungen verursachen. Wenn man nun liegen bleibt und die Gedanken kreisen immer weiter um Problemlagen, muss man sich nicht wundern, wenn sich der Schlaf nicht einstellen will. Der Körper befindet sich im Alarmzustand, gewissermaßen ist höchste Alarmbereitschaft ausgerufen, aber es erfolgt keine Reaktion, um die an und für sich biologisch sinnvollen Stresshormone wieder abzubauen. Deshalb nochmal die Empfehlung: Bleiben Sie nicht liegen. Selbst wenn Sie in ein paar Stunden aufstehen müssen und einen anstrengenden Tag vor sich haben.

Versuchen Sie aufzustehen. Das ist einfach gesagt, aber nicht einfach getan. Obwohl man nun wirklich nicht einschlafen kann, fällt es vielen Menschen schwer, konsequent zu sein und aufzustehen. Wenn Sie sich diesen „Ruck“ aber geben, dann gibt es auch zu später Stunde die verschiedensten Möglichkeiten, mit der Situation besser fertig zu werden und konstruktiv zu handeln. Die nachfolgend aufgeführten unorthodoxen Methoden können selbstverständlich in etlichen anderen Stresssituationen genutzt werden. Die hier beschriebenen Einschlafprobleme stehen als ein Beispiel unter anderen:

- Falls Sie Tierfreund sind und einen Hund, eine Katze, einen Wellensittich, einen Hamster etc. Ihr eigen nennen: Spielen und sprechen Sie mit Ihrem Tier. Der Umgang mit einem Tier hat nachgewiesenermaßen eine beruhigende Wirkung. Gerade auch das Streicheln wirkt sich günstig aufs Gemüt aus. Und falls Sie einen Hund haben, wird durchaus ein nächtlicher Spaziergang empfohlen. Allein die Bewegung tut gut und ist im Vergleich zum „Im-Bett-liegen-bleiben" eine weitaus sinnvollere Alternative.
- Falls Sie Pflanzenliebhaberin sind: Kümmern Sie sich ruhig einmal um Mitternacht um Ihre Gewächse. Gießen, düngen, welke Blätter entfernen, Blätter absprühen bis hin zum Umtopfen können Beschäftigungen sein, die die unguten Gedanken vertreiben und zu einem Stückchen mehr innerem Gleichgewicht verhelfen.
- Holen Sie sich Papier und Bleistift. Notieren Sie Ihre Gedanken. Schreiben Sie einfach alles auf, was Ihnen durch den Kopf geht und Sie belastet. Manche werden über die Wirkung sehr erstaunt sein. Sie werden sich wundern, wie viel Sie zu Papier bringen. Und was man schwarz auf weiß sieht, verliert bereits ein Stück weit von seinem negativen Einfluss.
- Führen Sie Tagebuch und schreiben Sie, bevor Sie das Licht auslöschen, auf, was Sie den Tag über erlebt haben und welche Gedanken Ihnen wegen des kommenden Tages durch den Kopf gehen. Diese Art von Schreibarbeit hat eine entlastende Funktion!
- Fangen Sie an zu basteln oder arbeiten Sie an einem Puzzle: Sie müssen nur rechtzeitig dafür sorgen, dass die notwendigen Materialien vorhanden sind. Ihre Gedanken werden deutlich abgelenkt, wenn Sie z. B. aus Papier Figuren falten oder einen Schiffsbausatz zusammenfügen. Auf diesem Gebiet gibt es vielfältigste Möglichkeiten.

- Zu diesen Möglichkeiten gehört insbesondere – und deshalb sei es extra erwähnt – das Malen und Zeichnen: Ein Zeichenblock, ein Bleistift und vielleicht noch ein paar Farbstifte – und schon können Sie sich in eine andere Erlebniswelt hineindenken. Gerade auch Malen hat – wie man weiß – eine günstige Wirkung auf die Gemütsverfassung.
- Wer einen Partner/eine Partnerin hat: Lassen Sie sich streicheln oder auch massieren. Dieser unmittelbare Kontakt ruft bei den allermeisten Menschen eine ungemein beruhigende Wirkung hervor.
- Und dann darf Bewegung und Sport nicht unerwähnt bleiben. Das mag sich nun richtig schlimm anhören. Bewegung und Sport um Mitternacht!? Wollen wir es einmal nicht übertreiben. Aber: Falls Sie sich zu ein wenig Gymnastik im Wohnzimmer durchringen können (Liegestützen, Armkreisen, Kniebeugen, Dehnungsübungen stören weder den Nachbarn noch benötigen Sie eine Ausrüstung oder Geräte), geraten Sie durchaus ins Schwitzen. Damit bauen Sie die Stresshormone ab, die Ihnen so zu schaffen machen. Man kann sich somit die Sorgen förmlich vom Leib trainieren. Natürlich dürfte dann noch eine Dusche fällig sein und danach werden Sie nicht sofort einschlafen. Aber Ihr Körper (und Ihre Seele) wird sein (ihr) Recht verlangen und die Chance auf ein Ein- und Durchschlafen ist auf jeden Fall gegeben.
- Wem das als allzu große Herausforderung erscheint: warum nicht ein warmes Bad nehmen? Auch dabei gibt es eine ganze Gestaltungsbreite. Es gibt vielfältige Duftessenzen, die Sie dem Badewasser beimischen können. Deren ätherische Wirkung ist nicht zu unterschätzen. Lassen Sie daneben noch ein wenig Musik laufen und gehen Sie dann nach dem Trockenreiben gleich ins Bett.

Im Übrigen können Sie das oben dargestellte Repertoire selbstverständlich auch dann bereits zur Anwendung kommen lassen, wenn es gerade eben einmal zwanzig Uhr ist. Warum nicht noch ein wenig basteln? Warum nicht ein einstündiger Spaziergang oder ein Bummel durch die Ladenpassage? Oder wer die Natur schätzt: Warum nicht im Stadtpark am Teich verweilen und den Tieren zusehen, wie sie sich auf die Nacht einrichten? Oder einfach auf einer Parkbank den Sonnenuntergang beobachten? Eine halbe Stunde lang das Hereinbrechen der Dämmerung und das Verschwinden der Sonne intensiv miterleben! Manchen Menschen sind diese beeindruckenden Momente unseres Lebens völlig entfallen. Und wenn die Witterung einmal nicht ganz so günstig ist: Weshalb nicht einmal bei Regen spazieren gehen oder an einem verschneiten Abend ganz bewusst auf diese Naturvorgänge achten? Sie müssen sich nur für solche Tage ordentlich anziehen. Und schon bietet ihnen die Natur ein Geschenk, egal ob Sie nun in der Stadt oder auf dem Land leben. Und sollte es gar nicht anders gehen, dann beobachten Sie doch den Sonnenuntergang oder den Regen oder das Schneien von Ihrem Fenster aus. Aber nicht nur gerade einmal so nebenbei. Sondern intensiv und mit großer Wertschätzung für das, was sich in der Natur abspielt.

Zum Schluss ein Witzchen, ein Aphorismus oder sonst ein kluger Spruch

Zwei Mütter unterhalten sich über ihre erwachsenen Söhne, die nicht besonders arbeitsam sind und bislang ein eher bequemes Leben führen. Die eine sagt zur anderen mit freudiger und erleichterter Miene: „Endlich, mein Sohn hat angefangen zu meditieren. Ich weiß zwar nicht, was das ist. Aber es ist auf jeden Fall besser als wenn er rumsitzt und gar nichts tut."

Zufriedenheit oder: Sie steht im Schatten des großen Glücks und benötigt doch auch produktive Unruhe als Gegenpol

Die Geschichte

Kennen Sie die Geschichte von der Eichel und den Redwoodbäumen? Reedwoodbäume sind die in den Vereinigten Staaten anzutreffenden Riesenbäume, teilweise hunderte Jahre alt, neben denen sich der Mensch ungemein klein vorkommt. Es geht nun aber gar nicht um den Menschen, sondern um eine Eichel, die gerade von ihrem Baum gefallen und auf der Suche nach einem schönen Platz war, wo sie Wurzeln schlagen und zu einer schönen Eiche heranwachsen könnte. Da begegnete sie einem Redwoodbaum, der ungeheuer hoch gewachsen war und einen massiven, dicken Stamm besaß. Die Eichel war fasziniert von der Erscheinung und beschloss, auch ein Redwoodbaum zu werden. Sie ging zu einem Trainer, um zu lernen wie ein Rewoodbaum zu werden. Der Trainer freute sich über den neuen Kunden und machte mit der Eichel alle möglichen Übungen. Er gab der Eichel Bücher zu lesen, sie schauten sich Videos an, deren Titel hießen: „Das positive Denken von Redwoodbäumen“ oder „Berühmte Redwoodbäume und ihre Geschichte“ oder „Das Glück, ein Redwoodbaum zu sein“ usw. Der Trainer empfahl der Eichel zudem den Umgang mit Redwoodbäumen. So kam es, dass die Eichel in der Nähe dieser Bäume einen Platz fand, um ihre Wurzeln in den Boden zu senken.

Was ist wohl aus der Eichel geworden? Ein Redwoodbaum vielleicht? – Natürlich nicht. Es wurde eine Eiche aus ihr. Eine schöne, starke Eiche – aber eine unzufriedene, unsichere und unglückliche Eiche voller Minderwertigkeitskomplexe. Denn sie vergleicht sich noch heute mit einem Redwoodbaum.

Auch Hans Christian Andersen hat uns ein Märchen hinterlassen, das es wert ist, erzählt zu werden. Es ist das Märchen vom Tannenbaum. Zunächst geht es um einen kleinen, noch wachsenden Tannenbaum, der jedes Jahr neidisch auf die anderen Tannenbäume schaute, die abgeholt wurden, um als Weihnachtsbaum in den Wohnzimmern der Menschen schön geschmückt zu strahlen. Jahr für Jahr verging und unser kleiner Tannenbaum wurde einfach zur Winterzeit nicht abgeholt. Er haderte mit sich und seinem Schicksal, wäre er doch allzu gerne endlich ein Weihnachtsbaum geworden. Er zerbrach sich den Kopf, ärgerte und beklagte sich. Bis zu dem Tag, als er endlich an die Reihe kam. Voller Freude ließ er sich mitnehmen. Ganz glücklich war ihm bei dem Gedanken zumute, nun auch zu einem schön geschmückten Weihnachtsbaum zu werden. Aber ach! Keine zwei Wochen später fand er sich, die Nadeln verlierend, abgestellt in einer Ecke auf dem Speicher. Dort befand er sich in der Gesellschaft von Mäusen, die ihn fragten, woher er denn käme und was für ein Leben er geführt habe. Der Tannenbaum berichtete von den Jahren im Wald und fand dabei so viel Schönes, was ihm in den Jahren des Wachsens widerfahren war. „Was musst du dort für ein glückliches Leben gehabt haben“, stellten die Mäuse nicht nur einmal fest. Der Tannenbaum wurde darüber ganz traurig. Bald darauf wurde er abgeholt. Er wurde zersägt und zerhackt, dazu war schließlich sein Holz zu gebrauchen. So sah er bestürzt sein Ende auf sich zukommen.

Noch bevor das geschieht, endet das zeitlose Märchen des dänischen Dichters mit der Erkenntnis des zu Brennholz verarbeiteten Baumes: „Vorbei! Vorbei! Hätte ich mich doch gefreut, als ich es noch konnte.“

Das unselige Vergleichen der Eiche, die selbst doch so kräftig, stark und schön ist, mit den nie einzuholenden Redwoodbäumen, zeigt bereits das Elend. Das unzufriedene Blicken des Tannenbaums auf das Ziel, endlich ein Weihnachtsbaum zu werden, erweist sich überdeutlich als das Nachjagen nach Dingen und Umständen, die nicht erreichbar oder vielleicht nur eingebildet sind. In Wirklichkeit stehen beide Beispiele für eine riesengroße Ernüchterung oder gar für eine massive Enttäuschung. Beide Geschichten handeln von Irrtümern. Wenn diese zu spät erkannt werden – traurig und schade zugleich, nicht wahr? Was wurde nicht alles versäumt, könnte in beiden Fällen gefragt werden. Die Eiche und der Tannenbaum hätten sicherlich Zeiten der Zufriedenheit haben können, ab und an wahrscheinlich sogar Zeiten des Glücks. So aber waren es Zeiten des Haderns, des Meckerns, der Unzufriedenheit und des Unglücklich-Seins. Falls Sie sich in diesen Geschichten wiederfinden sollten: Wäre es nicht an der Zeit, die Irrtümer zu erkennen und dann vielleicht doch andere Einstellungen und Haltungen zu gewinnen und damit neue Wege zu gehen, die – wenn nicht schon glücklich – dann doch zufrieden machen können?

Gehen wir möglichen Antworten auf diese Frage nach. Beginnen möchte ich mit einem passenden Zeitungsartikel, der mir in die Hände fiel. In der Wochenzeitung „Die Zeit" vom 24. Juni 2014 verkündete auf der ersten Seite eine fettgedruckte Schlagzeile zur deutschen Befindlichkeit: „Es geht uns gut". Die Menschen seien so zufrieden wie nie. Unter Bezugnahme auf neueste Studien verweist der Journalist auf das wirklich Überraschende: auf ein geradezu festzustellendes Übermaß an Zufriedenheit. Er kann lediglich auf die Einheitseuphorie im Jahr 1990 und den Internethype des Jahres 2000 verweisen, die derartig hohe Zufriedenheitswerte erbracht haben sollen. Sonst sprühte man offenbar nicht unbedingt vor Lebensfreude und Lebensheiterkeit. Alles in allem: Im Jahr 2014 scheinen die verlässlichen, angestrengt arbeitenden, pünktlichen und gründlichen Teutonen in Umständen angekommen zu sein, die Gewähr für ein hohes Maß an Zufriedenheit bieten. Diese Umstände werden aufgeklärt; der Leser erfährt von einer hohen Beschäftigungszahl, die wiederum auf den niedrigen Zinsen und einem Exportboom basiert. Letztlich sei für all das der Euro verantwortlich – und spätestens jetzt ist zu bemerken, das Thema Zufriedenheit wird unter einer volkswirtschaftlichen Kategorie bearbeitet, auch wenn außer der Arbeit noch andere Einflussfaktoren für dieselbe benannt werden: Alter, Gesundheit, Wohnen, Religion und sogar ein wenig Irrationalität, die sich unter dem deutschen Völkchen anscheinend breit gemacht hat. Zudem taucht im Text anstelle von Zufriedenheit auch schon einmal der Begriff Glück oder Glücksgefühl auf. Gegen Ende des Artikels wird auf das in der Verfassung der Vereinigten Staaten von Amerika vermerkte „pursuit of happiness" verwiesen mit dem Hinweis, mit diesem Streben nach Glück könne man hierzulande wenig anfangen, denn „Nach Glück wollen die Deutschen nicht streben, das soll bitte der Staat liefern."

Bei dieser Interpretation wäre ich – vorsichtig ausgedrückt – zurückhaltend, was jedoch noch zu begründen sein wird. An dieser Stelle geht es einerseits darum festzuhalten, dass die Glücksforschung, die womöglich besser als Zufriedenheitsforschung zu bezeichnen wäre, auch von den Ökonomen in Beschlag genommen wird und man es somit keineswegs nur mit einem Themenfeld zu tun hat, für das sich Philosophie, Theologie und Neurobiologie interessiert. Es sind vor allem Ökonomen, die zeigen können, wie sich Zufriedenheit im historischen Zeitablauf ändern und verschieben kann und dass wir es dabei mit einem Phänomen zu tun haben, das von den Menschen in verschiedenen Kulturen und Ländern zum Teil ziemlich anders bewertet wird. Denken Sie nur an die trostlose Nachkriegszeit des Jahres 1945 in Deutschland oder an den buddhistischen Mönch der Gegenwart, der angesichts dessen, was der Europäer zu seiner Zufriedenheit benötigt, nur den Kopf schütteln und sich wundern würde. Andererseits – und das ist vielfach und in der Regel anzutreffen – ist beim Thema Zufriedenheit das Thema Glück nicht weit, im Gegenteil, beide Themen sind offensichtlich irgendwie zusammenhängend und haben miteinander zu tun. Für uns ist aber wichtig, dass die Unterscheidung in „Glück“ und „Zufriedenheit“ keineswegs nur eine akademische Spitzfindigkeit ausmacht, sondern dass es in der Realität in der Tat zwei verschiedene Dimensionen sind.

Dass Glück etwas Flüchtiges ist, muss nicht besonders betont werden. Dauerhaftes Glück dürfte für einen Menschen die Ausnahme sein. Es gibt schließlich kein einfaches Rezept für ein glückliches Leben. Jedoch: Alle wollen glücklich sein. Und manche von uns Zeitgenossen laufen deshalb vielleicht gar einem „falschen Glück“ hinterher. Es kommt nach meiner Erfahrung nicht sehr häufig vor, dass jemand sagt: „Hauptsache, ich bin zufrieden“. In der Tat ist Zufriedenheit wohl weniger als Glück. Dabei klingt sie tendenziell eher nach Bescheidenheit, eventuell sogar nach Resignation. Doch so sehr Zufriedenheit recht unspektakulär klingt, ist sie wahrscheinlich ein Schlüssel für ein gelingendes Leben. Vor allem kann Zufriedenheit von Dauer sein. Es ist dann ein stabiles gutes Gefühl, das auf einer positiven Grundstimmung basiert und eine lebensbejahende Grundhaltung mit sich bringt. Die entscheidenden Fragen sind: Was macht Zufriedenheit aus? Und wenn darüber Klarheit besteht: Können wir sie erreichen? Oder: Haben wir es überhaupt in der Hand, zufrieden sein zu können? Diese Fragen lohnen ein genaueres Nachgehen.

Es gibt bestimmte Eigenschaften, wie innere Ruhe oder soziale Aufgeschlossenheit, die sich günstig auf die Zufriedenheit auswirken. Doch gibt es Handlungs- und Entscheidungsspielräume, die ein Mensch nutzen kann, mit denen Zufriedenheit zumindest ein Stück weit erreicht wird. Zum einen beeinflussen wir durch Lebensentscheidungen, ob sich ein Gefühl der Zufriedenheit einstellt. Zum anderen können wir an unserer Selbstentwicklung arbeiten und besitzen darüber einen Schlüssel für ein zufriedenes Leben. Konkretisiert bedeutet das, das Verhältnis zweier Größen abzuwägen: Zufriedenheit ist das Ergebnis eines Vergleichs. Dabei gilt es nach zwei Ausprägungen zu unterscheiden, die aber natürlich auch Berührungspunkte haben. Der Mensch vergleicht sich einerseits – wie schon erwähnt – gerne „nach oben". Ich schaue also, was hat der Nachbar für ein Auto, wie viel verdient mein ehemaliger Schulkamerad oder wie wohnt eigentlich mein Cousin. Das kann durchaus ungut ausgehen. Bei diesem Vergleich finde ich häufig jemanden, der es besser erwischt hat, der mehr erreicht hat oder der mir ganz allgemein einfach voraus ist. Allzu rasch kommen dabei Neid und Eifersucht ins Spiel. Wie soll da Zufriedenheit erreicht werden?

Viel seltener ist der ebenfalls bereits bemerkte Vergleich „nach unten". Vergleichen Sie sich einmal mit einem Arbeitslosen oder mit jemandem, der ab jeder zweiten Monatshälfte jeden Euro doppelt und dreifach umdrehen muss, weil der Lohn hinten und vorne nicht reicht. Dabei müsste man bemerken, wie gut es eigentlich um einen steht oder wie sehr das zu schätzen ist, was man hat. Auch wenn sich das sehr simpel anhören mag: Wer gesund ist und über Kraft und Energie verfügt, um sein Leben zu gestalten, der besitzt eventuell einen für das Erreichen der Zufriedenheit überhöht angelegten Maßstab, wenn er sich nicht an dem, was er erreicht hat und was er sein eigen nennt, einfach ein wenig freuen kann. Damit sind wir beim Kernthema des

Verhältnisses zweier Größen: Bei der Zufriedenheit geht es um den Grad der Erfüllung von Ansprüchen und dem Anspruchsniveau, das für den Menschen Gültigkeit besitzt. Faktische Situation und Idealvorstellung werden verglichen. Wenn der Soll-Zustand eine Kluft zum Ist-Zustand aufweist, ist der Weg in eine Unzufriedenheit nicht mehr weit. Nun ist die Frage, wie kann diese mögliche Kluft, wie kann der Abstand zwischen Soll- und Ist-Wert zumindest verringert, wenn nicht gar geschlossen werden. Zwei Wege zu mehr Zufriedenheit stehen uns zur Verfügung: Der eine Weg ist die Verwirklichung unserer Träume und Wünsche. Das ist nun wieder sehr einfach gesagt, da einem hierbei in der Wirklichkeit erhebliche Widerstände oder Hürden entgegenstehen können. Der Punkt ist, *was* man als Ziel formuliert. Ziele stiften Sinn und können ungemein motivieren. Aber Ziele müssen prinzipiell erreichbar sein, sonst verzweifelt man allzu leicht daran. Es ist achtzugegeben, dass hier nicht überzogen wird. Die Zielvorstellung und das damit verbundene Anspruchsniveau sollten angemessen sein, d. h. durchaus herausfordernd, aber letztlich doch mit der Chance verbunden, das Ziel erreichen zu können. Sonst strampelt man sich ab, scheitert ein ums andere Mal, Unmut, Ärger, Frust gehen unweigerlich damit einher und leider zerstört das andauernde Verfehlen unserer eigenen Ansprüche schließlich auch noch unseren Selbstwert.

Daraus ergibt sich ein möglicher zweiter Weg, der defensiv ansetzt, aber sehr zur Beruhigung beitragen kann. Es geht um ein Bescheiden der Lebensträume und um ein Zurücknehmen von Ansprüchen. Das fällt Menschen schwer. Es ist ein Abschiednehmen von Vorstellungen, die häufig viel Platz im Denken eingenommen haben. Vorstellungen, die sich gut angefühlt und von deren Verwirklichung man sich weiß Gott was erhofft hat. Sich von einem ersehnten Ziel zu verabschieden, ist alles andere als einfach. Es tut einfach weh. Die Chance dieser Anpassung an Lebensumstände sollte allerdings nicht gering geschätzt werden. Je geringer die Kluft zwischen realer Situation und Idealvorstellung, desto zufriedener ist der Mensch. Es lohnt sich, darüber nachzudenken, und es lohnt sich, Ziele und Anspruchsniveau an die Situation anzupassen. Diese Anpassung sollte nicht gleich beim ersten Gegenwind, bei den ersten Schwierigkeiten vorgenommen werden. Allzu schnell aufzugeben und anzupassen ist bestimmt erstens in keiner Weise erfüllend und zweitens kann ein gefährlicher Stachel bleiben, der immerzu mahnt, dass da etwas versäumt wurde.

Die Frage lautet: Woran erkennt man, ob Ziele aufgegeben oder das Anspruchsniveau angepasst werden sollten? – Die Antwort: Wenn mehrere der nachfolgenden Bedingungen gegeben sind:

- Mehrfach wurde ein Ziel verfehlt und das trotz großer Anstrengung.
- Die Kosten, ein Ziel zu erreichen, nehmen zu. Das können finanzielle Kosten sein, aber auch Zeitverbrauch, psychischer und physischer Aufwand.
- Es ist keine Kompensation der Kosten in Sicht (nicht finanziell und/oder nicht durch soziale Anerkennung).

Bedauerlicherweise ist es schwer, Ziele aufzugeben, die man mit Engagement angestrebt hat. Die Gründe sind psychischer Natur: „Nun habe ich schon dermaßen viel in die Sache investiert, da darf ich kurz vor dem Ziel nicht aufgeben." So spricht man zu sich selbst. Oder man geniert sich, wenn bereits öffentlich gemacht wurde, welches Ziel man sich vorgenommen hat. Es müsste ja zugegeben werden, dass die ganze Sache nun nichts wird. Die mögliche Schadenfreude der Zeitgenossen möchte man einfach nicht erleben. Sicher ist: Wer trotz der angeführten Bedingungen nicht „loslässt", wird einen Kampf führen. Vielleicht gilt das Motto „Wo ein Wille ist, ist auch ein Weg", doch der

Wille ist eben nicht alles. Manchmal ist es ratsam, gelassener mit sich selbst und den eigenen Ansprüchen umzugehen. Beharrlichkeit und Anstrengung sind mit Sicherheit wichtige Eigenschaften beim Verfolgen von Zielen. Leider sind wir dabei eher selten unabhängig. Oft genug sind es andere Personen oder Umstände, die uns hindern oder unsere Ziele verhindern. Insofern muss man „die Schuld“ am Nichterreichen eines Ziels bestimmt nicht immer bei sich selbst suchen. Sie selbst und die von Ihnen zu beachtenden Umstände sind individuell. Entwickeln Sie Maßstäbe, die diesem Individuellen und Subjektiven Rechnung tragen. Wer nicht gelassener werden kann, wird kämpfen und wahrscheinlich verbissen an einer Zielerreichung festhalten. Das wird physische und psychische Ressourcen aufzehren.

Vorsicht ist denjenigen anzuraten, die einen unklugen Zusammenhang zwischen Wirksamkeit und Verausgabung konstruieren. Gemeint ist damit die Vorstellung, ich muss mich nur ordentlich engagieren, weit mehr Stunden arbeiten und noch mehr Kraft und Energie investieren, dann wird sich das erhoffte Ergebnis schon einstellen. Ich gebe einfach nicht auf, obwohl manches bereits misslungen ist oder gar nicht in der erhofften Weise vorangeht. Die Gefahr einer depressiven Störung zeichnet sich in solchen Fällen immerhin ab. Inwiefern ist Gelassenheit eine überaus wichtige Hilfe? Sie ist nicht mit Resignation oder Gleichgültigkeit zu verwechseln. Im Begriff „Gelassenheit“ steckt das Verb „lassen“ und damit sind wir bereits bei einem Problem für viele Menschen angelangt: Dinge, Menschen oder Umstände einfach so zu lassen, wie sie sind. Die meisten möchte lieber Macher sein, wollen verändern, erziehen, bewegen, gestalten. Wer einfach Ruhe gibt und akzeptiert, was ist, steht weniger hoch im Kurs als „der Macher“. Vom Verb „lassen“ ist es nicht mehr weit zum „Loslassen“. Loslassen kann in unserem Zusammenhang bedeuten, einen

Kampf einzustellen, der nicht oder nicht mehr zu gewinnen ist – etwa um eine Beförderung, um den ersten Platz bei einem Wettbewerb, um Anerkennung oder um die Liebe eines Menschen.

Gelassenheit ist nicht einfach in uns angelegt. Aber sie kann gelernt werden. Der Hitzkopf kann sich mäßigen, der Ungeduldige sich zügeln und der Frustrierte sich aufmuntern. Bei den Philosophen findet man die notwendige Hilfestellung. Es bieten sich vor allem die Stoiker an, deren Ziel Gelassenheit als Lebensform gewesen ist. Wahrscheinlich kennen Sie die Rede von der „stoischen Ruhe", die jemand ausstrahlt. Das Griechische kennt zwei Wörter für Gelassenheit: „apatheia" und „ataraxia". Für Stoiker bedeutete das Wort „apatheia" „ohne Leidenschaften sein" oder „frei von Begierden und Affekten". Derjenige beherrschte die Lebenskunst, der sich nicht abhängig macht von seinen emotionalen Zuständen und körperlichen Bedürfnissen. In der Gegenwart wird „apatheia" mit Apathie verwechselt. Apathie bedeutet einfach Teilnahmslosigkeit. Ein apathischer Mensch ist nicht gelassen, sondern in sich zurückgenommen und ohne Interesse an irgendetwas. „Ataraxia" bezieht sich auf einen Gemütszustand, nämlich den der Seelenruhe. Diese Seelenruhe kann erreicht werden mit maßvoller Bedürfnisbefriedigung und einer Ausrichtung auf die Unterstützung anderer Menschen. Das Gefühl, Gutes zu tun, strahlt in einem und wirkt in hohem Maße befriedigend. „Nichts zu sehr wollen" ist ebenso eine stoische Maxime. Das ist ein Schutzschild, um Verbissenheit und ein verkrampftes Streben in die Schranken zu weisen. Jeder Mensch sollte für sich herausfinden, was getan werden kann und notwendig ist, damit Körper und Seele auf ihre Kosten kommen. Dabei ist ein Zuviel genauso schädlich wie ein Zuwenig. Das richtige Maß, gewissermaßen die Mitte zu finden, ist die eigentliche Leistung, die zur Gelassenheit führt.

Zufriedene Menschen haben möglicherweise das wahre Glück gefunden: nämlich die gerade erwähnte Seelenruhe oder eben ihren Seelenfrieden. Bevor es nun aber zu einseitig werden sollte, sei eine andere Blickrichtung unbedingt aufgezeigt. Zum einen dürfte der ganz und gar zufriedene Mensch eher selten anzutreffen sein. Wusste doch bereits Wilhelm Busch, dass ein Wunsch, der erst einmal erfüllt wird, automatisch Junge gebiert. Das verweist auf die zutiefst menschliche Dimension, trotz des Strebens nach Zufriedenheit eine Kluft zwischen Wünschen und Wirklichkeit zu empfinden, die reizt und antreibt. Unser gesamtes Wirtschaftssystem profitiert davon und nutzt diese Umstände nicht selten radikal aus. Werbung ist schließlich auch dazu da, Unzufriedenheit zu nutzen, Bedürfnisse, die zunächst gar nicht gegeben sind, zu wecken und den Menschen weis zu machen, was sie unbedingt noch benötigen, um zufrieden und glücklich sein zu können. Das kann man beklagen und die Konsumgesellschaft, die durchaus jedes Maß verlieren kann, mit Recht kritisieren. Ein weises Sprichwort aus Friaul meint denn auch: „Das Haus der Zufriedenen ist noch nicht gebaut."

Dabei darf nicht verkannt werden: Unzufriedenheit schiebt Veränderungen an. Das ist nicht unbedeutend oder gering zu schätzen. Wir Menschen benötigen wohl beides: Zufriedenheit und eine produktive Unruhe, die zwar in manchen Zeiten Ruhe geben sollte. Denn Zufriedenheit als vorübergehende Selbstbescheidung kann sicherlich bedeuten, dass man sich auf einem Plateau erholt und Kraft sammelt. Das ist für die Stabilität und das psychische Gleichgewicht ziemlich bedeutend. Doch kann das zur trügerischen Idylle werden und dann gewissermaßen kippen. Zufriedenheit wird dann zu einem Schaukelstuhl, der einschläfert. Wenn der Zufriedene selbstzufrieden wird, steht er auf der Stelle und lebt vielleicht plötzlich im Gestern und wird überholt. Die Gefahr, die sich aus einem Übermaß an Zufriedenheit ergibt, liegt auf der Hand: Von einer Selbstgerechtigkeit über Langeweile bis zum Verlust jeden Ansporns reicht das Spektrum, das eine Weiterentwicklung des Einzelnen verhindert. Hingegen bleibt derjenige wach und motiviert, der mit seiner Leistung nicht vollkommen zufrieden ist. Damit einher geht Lernfähigkeit und die Bereitschaft, sich weiter zu entwickeln. Unzufriedenheit treibt an. Wenn sie als feiner Stachel vorhanden ist, sorgt sie für Bewegung, die produktiv im Privaten und Beruflichen wirken kann. Das rechte Maß dürfte auch in dieser Hinsicht das Ausschlaggebende sein. Doch wir müssen anerkennen, dass nicht nur der persönliche Fortschritt, sondern auch der Fortschritt in Wirtschaft und Gesellschaft der Unzufriedenheit einzelner Menschen oder ganzer Bevölkerungsgruppen zu verdanken ist. Dieses antreibende Element bedarf allerdings einer Zähmung. Es dürfte in vielen Fällen eine Gratwanderung sein. Immerwährende Unzufriedenheit, das „Sich-nicht-abfinden-können" mit gegebenen Umständen, eventuell sogar einhergehend mit einer (Selbst-)Überschätzung oder Hybris, kann ein ganzes Leben zermürben. In diesen Fällen ist es nicht der angesprochene feine Stachel, sondern die zerstörerische Speerspitze, die keine Freude und keine Fröhlichkeit mehr aufkommen lässt, weil das Leben nur unzufrieden gelebt werden kann. Dann besteht die Gefahr von Enttäuschungen, Verärgerungen und womöglich Depression.

Wir müssen auf uns selbst aufpassen. Da wir im Zeitalter der Gier leben, ist für manche genug niemals genug. Wer sich anstecken lässt, erlebt dann eine Kränkung nach der anderen. Unzufriedenheit ist dann der Motor, der ständig hochtourig läuft und uns mit Sicherheit kaputt macht. Der Selbstwert, den man dann nie zufriedenstellen kann, macht sich fest an mess- und vorzeigbaren Dingen. Mit dieser unseligen Entwicklung spielt dann eine Werbung, die den einen aufzählen lässt „Mein Auto, mein Haus, mein Pferd", nur um unversehens in Rückstand zu geraten, weil sein Gegenüber mit süffisantem Lächeln seine Karten auf den Tisch legt und ebenfalls „Mein Auto, mein Haus, mein Pferd“ vorstellt, nur noch größer, noch schöner, noch stärker, noch pompöser und in einer Paarung von Geilheit und Größenwahn noch überlegener. Viel Spaß kann ich bei diesem Rennen um Triumphales nur wünschen und hoffen, dass diejenigen, die sich in solchen Situationen wiederfinden, rechtzeitig bemerken, dass die Würde des Menschen damit nichts zu tun hat. Und dass Beziehungen und die Liebe zu Menschen, die ohne diesen Schnickschnack auskommen, die ohne Geldwert und ohne jegliche Gewinnmaximierungsabsicht daherkommen, für ein zufriedenes Leben weitaus wertvoller sind. Wer einmal anderen Menschen geholfen hat und ohne jeden selbstbezogenen Nebengedanken Unterstützung angeboten hat, wird bemerkt haben, dass dieses altruistische Verhalten sehr befriedigen kann, ausdrücklich zum Wohlbefinden, vielleicht sogar zum Glück beitragen kann. Dahinter steckt nicht nur Psychologie, sondern ein biologischer Ablauf. Denn wir wissen, dass das „Sich Kümmern“ um andere, Anerkennung und Unterstützung geben, Botenstoffe freisetzt, die den Körper mit Energie versorgen und ihn in seinen Funktionen unterstützen. Vergessen wir folglich auf gar keinen Fall: Altruistische Ziele und ein Ausrichten des Engagements auf eine Gemeinschaft bieten hervorragende Chancen, Zufriedenheit zu erreichen. Und darüber dann vielleicht das eine oder andere Mal auch sehr, sehr glückliche Momente.

Zum Schluss ein Witzchen, ein Aphorismus oder sonst ein kluger Spruch

„Das altmodische Wort Zufriedenheit mit sich und der Welt ist, trotz allem Fortschrittsglauben, ob wir es wahrhaben wollen oder nicht, der Schlüssel zum Geheimnis des Glücks.“

Nicolas Chamfort, französischer Dramatiker, 1741–1794

Anstelle eines Schlusswortes: Die Geschichte von der Raupe und dem Schmetterling

Vielleicht haben Sie bei den einzelnen Stichwörtern und Abschnitten Literaturhinweise erwartet. Nach langem Abwägen habe ich darauf gänzlich verzichtet. Eine Auswahl und eine notwendige Beschränkung wären mir eher schwer gefallen. Tatsächlich beruhen meine Gedanken auf eine Vielzahl von Büchern, Aufsätzen, Zeitschriften- und Zeitungsartikeln, deren Verfasser Kluges und Bedenkenswertes zu Papier gebracht haben. Von etlichen Denkern der unterschiedlichsten Fachrichtungen habe ich selbst profitiert. Ob Theologen, Philosophen, Psychologen, Mediziner, Naturwissenschaftler, Führungskräfte der Industrie und Politik – was ich an Gedanken von diesen für unterstützend und gut hielt, habe ich in diesem Buch verarbeitet. Dazu kommen meine jahrelangen Erfahrungen im Rahmen von Vorträgen und Seminaren in verschiedendsten Organisationen (Industrie- und Handelskammern, Lehrerbildungsinstitutionen, Hochschulen, Ministerien und weiteren Behörden) und die sich ergebenden Diskussionen, Aussprachen und Einsichten. Nach bestem Wissen und Gewissen habe ich alles zusammengeführt, was ich nach all den vielen Jahren für die meisten Menschen als tragfähig und hilfreich erkenne.

Und damit komme ich zum Schluss, der sich an diejenigen von Ihnen wendet, die vielleicht eine ganz schwierige Lebenssituation durchstehen müssen. Ich möchte Ihnen mit einer kleinen Geschichte eine Hoffnungsperspektive aufzeigen, da gerade bei den auszuhaltenden Bitternissen und großen Herausforderungen unseres Lebens Hoffnung unwahrscheinlich wichtig ist. Die Geschichte umfasst nur einen einzigen Satz, über den es sich lohnt nachzudenken:

„Als die Raupe glaubte, sie müsse sterben, wurde sie zum Schmetterling."

Raum für Ihre Notizen

Raum für Ihre Notizen